O selo DIALÓGICA da Editora InterSaberes faz referência às publicações que privilegiam uma linguagem na qual o autor dialoga com o leitor por meio de recursos textuais e visuais, o que torna o conteúdo muito mais dinâmico. São livros que criam um ambiente de interação com o leitor – seu universo cultural, social e de elaboração de conhecimentos –, possibilitando um real processo de interlocução para que a comunicação se efetive.

Política pública de saúde no Brasil: história, gestão e relação com a profissão do serviço social

Neiva Silvana Hack

Conselho editorial
Dr. Ivo José Both (presidente)
Drª Elena Godoy
Dr. Neri dos Santos
Dr. Ulf Gregor Baranow

Editora-chefe
Lindsay Azambuja

Supervisora editorial
Ariadne Nunes Wenger

Analista editorial
Ariel Martins

Preparação de originais
Ana Maria Ziccardi

Edição de texto
Ana Maria Ziccardi
Fabia Mariela de Biase
Floresval Nunes Moreira Junior

Projeto gráfico
Laís Galvão

Capa
Laís Galvão (*design*)
Robie Online/Shutterstock (imagem)

Diagramação
Andreia Rasmussen

Equipe de *design*
Charles L. da Silva
Mayra Yoshizawa

Iconografia
Celia Kikue Suzuki
Regina Claudia Cruz Prestes

Dados Internacionais de Catalogação na Publicação (CIP)
(Câmara Brasileira do Livro, SP, Brasil)

Hack, Neiva Silvana
   Política pública de saúde no Brasil: história, gestão e relação com a profissão do serviço social/Neiva Silvana Hack. Curitiba: InterSaberes, 2019. (Série Políticas Sociais Públicas)

   Bibliografia.
   ISBN 978-85-5972-992-4

   1. Políticas públicas de saúde 2. Políticas públicas de saúde – Brasil 3. População – Aspectos sociais 4. Serviço social como profissão I. Título. II. Série.

19-24224   CDD-362.180981

Índices para catálogo sistemático:
1. Brasil: Política pública: Serviço social   362.10981
Maria Alice Ferreira – Bibliotecária – CRB-8/7964

1ª edição, 2019.
Foi feito o depósito legal.

Informamos que é de inteira responsabilidade da autora a emissão de conceitos.

Nenhuma parte desta publicação poderá ser reproduzida por qualquer meio ou forma sem a prévia autorização da Editora InterSaberes.

A violação dos direitos autorais é crime estabelecido na Lei n. 9.610/1998 e punido pelo art. 184 do Código Penal.

Rua Clara Vendramin, 58 ▪ Mossunguê ▪ CEP 81200-170 ▪ Curitiba ▪ PR ▪ Brasil
Fone: (41) 2106-4170 ▪ www.intersaberes.com ▪ editora@editoraintersaberes.com.br

Sumário

Agradecimentos | 7
Apresentação | 9
Como aproveitar ao máximo este livro | 12

1. **História da saúde pública no Brasil | 17**
   1.1 Primeiras iniciativas em saúde pública no Brasil | 19
   1.2 Segregação e tratamento no século XX | 24
   1.3 Modelo biomédico | 31
   1.4 Relação entre saúde, previdência social e assistência social | 32
   1.5 Saúde e desenvolvimentismo no Brasil | 41
   1.6 Modelo médico privatista | 45
   1.7 Movimento da reforma sanitária | 45
   1.8 Conquistas do direito à saúde | 50

2. **Saúde como direito de todos | 55**
   2.1 Conceito amplo de saúde | 58
   2.2 Saúde como direito de seguridade social | 59
   2.3 Universalidade do acesso | 62
   2.4 Responsabilidade estatal | 64
   2.5 Integralidade da atenção em saúde | 73

3. **SUS – Sistema Único de Saúde | 83**
   3.1 O que é o SUS? | 85
   3.2 Legislação básica | 87

4. **Gestão do SUS | 107**
   4.1 O que é gestão? Quem é o gestor? | 109
   4.2 Gestão participativa no SUS | 114
   4.3 O pacto federativo na gestão do SUS | 115
   4.4 Regionalização | 120

4.5 Financiamento e orçamento na política pública de saúde | 123
4.6 Recursos humanos do SUS | 137

5. Evolução dos parâmetros de organização do SUS | 145
5.1 Serviços, benefícios, programas e projetos | 147
5.2 Formas de organização das ações do SUS | 149
5.3 Conceitos básicos | 151
5.4 Saúde pública e saúde coletiva | 172

6. Políticas de saúde | 181
6.1 Políticas de saúde para públicos específicos | 183
6.2 Políticas de saúde por área de atendimento | 199
6.3 Política de humanização | 216

7. Controle social e participação no SUS | 225
7.1 Conselhos de saúde | 231
7.2 Conferências de saúde | 236
7.3 A participação como ouvinte nos conselhos e conferências | 244

8. Tecnologia em saúde | 251
8.1 Tipos de tecnologia | 253
8.2 Tecnologia em saúde no SUS | 256
8.3 Gestão da informação | 258

9. Serviço Social e saúde | 273
9.1 Assistente social: um profissional da saúde | 278
9.2 Parâmetros para a atuação dos assistentes sociais na política de saúde | 283
9.3 SUS e o Código de Ética do/a assistente social | 290

Para concluir... | 301
Referências | 303
Respostas | 323
Sobre a autora | 329

Agradecimentos

O que é bom não é construído sozinho! Essa é minha reflexão e motivação para agradecer todo o apoio com que contei para a produção desta obra, bem como para o desenvolvimento de toda a minha trajetória de vida.

O saber aqui compartilhado é um acúmulo de experiências que remontam ao mestrado em tecnologia em saúde, às diversas práticas profissionais no campo da seguridade social e no estímulo ao aprendizado constante, inerente à docência. Cada linha tem um pouco dos alunos, dos mestres e dos colegas. A temática aqui apresentada só pôde ser discutida com base no amadurecimento teórico e técnico de muitos outros atores e autores que me antecederam.

O tema da saúde pública na perspectiva dos direitos é muito caro, e esse exercício de delinear uma estrutura de conhecimentos a ser compartilhada foi bastante prazeroso. Foi também uma experiência muito exigente, só possível de ser completada contando com o amor e a compreensão daqueles que são ainda mais caros para mim. Assim, expresso minha imensa gratidão à minha família e aos meus amigos, com quem sei que posso sempre contar. Além disso, foi ainda uma grande oportunidade, pela qual sou grata ao Centro Universitário Internacional Uninter e, especialmente, ao coordenador do Curso de Serviço Social, Dorival da Costa.

Como quem acredita que nada acontece por acaso, agradeço muito a Deus, meu amigo, minha força e minha esperança.

E, agora, agradeço também a você, caro leitor, que dedicará parte de seu tempo à construção do conhecimento com base neste trabalho. Que seja para todos um tempo valioso e produtivo!

Apresentação

Segundo a Organização Mundial da Saúde, a definição de saúde ultrapassa a perspectiva da ausência da doença e compreende o completo bem-estar físico, mental e social. Esse conceito orienta o atendimento em saúde pública no Brasil e, também, esta obra.
Ainda hoje, grande parte da população brasileira desconhece que a saúde como direito é uma conquista social. A saúde pública para todos é um dos direitos assegurados pela Constituição Federal (CF) de 1988 e, desde então, tem sido alvo de disputa de distintos interesses.
Assim, nesta obra – *Política pública de saúde no Brasil: história, gestão e relação com a profissão do Serviço Social*, uma produção dirigida a todos aqueles que se interessem em conhecer mais sobre a política de saúde no Brasil –, buscamos explicar muitos fenômenos sobre saúde gratuita, que continuam se reproduzindo nas unidades de atendimento e no imaginário popular, além das constantes lutas

para a concretização desse direito, que não ocorre apenas por sua aprovação "no papel".

Inicialmente, traçamos uma retomada histórica sobre a saúde pública no país, a fim de abordar os principais movimentos e lutas pelo atendimento gratuito em saúde e de demonstrar que tratar de saúde pública no Brasil, hoje, é referir-se ao SUS (Sistema Único de Saúde). Para tanto, analisamos a função do SUS de organizar as ações da política pública de saúde no Brasil e seus objetivos, seus princípios e suas diretrizes, todos voltados à universalização, à integralidade e à qualidade da atenção em saúde.

Na sequência, examinamos as formas de organização das ações do SUS, com destaque para a classificação das ações e das unidades em níveis de complexidade e de atenção, bem como a estratégia de articulação dos diferentes níveis com o estabelecimento das Redes de Atenção em Saúde – RAS.

Embora estejamos tratando da política pública de saúde de forma ampla, abordamos, aqui, as políticas de saúde voltadas, especialmente, a determinados grupos populacionais, como a população indígena, as mulheres, os homens, as crianças e as pessoas idosas, pois esses grupos apresentam similaridades e singularidades quando comparados aos demais, sendo mais bem atendidos a partir do reconhecimento dessas diferenças. Apresentamos, também, outras políticas desenvolvidas com foco no tipo da demanda ou da intervenção que é ofertada, como as políticas de saúde mental, de saúde bucal e de atenção farmacêutica, e políticas transversais, que perpassam todas as demais, como a política nacional de humanização.

Para aprofundar os aspectos de gestão do SUS, discutimos dois temas: o controle social, que é a expressão do exercício democrático na área da saúde – assegura a participação da sociedade civil organizada nos processos de planejamento, acompanhamento, avaliação e fiscalização das ações do SUS, inclusive em suas dimensões financeira e orçamentária – e a tecnologia em saúde, que permite ampliar a qualidade dos serviços prestados, otimizar o uso dos demais recursos e apoiar a tomada de decisões.

Ainda, tratamos da relação da política pública de saúde com a profissão do Serviço Social. O assistente social é um profissional da área da saúde, embora não exclusivo dela. Sua trajetória histórica está alinhada com o desenvolvimento das políticas públicas no país, inclusive na área da saúde, por isso discorremos sobre as atribuições e as "não atribuições" do assistente social nessa área, tendo como orientação os *Parâmetros para a atuação dos assistentes sociais na política de saúde*, publicado pelo Conselho Federal de Serviço Social para enfatizar a significativa afinidade entre os princípios do SUS e o projeto ético-político profissional do serviço social.

Portanto, nossa proposta é apresentar um panorama de conhecimentos sobre a história e a gestão do SUS e sua relação com o Serviço Social. Além disso, pretendemos motivar a ampliação das pesquisas sobre o tema e os debates sobre significados, relações e contradições a ele inerentes.

Ao escrever, a experiência ao final de cada capítulo e da obra foi de "gostinho de quero mais", de estímulo à continuidade da conversa, do debate, da pesquisa. A expectativa é que experiência semelhante seja vivenciada por você durante a leitura. Que seja um instrumento de ensino e de estímulo a aprofundar ainda mais seus conhecimentos!

Como aproveitar ao máximo este livro

Este livro traz alguns recursos que visam enriquecer o seu aprendizado, facilitar a compreensão dos conteúdos e tornar a leitura mais dinâmica. São ferramentas projetadas de acordo com a natureza dos temas que vamos examinar. Veja a seguir como esses recursos se encontram distribuídos no decorrer desta obra.

Conteúdos do capítulo

Logo na abertura do capítulo, você fica conhecendo os conteúdos que nele serão abordados.

Após o estudo deste capítulo, você será capaz de:

Você também é informado a respeito das competências que irá desenvolver e dos conhecimentos que irá adquirir com o estudo do capítulo.

Ao se referir a atendimento em saúde, hoje, no Brasil, há uma grande tendência de relacionar o assunto ao SUS, o Sistema Único de Saúde. Vinculam-se necessidades da população às ofertas de serviços dessa iniciativa pública, como, por exemplo:

- ao saber que uma pessoa passa mal durante a noite e precisa de cuidados imediatos, recorda-se das unidades que fazem pronto atendimento gratuito, como as UPAs (Unidades de Pronto Atendimento), os hospitais e o Samu (Serviço de Atendimento Móvel às Urgências); ou
- se uma mulher fica grávida e precisa fazer o pré-natal, sabe-se que ela pode procurar a unidade de saúde mais próxima à sua casa para, gratuitamente, contar com os encaminhamentos referentes a consultas, exames e, até mesmo, parto.

Contudo, essa disponibilidade de serviços gratuitos à população (ainda que, por vezes, insuficientes) não é um fenômeno natural à sociedade brasileira. É, na verdade, uma conquista relativamente recente, tendo em vista a história do país. A saúde pública para todos é um dos direitos assegurados pela Constituição Federal (CF) de 1988 e, desde então, é alvo de disputa de distintos interesses. Para entender melhor as atuais disposições da saúde pública brasileira, tanto em seus aspectos legais quanto no que se refere a hábitos e culturas evidenciados em seu cotidiano, é fundamental compreender sua trajetória histórica. Para tanto, apresentaremos, a seguir, a história da política de saúde no Brasil.

1.1 Primeiras iniciativas em saúde pública no Brasil

As primeiras iniciativas em saúde pública no Brasil datam de 1808, com a vinda da corte portuguesa para o país. Antes desse período, o atendimento era feito por médicos formados no exterior, que prestavam seus serviços às camadas elitizadas da população brasileira, e por pajés e curandeiros para os demais cidadãos. Entretanto, essas primeiras ações públicas eram ainda bastante restritas, tendo em vista o registro dos "profissionais da cura" como médicos e farmacêuticos, e o controle de saúde nos portos, para evitar que navios trouxessem novas doenças ao país. A responsabilidade por essas ações foi institucionalizada com a criação, em 1808, da Fisicatura-Mor, responsável pelos profissionais, e da Provedoria-Mor de Saúde, responsável pelo controle dos navios. Elas foram extintas em 1828 e substituídas por outros órgãos vinculados ao Império (Escorel; Teixeira, 2012).

Curiosidade

Para entender a limitação do atendimento em saúde dos primeiros anos do Império no Brasil, vale reconhecer um levantamento que apontou que, em 1789, havia somente quatro médicos exercendo a profissão no Rio de Janeiro e não constavam dados desses profissionais em outros estados.

Essa carência de médicos gerou uma ocupação profissional que ficou conhecida como *boticário*. Os boticários eram capacitados para manipular as fórmulas indicadas pelos médicos, mas eles mesmos faziam muitos diagnósticos para atender às demandas da população.

Embora seja possível fazer um equivalente da função do boticário ao farmacêutico, não havia uma formação de nível superior para os boticários. Eles eram treinados por profissionais mais experientes em uma botica já estabelecida e, posteriormente, prestavam exames perante a Fisicatura para conquistar seu registro e a habilitação para atender e constituir sua própria botica.

Fonte: Polignano, 2001; Salles, 1971.

De meados do século XIX até o início do século XX, as ações governamentais em saúde estavam voltadas, principalmente, ao combate às epidemias e às iniciativas de saneamento. As demais ações

Fique atento!

Nessa seção, as autoras disponibilizam informações complementares referentes aos temas tratados nos capítulos.

eram feitas por instituições de caráter filantrópico, bem como por profissionais da saúde filantropos. A característica da gestão da saúde pelo Império era de centralização. Durante esse período, foram criadas a Junta Central de Higiene Pública e a Inspetoria de Saúde dos Portos. Entretanto, a assistência em saúde estava relacionada ao desenvolvimento de medidas de atenção aos doentes graves por meio da internação (Carvalho, 2013; Escorel; Teixeira, 2012).

As primeiras iniciativas do governo brasileiro para melhorar a saúde de seu povo não tinham em vista, exatamente, o direito e o bem-estar. Eram, antes de tudo, uma atenção às exigências internacionais, pois a disseminação de doenças contagiosas no Brasil incomodava as relações de exportação. No final do século XIX, o desenvolvimento do Brasil e, principalmente, da Região Sudeste ocorreu em razão do comércio do café, portanto, a venda do produto para o exterior era uma base importante da economia, exigindo atitudes que superassem os problemas gerados pela falta de programas de saúde pública no país.

Fique atento

Um traço recorrente na história da política de saúde, assim como de outras políticas sociais brasileiras, é a preponderância dos interesses de mercado em detrimento dos interesses e das necessidades da população. Esse traço, visível no fim do século XIX, acompanha a história brasileira e está presente também na contemporaneidade.

Na primeira década do século XX, a saúde foi se estabelecendo como assunto prioritário para o governo brasileiro, contudo, o quadro permaneceu com investimentos em saúde ainda visando, principalmente, à promoção do desenvolvimento econômico. Isso porque, além da questão das exportações, outra demanda existente era a manutenção da saúde dos imigrantes, que se tornavam, naquele momento, grande parte da mão de obra, de forma substitutiva aos escravos. Assim, o adoecimento dos trabalhadores interferia nos ideais de desenvolvimento, mas a promoção da

---

a polícia, conduzindo a pessoa para "seu novo lar". Os doentes encaminhados para esses abrigos eram completamente segregados, afastados de toda convivência comunitária, de suas atividades profissionais e, até mesmo, da família.

Para saber mais

Na história dos doentes de hanseníase, famílias inteiras eram conduzidas aos abrigos, e sua casa, seus pertences e todas as suas propriedades eram queimadas para eliminar o risco de contágio. Para compreender melhor esse processo histórico, você pode buscar por documentários e reportagens disponíveis no YouTube. Entre eles, indicamos os seguintes:

A VIDA no Hospital Colônia Santa Tereza. Santa Catarina: **Diário Catarinense**, 24 maio 2016. Disponível em: <https://www.youtube.com/watch?v=5UgmFwfKF3s>. Acesso em: 15 fev. 2019.

ITAPUÃ: uma colônia, uma doença, várias histórias. Direção: Jonas Araújo. Rio Grande do Sul, 2008. Disponível em: <https://www.youtube.com/watch?v=AkY7hx2GiQ0>. Acesso em: 15 fev. 2019.

Os doentes com hanseníase ou suas famílias eram conduzidos para os hospitais colônias ou para os chamados *leprosários*. Quando mulheres doentes davam à luz, seus filhos eram delas separados, não podiam ser amamentados, e eram encaminhados aos preventórios, instituições dedicadas ao cuidado dessas crianças, como medida de inibição da exposição à doença e do contágio. Como você pode concluir, por um lado, havia a prevenção, mas, por outro, havia um forte impacto na relação mãe e filho, fragilizando os vínculos familiares (Monteiro, 1998).

Para saber mais

Você pode consultar as obras indicadas nesta seção para aprofundar sua aprendizagem.

Síntese

Neste capítulo, abordamos as primeiras iniciativas governamentais em saúde no Brasil. Inicialmente restritas ao controle dos profissionais da saúde e de fiscalização sanitária dos portos, as ações evoluíram, na sequência, para o enfrentamento às epidemias, com o objetivo de evitar problemas com a exportação e manter um bom corpo produtivo, com trabalhadores saudáveis. A assistência em saúde foi reconhecida, primeiramente, como direito previdenciário e voltada apenas aos trabalhadores formais, mediante prévia contribuição, os demais atendimentos em saúde eram ofertados por meio da iniciativa privada, filantropia e práticas populares. Na saúde previdenciária, vigorava o modelo biomédico, focado no diagnóstico e tratamento da doença já existente. O entendimento de uma saúde ampliada e como direito do povo foi inserido no debate brasileiro por meio do movimento da Reforma Sanitária, cujas lutas foram consolidadas durante o período do regime militar. A maior conquista, no entanto, aconteceu somente após a redemocratização do Brasil, com a aprovação do SUS como modelo de organização da saúde pública, referendado em 1986, na VIII Conferência Nacional de Saúde, e legalizado na CF de 1988, quando a saúde passou a ser direito de todos os cidadãos e dever do Estado.

Questões para revisão

1. As ações governamentais na área da saúde no Brasil tiveram origem:
    a) no Império, com a chegada da Corte Portuguesa ao Brasil.
    b) na década de 1930, durante o Governo Vargas.
    c) em 1964 e nos anos seguintes, durante o governo militar.
    d) em 1988, após a aprovação da Constituição Federal.
    e) em 1990, com a aprovação da Lei n. 8.080.

Síntese

Você dispõe, ao final do capítulo, de uma síntese que traz os principais conceitos nele abordados.

---

recursos humanos, entre outras. Contempla, ainda, a necessária participação social em seu processo de gestão, principalmente por meio do exercício do controle social.

Questões para revisão

1. Os artigos da CF de 1988 que tratam do direito à saúde são regulamentados por duas leis federais conhecidas como Leis Orgânicas da Saúde. São elas:
    a) Lei n. 8.069/1990 e Lei n. 8.142/1990.
    b) Lei n. 8.080/1990 e Lei n. 8.069/1990.
    c) Lei n. 8.080/1990 e Lei n. 8.142/1990.
    d) Lei n. 8.069/1990 e Lei n. 8.742/1993.
    e) Lei n. 8.142/1990 e Lei n. 8.742/1993.

2. Analise os seguintes objetivos:
    I. Identificação e divulgação dos fatores condicionantes e determinantes da saúde.
    II. Formulação de política de saúde destinada a promover, nos campos econômico e social, a observância do disposto no § 1º do art. 2º dessa lei;
    III. Assistência às pessoas por intermédio de ações de promoção, proteção e recuperação da saúde, com a realização integrada das ações assistenciais e das atividades preventivas.
    Agora, assinale a alternativa que apresenta os itens que correspondem aos objetivos dos SUS:
    a) I e II.
    b) II e III.
    c) I e III.
    d) I, II e III.
    e) Nenhuma das opções anteriores.

Questões para revisão

Com estas atividades, você tem a possibilidade de rever os principais conceitos analisados. Ao final do livro, a autora disponibiliza as respostas às questões, a fim de que você possa verificar como está sua aprendizagem.

Questões para reflexão

Nesta seção, a proposta é levá-lo a refletir criticamente sobre alguns assuntos e trocar ideias e experiências com seus pares.

Questões para reflexão

1. As primeiras iniciativas governamentais na saúde brasileira estiveram relacionadas à manutenção do sistema produtivo e do desenvolvimento econômico. Na conjuntura atual, esse tipo de interesse ainda está presente? Quais outros interesses podem ser identificados quando o Governo desenvolve ações voltadas à área da saúde?

2. Considerando a história da Reforma Sanitária, é possível dizer que todos os objetivos desse movimento foram alcançados na política de saúde brasileira? Na sua opinião, qual deles vem sendo mais bem aplicado e qual ainda constitui um grande desafio para sua concretização?

ou indicados para tais funções. Por meio da utilização do direito à voz, pode-se influenciar os votantes e estabelecer diferentes conduções nos assuntos da política de saúde.

Nem sempre o direito à voz é exercido por não conselheiros ou não delegados, sendo até mesmo desconhecido. Pode ocorrer uma indução à limitação da participação livre, na medida em que não são divulgados com antecedência os horários e locais das reuniões dos conselhos e da realização das conferências, bem como sua realização em espaços muito pequenos ou de difícil acesso. Porém, a própria sociedade civil representada nos conselhos e nas conferências pode exigir a efetiva viabilização da ampla participação.

Estudo de caso

Considerando o conteúdo discutido a respeito das instâncias de controle social na área da saúde, proponha uma solução para a situação delineada a seguir.

O Sr. Pedro é usuário dos serviços do SUS. Ele frequenta, de forma sistemática, a unidade de saúde de seu bairro há quase 10 anos, desde que foi diagnosticado com hipertensão e aderiu ao programa de acompanhamento específico para enfrentamento dessa patologia. O diagnóstico de hipertensão foi um grande choque para o Sr. Pedro no início, pois foi produto de atendimento após episódios de intenso mal-estar e com risco de consequências mais graves em debilidade física. Contudo, desde que ingressou no programa de acompanhamento, tem percebido melhoras globais em sua saúde. Em geral, o atendimento era feito com muito profissionalismo e qualidade, sem queixas dos usuários, até dois anos atrás. Desde então, com a entrada do novo gestor municipal, começaram a ocorrer dois fenômenos que fizeram cair muito a qualidade do programa: troca da equipe de atendimento – nos últimos dois anos, nenhuma equipe permaneceu por mais de seis meses; e diminuição de recursos na unidade de saúde, tendo se tornado comum a falta de itens básicos para o atendimento deste e de outros programas ali realizados.

Estudo de caso

Esta seção traz ao seu conhecimento situações que vão aproximar os conteúdos estudados de sua prática profissional.

CAPÍTULO 1

História da saúde pública no Brasil

Conteúdos do capítulo:

- Primeiras iniciativas em saúde pública no Brasil.
- Segregação e tratamento no século XX.
- Modelo biomédico.
- Relação entre saúde, previdência social e assistência social.
- Saúde e desenvolvimentismo no Brasil.
- Modelo médico privatista.
- Reforma Sanitária.
- Conquistas do direito à saúde.

Após o estudo deste capítulo, você será capaz de:

1. reconhecer os aspectos históricos que influenciaram e ainda influenciam o desenvolvimento da política pública de saúde no Brasil;
2. contextualizar historicamente as políticas de seguridade social: saúde, previdência social e assistência social;
3. compreender a construção histórica da saúde como direito no Brasil.

Ao se referir a atendimento em saúde, hoje, no Brasil, há uma grande tendência de relacionar o assunto ao SUS, o Sistema Único de Saúde. Vinculam-se necessidades da população às ofertas de serviços dessa iniciativa pública, como, por exemplo:

- ao saber que uma pessoa passa mal durante a noite e precisa de cuidados imediatos, recorda-se das unidades que fazem pronto atendimento gratuito, como as UPAs (Unidades de Pronto Atendimento), os hospitais e o Samu (Serviço de Atendimento Móvel às Urgências); ou
- se uma mulher fica grávida e precisa fazer o pré-natal, sabe-se que ela pode procurar a unidade de saúde mais próxima à sua casa para, gratuitamente, contar com os encaminhamentos referentes a consultas, exames e, até mesmo, parto.

Contudo, essa disponibilidade de serviços gratuitos à população (ainda que, por vezes, insuficientes) não é um fenômeno natural à sociedade brasileira. É, na verdade, uma conquista relativamente recente, tendo em vista a história do país. A saúde pública para todos é um dos direitos assegurados pela Constituição Federal (CF) de 1988 e, desde então, é alvo de disputa de distintos interesses.

Para entender melhor as atuais disposições da saúde pública brasileira, tanto em seus aspectos legais quanto no que se refere a hábitos e culturas evidenciados em seu cotidiano, é fundamental compreender sua trajetória histórica. Para tanto, apresentaremos, a seguir, a história da política de saúde no Brasil.

1.1 Primeiras iniciativas em saúde pública no Brasil

As primeiras iniciativas em saúde pública no Brasil datam de 1808, com a vinda da corte portuguesa para o país. Antes desse período, o atendimento era feito por médicos formados no exterior, que prestavam seus serviços às camadas elitizadas da população brasileira, e por pajés e curandeiros para os demais cidadãos. Entretanto, essas primeiras ações públicas eram ainda bastante restritas, tendo em vista o registro dos "profissionais da cura" como médicos e farmacêuticos, e o controle de saúde nos portos, para evitar que navios trouxessem novas doenças ao país. A responsabilidade por essas ações foi institucionalizada com a criação, em 1808, da Fisicatura-Mor, responsável pelos profissionais, e da Provedoria-Mor de Saúde, responsável pelo controle dos navios. Elas foram extintas em 1828 e substituídas por outros órgãos vinculados ao Império (Escorel; Teixeira, 2012).

Curiosidade

Para entender a limitação do atendimento em saúde dos primeiros anos do Império no Brasil, vale reconhecer um levantamento que apontou que, em 1789, havia somente quatro médicos exercendo a profissão no Rio de Janeiro e não constavam dados desses profissionais em outros estados.

Essa carência de médicos gerou uma ocupação profissional que ficou conhecida como *boticário*. Os boticários eram capacitados para manipular as fórmulas indicadas pelos médicos, mas eles mesmos faziam muitos diagnósticos para atender às demandas da população.

Embora seja possível fazer um equivalente da função do boticário ao farmacêutico, não havia uma formação de nível superior para os boticários. Eles eram treinados por profissionais mais experientes em uma botica já estabelecida e, posteriormente, prestavam exames perante a Fisicatura para conquistar seu registro e a habilitação para atender e constituir sua própria botica.

Fonte: Polignano, 2001; Salles, 1971.

De meados do século XIX até o início do século XX, as ações governamentais em saúde estavam voltadas, principalmente, ao combate às epidemias e às iniciativas de saneamento. As demais ações

eram feitas por instituições de caráter filantrópico, bem como por profissionais da saúde filantropos. A característica da gestão da saúde pelo Império era de centralização. Durante esse período, foram criadas a Junta Central de Higiene Pública e a Inspetoria de Saúde dos Portos. Entretanto, a assistência em saúde estava relacionada ao desenvolvimento de medidas de atenção aos doentes graves por meio da internação (Carvalho, 2013; Escorel; Teixeira, 2012).

As primeiras iniciativas do governo brasileiro para melhorar a saúde de seu povo não tinham em vista, exatamente, o direito e o bem-estar. Eram, antes de tudo, uma atenção às exigências internacionais, pois a disseminação de doenças contagiosas no Brasil incomodava as relações de exportação. No final do século XIX, o desenvolvimento do Brasil e, principalmente, da Região Sudeste ocorreu em razão do comércio do café, portanto, a venda do produto para o exterior era uma base importante da economia, exigindo atitudes que superassem os problemas gerados pela falta de programas de saúde pública no país.

Fique atento

Um traço recorrente na história da política de saúde, assim como de outras políticas sociais brasileiras, é a preponderância dos interesses de mercado em detrimento dos interesses e das necessidades da população. Esse traço, visível no fim do século XIX, acompanha a história brasileira e está presente também na contemporaneidade.

Na primeira década do século XX, a saúde foi se estabelecendo como assunto prioritário para o governo brasileiro, contudo, o quadro permaneceu com investimentos em saúde ainda visando, principalmente, à promoção do desenvolvimento econômico. Isso porque, além da questão das exportações, outra demanda existente era a manutenção da saúde dos imigrantes, que se tornavam, naquele momento, grande parte da mão de obra, de forma substitutiva aos escravos. Assim, o adoecimento dos trabalhadores interferia nos ideais de desenvolvimento, mas a promoção da saúde mantinha o contingente de trabalhadores ativos, sendo um atrativo para a vinda de mais trabalhadores estrangeiros. Pela característica econômica do período, as ações de proteção à saúde eram feitas com maior evidência nas regiões urbanas e produtivas do Sudeste, deixando o interior do país à margem da maioria dessas ações até 1910 (Escorel; Teixeira, 2012; Risi Junior; Nogueira, 2002).

As doenças que mais colocavam em risco os trabalhadores e a população em geral eram as de caráter contagioso, como a varíola e a hanseníase, sobre a qual trataremos com mais detalhes na sequência. A febre amarela e a malária também são exemplos de enfermidades da época. A intervenção dos governos ocorria por meio de campanhas de enfrentamento à doença, com iniciativas de imunização e rígido controle sanitário, pois algumas dessas doenças eram agravadas por condições insalubres dos espaços de moradia e de trabalho.

Considerando que um dos principais problemas identificados na época estava relacionado às doenças contagiosas, investiu-se na imunização, adotando-se como estratégia a vacinação obrigatória, pois a saúde pública era considerada um interesse do Estado. Dessa forma, para assegurar o desenvolvimento econômico e as relações internacionais, a adesão à vacinação era vista como um compromisso de cada cidadão com seu país. A rejeição a essa prática caracterizava uma afronta ao Estado, portanto, essa intervenção na saúde teve seu caráter político transformado em caso de polícia.

As intervenções desse período eram bastante autoritárias, tanto no processo de imunização quanto na interferência de agentes de saúde e, até mesmo, de agentes policiais nas residências, chegando a destruir bens considerados de risco à saúde. Houve, por exemplo, casos em que se queimavam colchões e roupas de camas de doentes, sob a justificativa de inibir o alastramento das doenças. Essa forma de intervenção ficou conhecida como *modelo campanhista*, ou *sanitarismo campanhista*, por fundamentar-se em estratégias semelhantes às das campanhas militares, em que os fins justificavam os meios, e o uso da força e da autoridade eram legitimados (Polignano, 2001).

Uma dessas ações, cuja repercussão se tornou histórica, foi a vacinação compulsória contra a varíola, iniciada em 1904. Logo no início da aplicação dessa proposta, surgiu um movimento que ficou conhecido como *Revolta da Vacina*, no qual os cidadãos negavam-se a ser vacinados. Hoje, essa atitude, se observada superficialmente, pode parecer uma expressão de ignorância em razão da compreensão da importância do processo de imunização para assegurar saúde de todos. Porém, na época, a vacinação obrigatória era feita de maneira extremamente autoritária e desvinculada de um processo de educação em saúde ou do esclarecimento sobre as consequências do procedimento. As vacinas eram aplicadas em todos, a partir de ordem do governo, sem que se soubesse exatamente do que se tratava. A obrigatoriedade já vinha sendo proposta desde o final do século XIX, contudo, passou a ser incorporada na rigidez da lei. Assim, os agentes de saúde entravam nas residências independentemente de autorização, acompanhados pela polícia, e deviam vacinar todos os moradores.

Para conseguir um emprego, matricular-se em uma escola, tirar documentos ou viajar, era indispensável estar vacinado. A lei foi aprovada em 31 de outubro de 1904 e regulamentada em 9 de novembro do mesmo ano. Em 5 de novembro, foi criada a Liga Contra a Vacinação Obrigatória. Entre 11 e 14 de novembro, houve intensa manifestação popular contra a vacinação, expressando o respectivo descontentamento nas ruas, o que gerou conflitos com a polícia, envolvendo também militares, que aderiram ao movimento. Embora tenha sido bastante violento e vencido pelo governo, o objetivo do movimento foi alcançado e a vacinação deixou de ser obrigatória. Houve queda das vacinações à época, contudo, verificou-se a procura espontânea nos anos seguintes, quando a epidemia de varíola agravou-se (Fiocruz, 2005).

A epidemia da gripe espanhola, em 1918, despertou para a necessidade de mais atenção aos serviços de saúde, uma vez que evidenciou suas fragilidades. Nesse mesmo ano, foi criada a Liga Pró-Saneamento do Brasil, que construiu uma luta pela reforma da saúde e por sua expansão para o interior. No período, também há registros de movimentos da intelectualidade brasileira em defesa da saúde pública, pois a recorrência das doenças era um forte entrave para o desenvolvimento do país e para seu estabelecimento como nação em relação aos demais Estados. Em decorrência desses movimentos, ainda em 1918, foi criado o Serviço de Medicamentos Oficiais, que estimulou o desenvolvimento de medicamentos capazes de combater as endemias da época e que visava fortalecer o aspecto técnico do ministério responsável pela gestão da saúde. Em 1921, houve a expansão dos serviços de saúde para além da capital nacional (Escorel; Teixeira, 2012; Risi Junior; Nogueira, 2002).

1.3 Segregação e tratamento no século XX

A atitude autoritária do governo diante das questões de saúde se manifestou de maneira ainda mais agressiva quando foram identificadas doenças contagiosas e que não dispunham de tratamento eficaz, à época, para sua cura.

Nessa conjuntura, estavam compreendidos os casos de hanseníase (vulgarmente conhecida como *lepra*) e tuberculose. O país não dispunha de conhecimento nem de recursos suficientes para assegurar o tratamento dessas doenças e inibir seu contágio. A atitude era, então, isolar as pessoas identificadas com as doenças. Por essa razão, foram criados abrigos, distantes da população em geral, onde os doentes passavam a residir e a receber os cuidados possíveis diante de suas enfermidades (Monteiro, 1998; Curi, 2002; Queiroz; Puntel, 1997).

A internação era compulsória, ou seja, não dependia da vontade ou do aceite do paciente. Quando se identificava um doente, a abordagem era feita por uma equipe de saúde em atuação conjunta com a polícia, conduzindo a pessoa para "seu novo lar". Os doentes encaminhados para esses abrigos eram completamente segregados, afastados de toda convivência comunitária, de suas atividades profissionais e, até mesmo, da família.

Para saber mais

Na história dos doentes de hanseníase, famílias inteiras eram conduzidas aos abrigos, e sua casa, seus pertences e todas as suas propriedades eram queimadas para eliminar o risco de contágio. Para compreender melhor esse processo histórico, você pode buscar por documentários e reportagens disponíveis no YouTube. Entre eles, indicamos os seguintes:

A VIDA no Hospital Colônia Santa Tereza. Santa Catarina: **Diário Catarinense**, 24 maio 2016. Disponível em: <https://www.youtube.com/watch?v=5UgmFwfKF3s>. Acesso em: 15 fev. 2019.

ITAPUÃ: uma colônia, uma doença, várias histórias. Direção: Jonas Araújo. Rio Grande do Sul, 2008. Disponível em: <https://www.youtube.com/watch?v=AkY7hx2GiQ0>. Acesso em: 15 fev. 2019.

Os doentes com hanseníase ou suas famílias eram conduzidos para os hospitais colônias ou para os chamados *leprosários*. Quando mulheres doentes davam à luz, seus filhos eram delas separados, não podiam ser amamentados, e eram encaminhados aos preventórios, instituições dedicadas ao cuidado dessas crianças, como medida de inibição da exposição à doença e do contágio. Como você pode concluir, por um lado, havia a prevenção, mas, por outro, havia um forte impacto na relação mãe e filho, fragilizando os vínculos familiares (Monteiro, 1998).

A maioria dos doentes de tuberculose era atendida pela iniciativa privada[1], por meio de tratamento feito nos sanatórios, o que também exigia o afastamento dos doentes. Portanto, eles também se viam isolados de suas famílias e da sociedade. Constam registros de que, nesses espaços, as janelas permaneciam sempre abertas, independentemente de frio ou chuva, como medida de prevenção à propagação e ao agravo da doença (Kiefer, 2015).

Essas doenças provocavam um forte impacto de exclusão social sobre os pacientes, pois, além de uma vigilância permeada de preconceitos e mitos, o governo reforçava a estratégia da notificação obrigatória e denúncia aos mecanismos de controle de saúde da época. As pessoas que apresentavam sintomas parecidos aos efeitos dessas doenças já passavam a ser evitadas e afastadas.

A hanseníase carregava um estigma antigo (a contar pelos registros bíblicos sobre a exclusão dos leprosos) de que os acometidos por ela deveriam ser isolados. A tuberculose, por sua vez, apresentava-se como uma doença de pobres e boêmios, por estar vinculada à baixa imunidade (Curi, 2002; Eidt, 2004; Maciel et al., 2012).

Também o tratamento em saúde mental era feito de maneira semelhante, pois, embora não se tratasse de doença contagiosa, havia o estigma de risco à sociedade e uma proposta de cuidado que exigia o internamento. Assim, constituíram-se, historicamente, os chamados *hospícios*. A primeira instituição para tratamento psiquiátrico, fundada já na época do Império, no ano de 1852, foi o Hospício de Pedro II, que levou o nome de seu fundador. Outras instituições como essa foram sendo implementadas ao longo dos séculos XIX e XX (Lemle, 2016).

Era recorrente que os doentes internados nessas instituições passassem a residir ali definitivamente, uma vez que não havia uma

---

1 Os atendimentos médicos e hospitalares destinados ao tratamento de tuberculose eram, sobretudo, prestados por instituições filantrópicas ou particulares, sob as custas dos próprios pacientes ou com custeio das Caixas de Aposentadorias e Pensões. Destacamos que a proteção à saúde ofertada pelas Caixas de Aposentadorias e Pensões era destinada, exclusivamente, aos trabalhadores de determinadas categorias, já organizados e que contribuíam, previamente, para esse que foi um dos primeiros sistemas de previdência no Brasil.

política de retorno familiar. Há registros de fragilidade nos diagnósticos, que ficavam suscetíveis a interesses privados para além da condição mental do paciente. O risco de uma hospitalização como essa repercutia em uma espécie de controle da sociedade. Estudos históricos sobre essas instituições denunciam uma série de desrespeitos à dignidade humana (Lima, 2013).

Para saber mais

Um dos maiores hospícios do Brasil, o Hospital Colônia de Barbacena (MG), foi objeto de estudo que se desdobrou em um livro e em um documentário, ambos intitulados *Holocausto Brasileiro*, cujo nome, embora impactante, infelizmente, mostrou-se apropriado diante das inúmeras violências e mortes ocorridas na instituição.

ARBEX, D. **Holocausto brasileiro**: vida, genocídio e 60 mil mortes no maior hospício do Brasil. São Paulo: Geração, 2013.

HOLOCAUSTO brasileiro. Direção: Daniela Arbex e Armando Mendz. Brasil, 2016. 90 min. Documentário.

Esses modelos permaneceram vigentes até que as perspectivas de saúde comunitária e saúde da família fossem ganhando força no modelo de saúde brasileiro. A evolução dos medicamentos e das propostas terapêuticas para tratamento e redução do risco de contágio da hanseníase e da tuberculose, certamente, contribuíram para a superação da assistência segregacionista. Na saúde mental, também houve o avanço nas terapias e nos medicamentos, embora a superação do modelo de atendimento hospitalar permanente só tenha ocorrido no ano de 2001, com a aprovação da Lei n. 10.216, de 6 de abril de 2001 (Brasil, 2001b), e ainda se encontre vigente, na cultura contemporânea, a defesa do "método antigo".

Curiosidade

É possível que você tenha observado alguns aspectos de linguagem em saúde que já não são correntes ou, até mesmo, que são considerados pejorativos atualmente. Conheça um pouco mais sobre as nomenclaturas e características das unidades de atendimento em saúde vigentes no início do século XX.

- **Asilos**: eram consideradas asilos as instituições que davam abrigo aos "necessitados" – crianças, idosos, pobres, mendigos e pessoas com deficiência mental. Pressupõe um espaço de acolhimento e refúgio, onde a pessoa estava protegida dos riscos externos. Mais recentemente, na história brasileira, o termo foi sendo limitado às casas de acolhimento de idosos. Hoje, não é mais termo corrente nas políticas públicas, por isso, até as instituições para idosos assumiram o nome técnico de *Instituições de Longa Permanência para Idosos* (ILPIs).
- **Hospícios ou manicômios**: era a denominação dos hospitais psiquiátricos. Desde a instituição do primeiro hospício no Brasil, em 1852, até 2001, esses espaços, mais do que hospitais, eram também residência para aqueles que ali estavam sob tratamento.
- **Hospitais colônias**: dada a perspectiva do "necessário isolamento" dos doentes psiquiátricos e de hanseníase, eles deixavam de residir em suas casas de origem e passavam a construir suas vidas dentro dos muros dos hospitais. Surgem, assim, os hospitais colônias (também chamados de *asilos colônias*), cujos "moradores" poderiam desenvolver atividades cotidianas e profissionais, contando com todo suporte de que precisavam dentro da instituição, que chegavam a ter estruturas semelhantes à de pequenas cidades. O foco era evitar o contato dos doentes com pessoas sadias para prevenir o contágio. Dada a diferença nos tratamentos e nos sintomas de cada tipo de doença, há mais registros

de vida ativa dentro das colônias dos doentes de hanseníase, ao passo que as pessoas deficiências mentais viviam sob mais controle e com mais restrições.

- **Lazaretos**: instituições criadas para evitar o risco de entrada de doenças no país. Os lazaretos eram construídos nas proximidades dos portos, relativamente isolados do convívio com a comunidade. Ficavam ali internadas as pessoas identificadas com sintomas de algum tipo de doença contagiosa. Dessa forma, permaneciam em quarentena nesses espaços até que fossem consideradas aptas a entrar no país. As epidemias não eram frequentes somente no Brasil, nos séculos XIX e XX, eram uma realidade mundial, exigindo iniciativas rígidas de controle (Santos, 2007).
- **Preventórios**: criados de forma complementar aos hospitais colônias para doentes de hanseníase, quando uma pessoa era diagnosticada com essa doença, toda a sua família passava a ser alvo de intenso controle de saúde, em vista da proteção da saúde dos "sãos". As crianças, filhos e filhas de pais com hanseníase, eram encaminhadas e passavam a residir nos preventórios, para observação de possível desenvolvimento da doença. A intenção era evitar o risco do contágio futuro ao permanecer com os pais doentes, bem como assegurar que as demais crianças não estariam expostas ao risco. Essas instituições foram extintas, e sua forma de atenção foi considerada em desacordo com o conjunto dos direitos da criança e do adolescente, alcançados a partir da segunda metade do século XX.
- **Sanatórios**: embora o termo seja, em algumas vezes, utilizado para tratar de instituições psiquiátricas, o nome *sanatório* está mais vinculado às históricas instituições de tratamento de doentes de tuberculose. Consistia em mais uma forma de tratamento baseado na segregação dos doentes para evitar o contágio.

Muitas dessas instituições contaram com intensa contribuição da sociedade civil, da filantropia e da caridade de entidades religiosas. Embora a hospitalização e a institucionalização fossem estratégias de governo para enfrentar as epidemias, na maioria das vezes, a gestão desses espaços era da iniciativa privada (CMB, 2019).

Observando bem as características das abordagens do Estado em saúde pública nos séculos XIX e XX, percebemos que, por décadas, houve no Brasil um foco na doença, e não na saúde como um todo, manifestado de duas formas importantes:

1. **"Rotulação" dos indivíduos que adoecem**: a identidade do sujeito era suprimida pela sua doença, assim, surgiu a figura dos "loucos", dos "leprosos" e, posteriormente, dos "aidéticos", entre outros. O sujeito perdia sua integralidade e passava a ser visto pelo Estado e pela sociedade como um doente, um risco ou um incapaz.
2. **Dicotomia entre prevenção e assistência em saúde na perspectiva da política pública**: por um lado, a política pública responsabilizava-se muito mais pelos aspectos preventivos e de combate às epidemias, tratando de questões coletivas. Por outro, a assistência em saúde era desenvolvida por instituições privadas, sejam filantrópicas, sejam particulares. A assistência em saúde era centrada no diagnóstico e no tratamento da enfermidade já instalada (Escorel; Teixeira, 2012; Paiva; Teixeira, 2014).

Dessa forma, a perspectiva de saúde daquele período histórico tinha como foco a doença, e não a promoção da saúde de maneira integral, bem como negligenciava aspectos de reconhecimento da igualdade e dignidade dos usuários/pacientes.

1.3 Modelo biomédico

O modelo biomédico, desenvolvido e amplamente adotado em meados do século XIX, atribui grande centralidade à doença, não compreendendo um plano ampliado de promoção da saúde e de prevenção. Seu processo inicia-se no diagnóstico da doença e foca o tratamento, sendo constituído por uma avaliação que evidencia os sintomas e as sequelas da doença para propor seu enfrentamento com medicamentos, terapias, procedimentos cirúrgicos, entre outras intervenções. A base de sua operacionalização está na medicina, que é a profissão reconhecida como apta para a definição de diagnósticos e tratamentos em saúde, prescindindo, portanto, de uma abordagem multi ou interdisciplinar (Matta; Morosini, 2008).

Uma das características da adoção do modelo biomédico no Brasil foi o investimento na construção de hospitais amplos e equipados. A unidade de referência para atendimento de saúde à população brasileira, por muitos anos, foi o hospital. Na perspectiva da saúde mental, essa concepção reforçou a justificativa do tratamento desse tipo de problema em regime fechado, ou seja, em internação hospitalar.

Vale refletir sobre o fato de que, até hoje, apesar de nova configuração dos serviços de atenção à saúde, ainda existem municípios brasileiros em que a referência física do atendimento é o hospital. Há, inclusive, casos em que a população resiste a ser atendida nas unidades básicas de saúde por acreditar que o melhor atendimento é feito no hospital, reproduzindo a compreensão de saúde sob a ótica do modelo biomédico. Um desdobramento dessa prática manifesta-se no investimento em alta tecnologia para o atendimento hospitalar, negligenciando recursos para ações que poderiam evitar a hospitalização.

A consolidação desse modelo no Brasil ocorreu quando o atendimento médico foi considerado como uma das coberturas previdenciárias que vinham sendo conquistadas por trabalhadores organizados em diferentes categorias, desde o início do século XX. E o reforço do modelo biomédico aconteceu depois da incorporação dos ideais desenvolvimentistas da década de 1930 e do período pós-Segunda Guerra Mundial, em que a expansão do capitalismo estava relacionada à urbanização (centralização dos atendimentos na cidade) e à industrialização (reconhecimento do desenvolvimento à medida que vão sendo adotados e implementados novos recursos tecnológicos).

1.4 Relação entre saúde, previdência social e assistência social

Inicialmente, a saúde pública era deferida para atender aos interesses do mercado e do governo e replicava práticas autoritárias. Ao longo da história, foi sendo adotado um modelo hospitalocêntrico para atenção às demandas da população. Porém, nem todos os cidadãos tinham suas necessidades atendidas, uma vez que os grandes e equipados hospitais não prestavam atendimento igualitário em razão de limitações.

Até a década de 1980, no Brasil, parte do atendimento em saúde era considerada como assistência previdenciária, ou seja, uma cobertura de proteção social para aqueles que trabalhavam formalmente e contribuíam com as estruturas de seguridade social da época. Dessa forma, a população excluída desse cenário de proteção ficava à mercê de práticas populares de saúde ou de atendimentos médicos e hospitalares prestados pela iniciativa privada, por meio da filantropia ou caridade, que se caracterizava, naquele período, como prestação do campo da assistência social (até então não delineada como uma política pública de direito do cidadão e dever do Estado).

Abordaremos alguns aspectos importantes para que você compreenda com clareza essa relação entre políticas de saúde, previdência social e assistência social no período que antecede a CF de 1988. A prioridade do atendimento em saúde era dada para o trabalhador. Mais uma vez, há a relação dos interesses econômicos com o desenvolvimento da política de saúde no país, isto é, garantidas as condições de saúde à população, evitavam-se as epidemias e outros agravos que pudessem prejudicar as transações comerciais internacionais, pois era momento de assegurar a produção, logo, o país precisava de trabalhadores fortes e saudáveis. O atendimento em saúde era uma reivindicação dos trabalhadores organizados, ao lado dos demais direitos de proteção social, como as aposentadorias e o seguro acidente ou desemprego. Portanto, assegurar saúde ao trabalhador significava não só cooperar com a produção e o desenvolvimento econômico, mas também atender às demandas de uma classe com maior evidência de organização social e política.

Tem-se, assim, um período de forte relação da política de saúde com a política de previdência social. Seguindo o delinear da história da previdência, a saúde (e outras proteções ao trabalhador) foi conquistada inicialmente por categorias e segmentos profissionais e, posteriormente, expandida a todos os trabalhadores formais.

O início do século XX foi marcado pelas lutas dos trabalhadores por seus direitos. Como a organização sindical já era forte na Europa, ela também começa a afetar os trabalhadores brasileiros, porque muitos deles eram imigrantes. As primeiras conquistas de proteção ao trabalho não foram obtidas de forma abrangente, por todos os trabalhadores, mas apenas por trabalhadores de algumas empresas ou de algumas categorias, como explicaremos adiante. Porém, à medida que determinados grupos se organizavam, alcançavam-se avanços relativos a direitos previdenciários e trabalhistas.

A conquista da proteção previdenciária, no Brasil, teve início no reconhecimento dos direitos à aposentadoria, à pensão por morte e ao seguro desemprego para trabalhadores de empresas específicas. Na sequência, na negociação entre trabalhadores e empregadores, foram sendo constituídas as Caixas de Aposentadorias e Pensões – CAPs. Nesses modelos, tanto trabalhadores quanto empregadores contribuíam com um fundo que assegurava proteções de aposentadoria, coberturas em casos de impossibilidade para o trabalho por adventos involuntários ou proteção em saúde. Com a constituição das CAPs, a partir de 1917, a perspectiva de participação do Estado nessa relação foi sendo ampliada, bem como a incorporação da cobertura por serviços de saúde de responsabilidade estatal (Escorel; Teixeira, 2012).

Como citamos, o avanço no reconhecimento de direitos previdenciários aconteceu por categorias, dentro de cada empresa. Os primeiros trabalhadores a conquistar direitos previdenciários trabalhavam nas seguintes organizações: Correios – direito à aposentadoria (1888); Ferroviários do Império – instituição de caixa de socorros (1888); Imprensa Nacional – criação de fundo de pensões (1889); Ferroviários da Central do Brasil – direito à aposentadoria (1890); Marinha – direito à aposentadoria por invalidez e pensão por morte (1892); Casa da Moeda – criação de caixa de pensões (1911); Alfândegas – instituição de caixa de pensões e empréstimos (1912) (Brasil, 2013a).

Um marco no avanço da política de previdência no Brasil foi a aprovação do Decreto-Lei n. 4.882/1923, conhecido como *Lei Eloy Chaves*, considerado a base para a constituição do sistema previdenciário brasileiro. Inicialmente, dedicada à criação da CAP para os ferroviários, a Lei Eloy Chaves passou a ser incorporada também por outras categorias, como portuários e marítimos (1926); serviços telegráficos (1928); demais serviços públicos (1931); mineração (1932); transporte aéreo (1934). Essa lei assegurava, de maneira mais explícita, a proteção em saúde vinculada aos direitos previdenciários. A partir de 1933, sob o governo de Getúlio Vargas, houve a unificação das CAPs em Institutos de Aposentadorias e Pensões – IAPs, ampliando os direitos assegurados por empresa com a equiparação de todos os profissionais de uma mesma categoria. Nos IAPs, a participação e a intervenção estatal na gestão dos recursos também foram ampliadas (Brasil, 2013a; Escorel; Teixeira, 2012).

A relação da política de saúde com os avanços previdenciários durante o governo Vargas, na década de 1930, pode ser bem compreendida à luz do texto de Escorel e Teixeira (2012, p. 298):

> No campo das ideias, a noção de incorporação dos sertões e valorização dos sertanejos, fonte de toda efervescência social que possibilitou a ampliação das ações de saúde pública na década anterior, foi esvaecendo diante de um novo projeto de construção nacional voltado para a integração nacional e para a valorização do trabalho e do operariado urbano. Nesse sentido, o governo getulista seria profícuo, ampliando as medidas iniciais de assistência médica surgidas na Primeira República para atender às crescentes demandas do movimento operário. A ênfase no aumento da oferta de serviços médicos aos trabalhadores urbanos mostra que a política de saúde do governo Vargas teve duas bases distintas: a saúde pública e a medicina previdenciária, dicotomia por muito tempo mantida pelas políticas de saúde nacionais.

Em 1966, a cobertura de previdência social foi expandida a todos os trabalhadores devidamente registrados sobre o regime da Consolidação das Leis Trabalhistas – CLT, passando a ser gerida por um único instituto, de abrangência nacional: o Instituto Nacional da Previdência Social – INPS, que compreendia coberturas previdenciárias e de saúde. Em 1977, as questões de saúde passaram a ser de responsabilidade do Instituto Nacional de Assistência Médica da Previdência Social – Inamps, e pela Central de Medicamentos – Ceme, que compunham o Sistema Nacional de Previdência e Assistência Social – Sinpas, ao lado do INPS e de outros institutos do campo previdenciário e de assistência social. Nesse contexto, grande volume das ações governamentais no campo da saúde era vinculado ao Ministério da Previdência e Assistência Social, e não ao Ministério da Saúde. O Sinpas evidenciou a gestão interligada das políticas de saúde, previdência e assistência. No período, trabalhadores que contribuíam com a previdência e seus dependentes eram cobertos pelos serviços do INPS e do Inamps, sendo este último o responsável pela atenção em saúde.

Assim, o governo avançava na perspectiva de assegurar saúde como direito, contudo tratava-se de um direito dos trabalhadores e garantido não apenas por meio da força da organização trabalhista, mas também da contínua contribuição (Carvalho, 2013).

Fique atento

Até hoje, no Brasil, os direitos previdenciários são assegurados apenas àqueles que contribuem, seja na previdência privada, seja na previdência social (Brasil, 1991, 2001a).

Quanto aos trabalhadores informais ou não compreendidos no Regime de Previdência Social vigente na época, aos desempregados e aos demais cidadãos não vinculados ao mercado formal de trabalho, não existia uma oferta consistente de serviços pela saúde pública. O atendimento era feito em instituições da iniciativa privada, motivadas pela caridade ou filantropia. Aqueles excluídos da cobertura previdenciária eram atendidos pela assistência, em que se destaca a participação dos hospitais filantrópicos, como as unidades da Santa Casa de Misericórdia.

O Inamps foi extinto somente em 1993, diante da necessidade de ajustamento das instituições governamentais aos pressupostos da CF de 1988, segundo o qual a seguridade social brasileira é composta por três políticas sociais distintas: a saúde, a previdência social e a assistência social (Fleury; Carvalho, 2019).

1.4.1 A Santa Casa de Misericórdia

A Irmandade da Santa Casa de Misericórdia foi um marco no atendimento em saúde e assistência social no Brasil e está presente em muitas cidades brasileiras, em unidades conhecidas como *Santas Casas*.

> A primeira Santa Casa do mundo foi criada em 15 de agosto de 1498 [...]. No Brasil, as primeiras santas casas surgiram logo após o seu descobrimento, precedendo a própria organização jurídica do Estado brasileiro, criado através da Constituição Imperial de 25 de

março de 1824. Até esta data já haviam sido fundadas as Santas Casas de Santos (1543); Salvador (1549); Rio de Janeiro (1567); Vitória (1818); São Paulo (1599); João Pessoa (1602); Belém (1619); São Luís (1657), Campos (1792) e Porto Alegre (1803) entre outras. Destas derivaram outras entidades similares, como as Beneficências Portuguesas, Hospitais Filantrópicos das comunidades Judaica, Japonesa, Sírio-Libanesa, ou mesmo ligadas a movimentos da igreja Católica, Protestante, Evangélica, Espírita, entre outras, totalizando, até os dias atuais, cerca de 2.100 estabelecimentos de saúde espalhados por todo o território brasileiro. (CMB, 2019)

A criação e o funcionamento das Santas Casas antecedem a quaisquer ações do governo brasileiro em saúde. Motivadas pelo exercício da caridade cristã, essas instituições católicas tinham como missão atender o pobre e o doente. Dirigidas por religiosos e religiosas, cuja dedicação à missão era um propósito de vida, eram mantidas com a recursos de doações das comunidades onde estavam inseridas e, em alguns casos, com a participação de recursos públicos. Dada sua identidade, as Santas Casas amparavam grandes hospitais, contudo, além dos serviços de atendimento médico hospitalar geral, sua intervenção se estendia para propostas mais específicas relacionadas à manutenção e à gestão de leprosários, hospícios, acolhimento de crianças e idosos. A irmandade também foi protagonista na perspectiva da educação profissional em saúde, sendo a responsável pela criação de alguns dos primeiros cursos de medicina e enfermagem no Brasil (CMB, 2019).

Assim como as Santas Casas, foi comum a criação de vários hospitais, abrigos e outras instituições sociais sob a gestão e execução de "irmãs de caridade" e outras iniciativas fundamentadas em grupos filantrópicos; alguns de outras confissões religiosas; outros unidos por questões de nacionalidade ou interesses em comum. No século XX, embora a atenção em saúde buscasse o enfrentamento às epidemias e a oferta de assistência médica aos contribuintes da previdência, essas instituições que continuaram a assegurar atendimento à população em geral.

Mesmo prestando serviços de saúde, as Santas Casas eram reconhecidas como instituições de assistência na perspectiva da assistência social, uma vez que, na época, tal concepção ainda estava fortemente vinculada a uma noção de atendimento à pobreza, independentemente do tipo de serviço prestado. Serviços de saúde ofertados para os pobres por instituições sociais eram caracterizados como serviços de assistência. Da mesma forma ocorria com outras áreas, como a educação, ou seja, se eram ofertados serviços gratuitos em uma escola para crianças pobres, eram entendidos como serviços de assistência. Assim, permanecia uma contradição sobre o papel efetivo de proteção social da assistência social, bem como reduziam-se os aspectos de qualidade técnica dos serviços prestados, visto que eram desvinculados de sua área de origem pelo fato de voltarem-se a pessoas em situação de pobreza[2].

> Cabe aqui destacar a crescente perda de identidade dos indivíduos nesse modelo vigente à época, pois, como os serviços de saúde prestados sob um modelo predominantemente biomédico centram-se nas doenças, os sujeitos são descaracterizados de seus aspectos globais e reduzidos à condição de doente. Além disso, quando esses "doentes" não trabalhavam sob a lógica do emprego formal e não estavam cobertos pela previdência social, perdiam, inclusive, seu reconhecimento como "doente que deve ser tratado", passando a ser considerado um "pobre digno de caridade".

Se, por um lado, as instituições de caridade foram protagonistas no atendimento em saúde e na assistência social no Brasil, por outro,

---

[2] Embora as Santas Casas de Misericórdia sejam reconhecidas no marco histórico da assistência social no Brasil, cabe ressaltar que se tratava de um modelo distinto daquele aprovado e praticado após a Constituição de 1988 e da Lei Orgânica de Assistência Social (Loas). Antes do marco constitucional, a assistência social ainda não era entendida como direito e se estabelecia, de diferentes formas, como ações de caridade, favor e filantropia (Brasil, 1993b). Para saber mais sobre a transição da assistência social da perspectiva do favor para a lógica do direito, recomendamos que assista ao vídeo: A HISTÓRIA do serviço social no Brasil. TVNBR, dez. 2010. Disponível em: <https://www.youtube.com/watch?v=qPE5MdntV2Y>. Acesso em: 14 fev. 2019.

há de se questionar a estrutura de um Estado que não garanta a saúde como direito para todo o seu povo.

É importante lembrar que a caridade é praticada com base no favor, e não no direito, portanto, não seria possível reclamar por qualidade, continuidade, respeito à diversidade ou outros fatores essenciais a uma vivência plena de cidadania. O atendimento era firmado em valores morais pessoais e religiosos e, com fundamento neles, eram estabelecidos seus parâmetros de qualidade. Fica evidenciada, aqui, uma diferença entre o atendimento ofertado ao trabalhador organizado e aquele dispensado aos demais.

Curiosidade

A respeito da história da saúde no Brasil, cabe também destacar a importância do papel dos "agentes populares" de saúde, como os pajés, os curandeiros, as benzedeiras, as parteiras, entre outros, porque a sabedoria popular construiu estratégias de atenção à saúde de seu povo, que carecia com a ausência do Estado. A experiência desses "agentes populares" estava vinculada à fé e à tradição popular. Da mesma forma, técnicas alternativas de cura, como a manipulação de ervas e o uso de chás, foram transmitidas de geração para geração.

Atualmente, essas e outras iniciativas populares de atenção aos doentes são compreendidas como sistemas informais de cuidados em saúde e considerados componentes intrínsecos ao desenvolvimento de cada comunidade, não podendo ser desprezados pelos sistemas formais, mas articulados de maneira que cooperem na promoção e na recuperação da saúde (Lopes, 2016; Matos; Greco, 2005).

1.4.2 Sistema S

Outro fenômeno presente na relação entre trabalho, previdência e saúde foi a criação das instituições de prestação de serviços aos trabalhadores, as quais compuseram o chamado *Sistema S*, e atuam no Brasil até hoje. Tratava-se do Serviço Social da Indústria – Sesi; do Serviço Nacional de Aprendizagem da Indústria – Senai; do Serviço Social do Comércio – Sesc e do Serviço Nacional de Aprendizagem do Comércio – Senac. Esse grupo foi complementado, posteriormente, pelo Sebrae e por outras semelhantes.

O Senai e o Senac ofertavam cursos de qualificação profissional, o Sesi e o Sesc disponibilizavam uma gama de serviços para os trabalhadores e suas famílias, que compreendiam as áreas de educação, esporte, lazer e amplos serviços na área da saúde.

A criação dessas instituições ocorreu na década de 1940, sob os governos de Getúlio Vargas e Eurico Gaspar Dutra. Sua finalidade era contar com a cooperação das organizações voltadas ao desenvolvimento econômico – como as federações das indústrias e do comércio – para a realização de atividades direcionadas aos trabalhadores. Sua atuação deveria ser voltada à educação profissional e à oferta de serviços de saúde, educação e bem-estar para os trabalhadores e seus familiares. Eram entendidos como serviços complementares aos ofertados pelo governo e tinham um caráter de descentralização de ações, uma vez que operavam de forma regionalizada, segundo a abrangência de cada federação (CNC, 2005).

Na história de atuação do Sesi e do Sesc, são comuns investimentos e esforços dedicados à prevenção de doenças e de acidentes de trabalho; saúde ocupacional; serviços clínicos com especialidades médicas; acompanhamento nutricional; farmácias e clínicas odontológicas.

Hoje, os serviços ofertados não obedecem mais a uma padronização nacional, mas são diferenciados em cada estado. Parte dos serviços ainda são ofertados de forma gratuita aos trabalhadores, contudo, em sua maioria, são tarifados. As ofertas não são caracterizadas como públicas, mas têm foco nos trabalhadores a elas vinculados, podendo abranger os demais cidadãos.

1.5 Saúde e desenvolvimentismo no Brasil

No Brasil, as décadas de 1950 e 1960 foram marcadas pelo desenvolvimentismo, com colaboração da iniciativa externa. Após o término da Segunda Guerra Mundial, em 1945, uma nova tensão política mundial se formou: a Guerra Fria – um conflito entre capitalismo e socialismo que perdurou até o final da década de 1980. Nesse contexto, as nações capitalistas europeias e os Estados Unidos passaram a dedicar recursos aos países considerados "subdesenvolvidos" para que se desenvolvessem. Havia uma intenção de expansão do capitalismo e de enfrentamento às ideias comunistas que poderia ser muito bem recebida nos países mais pobres. Assim, há forte influência daquelas nações no avanço econômico brasileiro e na forma de condução das políticas sociais, por isso, no que se refere à saúde, permanece a necessidade de manter os trabalhadores saudáveis e "satisfeitos", capazes de contribuir na geração da riqueza, sem intensificar resistências ou conflitos quanto a suas relações de trabalho (Paiva; Teixeira, 2014; Aguiar, 1995).

Nesse contexto, tem destaque a Fundação Sesp, originada a partir do Serviço Especial de Saúde Pública, fundado em 1942, e criado em acordo de cooperação entre o Brasil e os Estados Unidos durante o período da Segunda Guerra Mundial, estendendo-se pelos anos seguintes com o intuito de fortalecer o desenvolvimento.

A forma de gestão dos serviços de saúde foi afetada pelo foco internacional que vinha sendo dado ao desenvolvimento econômico e que contava com a adesão dos gestores federais brasileiros. No segundo governo de Vargas (1951-1954), ficou evidenciado esse modelo nacionalista voltado ao desenvolvimento. Nessa conjuntura, entendia-se que a saúde pública era um problema de superestrutura, passando, necessariamente, pelo campo dos investimentos econômico e tecnológico. O modelo de saúde que vigorou no período ficou reconhecido como *sanitarismo desenvolvimentista*.

> A ideia-força do pensamento sanitarista desenvolvimentista era de que o nível de saúde de uma população depende, em primeiro lugar, do grau de desenvolvimento econômico de um país, ou de uma região e que, portanto, as medidas de assistência médico-sanitária são, em boa parte, inócuas quando não acompanham ou não integram esse processo. (Escorel; Teixeira, 2012, p. 310)

A Fundação Sesp foi uma iniciativa para expandir a oferta de ações de saúde pública ao longo do território brasileiro, com maior impacto nas regiões Norte e Nordeste. Eram coordenadas, principalmente, ações relacionadas a saneamento básico e tratamento da água para o consumo humano. Sua atuação inicial e de mais evidência de resultados aconteceu nas regiões onde eram produzidos minério de ferro e borracha, que subsidiavam as produções de materiais para o exército norte-americano. A importância internacional desses processos produtivos gerou preocupação com relação à grande incidência de malária e febre amarela que atingia os trabalhadores e, portanto, exigia providências em saúde.

O formato de atuação da Fundação Sesp foi replicado posteriormente para os demais estados e regiões do país. A iniciativa se destacou por incorporar novos métodos de gestão de recursos humanos, compreendendo equipes multidisciplinares. Além das questões de saneamento e tratamento da água, também havia serviços prestados em unidades mistas, que compreendiam atendimentos básicos, de urgência e emergência e, até mesmo, de internações (Pisquila, 2012; Carvalho, 2013; Mercadante, 2002).

Um avanço do período foi a criação do Ministério da Saúde, em 1953, já que, até então, as ações dessa área estavam sob a gestão de um ministério misto, que compreendia saúde e educação.

Paralelamente às questões econômicas desenvolvimentistas, o avanço do capitalismo e a necessidade de reconstrução dos países devastados pela Segunda Guerra Mundial geravam novas demandas e perspectivas no campo social. Na Europa, iniciava-se uma discussão das políticas do chamado *Welfare State*[3], em que saúde – assim como outras políticas sociais – era responsabilidade dos governos e um direito dos cidadãos. Contudo, no Brasil, essa perspectiva não alcançou progresso. A proposta se tornou mais evidente na III Conferência Nacional de Saúde, com conseguinte "resfriamento" pelo regime militar, como elucida Carvalho (2013, p. 7):

> O outro marco foi a 3ª Conferência Nacional de Saúde no final de 1963 que coroava vários estudos para a criação de um sistema de saúde. Duas bandeiras dessa conferência: um sistema de saúde para todos (saúde direito de todos os cidadãos) e organizado descentralizadamente (protagonismo do município). A ditadura militar iniciada em março de 1964 sepultou a proposta poucos meses depois.

A III Conferência Nacional de Saúde teve como finalidade "o exame geral da situação sanitária nacional e a aprovação de programas de saúde que, se ajustando às necessidades e possibilidades do povo brasileiro, concorram para o desenvolvimento econômico do país" (Conferência Nacional de Saúde, 1963). Na ocasião, foram propostas estratégias de descentralização e municipalização da saúde pública, já considerando a classificação e a estruturação das ofertas de serviços em *mais básicos* e *mais complexos*. A síntese dos debates da III Conferência apontava a demanda pela fixação de um Plano Nacional de Saúde e apresentava uma proposta para sua efetivação (Escorel; Teixeira, 2012).

Com o início do Governo militar em 1964, as possibilidades de efetivar o proposto na III Conferência foram interrompidas, dando continuidade às ações centralizadas no Governo Federal e pretendendo uma reedição da Fundação Sesp, agora sob o nome de *Piass – Programa de Interiorização de Ações e Serviços de Saúde* (Carvalho, 2013).

---

3 O *Welfare State*, ou Estado de Bem-Estar Social, foi um modelo de governo que se destacou na Europa no período do pós-Segunda Guerra Mundial. Entre suas estratégias destacavam-se a intervenção e participação estatal na economia e a promoção da redistribuição por meio de políticas sociais.

Dando sequência e fortalecendo a opção pelas políticas desenvolvimentistas, mais uma vez o Governo priorizou a assistência em saúde para os trabalhadores, porém, agora, com a criação de um instituto nacional, cuja finalidade era congregar todos os institutos de aposentadorias e pensões por categoria. Assim, em 1966, foi criado o INPS. Embora ficasse estabelecida nova padronização de serviços médicos relacionados aos direitos previdenciários, essa cobertura ainda era restrita e vinculada à prévia contribuição. Em 1977, os serviços de saúde foram desvinculados do INPS e passaram a ficar sob responsabilidade do Inamps (Escorel; Teixeira, 2012; Paiva; Teixeira, 2014).

Considerando, em termos gerais, as ações do Governo militar, é possível destacar duas frentes principais:

> No que tange propriamente ao sistema público de saúde, o país vivia sob a duplicidade de um sistema cindido entre a medicina previdenciária e a saúde pública. O primeiro setor tinha ações dirigidas à saúde individual dos trabalhadores formais e voltava-se prioritariamente para as zonas urbanas, estando a cargo dos institutos de pensão.3 A saúde pública, sob o comando do Ministério da Saúde (MS), era direcionada principalmente às zonas rurais e aos setores mais pobres da população, e tinha como alvo, majoritariamente, atividades de caráter preventivo. Nesse contexto, as políticas de saúde dos governos militares buscaram incentivar a expansão do setor privado. Com esse objetivo, ampliaram a compra de serviços pela previdência e incentivos fiscais às empresas, para a contratação de companhias privadas ou cooperativas de médicos que prestassem serviços de saúde aos seus funcionários. (Paiva; Teixeira, 2014, p. 17)

As iniciativas de saúde voltadas prioritariamente aos trabalhadores, presentes entre as décadas de 1960 e 1980, desenvolveram-se em um modelo que pode ser caracterizado como "médico privatista". Você conhecerá esse modelo na seção a seguir.

1.6 Modelo médico privatista

Seguindo as mesmas características do modelo biomédico, o modelo privatista compreende um investimento estatal mínimo em atendimentos diretos à população, bem como a contratação da iniciativa privada para ofertar serviços de atenção em saúde de caráter mais complexo. Assim, as unidades do Inamps ofertavam um conjunto de serviços bastante básicos à população, atendendo às demandas mais cotidianas, ao passo que consultas com especialistas, exames diagnósticos, tratamento medicamentoso ou terapêutico eram, na maioria das vezes, delegados à iniciativa privada.

O Estado arcava com o custo de contratação de certos serviços, contudo, era recorrente que o próprio trabalhador tivesse de suprir essas despesas, procurando por atendimento particular.

Essa composição do modelo de atendimento da política de saúde, vigente até o fim dos anos 1980, ainda influencia a compreensão popular sobre saúde pública e, até mesmo, sobre o SUS. Há um imaginário de que o SUS limita-se a consultas, medicamentos e procedimentos mais simples e que o cidadão deve recorrer, obrigatoriamente, à iniciativa privada quando se tratar de uma situação mais grave ou mais complexa. Essa concepção é bastante equivocada quanto ao SUS, mas tem origem nas vivências históricas dos usuários dos serviços públicos de saúde no Brasil.

1.7 Movimento da reforma sanitária

Apesar de o modelo autoritário do regime militar ter impedido o avanço das políticas descentralizadas de saúde que vinham sendo debatidas à época da III Conferência Nacional de Saúde e, também, ter desconsiderado a abrangência das propostas fundamentadas em políticas do *Welfare State* que reconhecessem a saúde como direito de todos, profissionais, estudiosos e cidadãos interessados na área da saúde não aceitaram de forma passiva as imposições e as estratégias do novo regime. Pelo contrário, mesmo com as contingências, estabeleceram formas de resistência e de fortalecimento político e popular para a defesa do direito à saúde. Assim, era gestado, durante o Governo militar, um modelo mais abrangente de atenção à saúde. Um dos marcos de tal resistência ficou conhecido como *Reforma Sanitária* ou *Movimento Sanitário*.

> As narrativas em torno da reforma sanitária brasileira localizam, como regra, a origem do movimento no contexto da segunda metade dos anos 1970, período que coincide com a criação do Centro Brasileiro de Estudos de Saúde (Cebes), em 1976; e, três anos depois, a criação da Associação Brasileira de Pós-graduação em Saúde Coletiva (Abrasco) (Escorel, 1999; Rodriguez Neto, 1997; Paim, 2008). No entanto, o processo de formação de atores e instituições identificados com mudanças radicais no sistema de saúde então vigente também relaciona-se com um conjunto de aspectos que vão do desenvolvimento dos cursos de medicina preventiva a partir da década de 1950 ao fortalecimento de uma visão contrária ao regime autoritário que via, na sua derrocada, a única forma de construção de um sistema de saúde eficiente e democrático. (Paiva; Teixeira, 2014, p. 21)

Para além do cenário delineado durante o regime militar, as proposições de um novo modelo de saúde consideravam todo o histórico da saúde pública brasileira, pois havia muitas lacunas no atendimento à população, bem como práticas que feriam direitos humanos básicos relacionados à identidade, à dignidade, à privacidade, à cidadania e, também, à integridade física e mental. Essas demandas não passavam despercebidas, por isso tornavam-se pauta de estudo e debate.

O Movimento Sanitário foi constituído, inicialmente, por grupos de intelectuais e profissionais, com forte característica acadêmica, e ampliou-se para as bases, acolhendo ainda o debate popular sobre a saúde e suas demandas na população brasileira. Entre os atores que impulsionaram e fortaleceram o movimento, podem ser classificados quatro grandes grupos: (1) os **movimentos populares**, que se fortaleciam e contavam com o apoio da Igreja Católica na luta pela justiça e no combate às iniquidades sociais; (2) as **faculdades de medicina**, que vinham adotando novas técnicas de ensino e pesquisa, incorporando vivências práticas com o campo social; (3) os **partidos políticos progressistas**, que resistiam politicamente ao sistema vigente na época; (4) as **prefeituras com bandeiras progressistas**, que, para além das diretrizes estabelecidas pelo governo federal, reconheciam a saúde como uma de suas prioridades e investiam para que houvesse coberturas de qualidade para seus munícipes (Carvalho, 2013). Como já mencionamos, no contexto das ações de saúde vigentes no período militar, foi implantado o Piass, que necessitava de profissionais especializados. Por esse motivo, por isso muitos médicos, enfermeiros e outros profissionais adeptos do ideário da Reforma Sanitária foram incorporados aos quadros técnicos estatais, possibilitando uma mudança de dentro para fora na perspectiva da execução das ações (Paiva; Teixeira, 2014). Tendo em vista que esses profissionais defendiam a saúde como direito, sua atuação se desenvolvia sob essa matriz e influenciava a organização dos serviços, que passavam a assumir uma racionalidade de caráter mais universal. Contudo, a insuficiência de recursos humanos e tecnológicos para efetivação do Piass fragilizou a proposta, repercutindo, em muitas situações, na replicação de ações seletivas, que priorizavam apenas o atendimento das populações e das regiões mais marginalizadas (Brasil, 2006d).

A evolução do movimento compreendeu o estabelecimento de estruturas que deram suporte à propagação de suas ideias, como o Centro Brasileiro de Estudos de Saúde – Cebes; a Associação Brasileira de Pós-Graduação em Saúde Coletiva – Abrasco; e a revista científica *Saúde em Debate*. A articulação desses coletivos permitiu a realização de grupos de pesquisa e simpósios sobre a saúde brasileira.

Como apontam Paiva e Teixeira (2014), após a realização do I Simpósio sobre Política Nacional de Saúde, organizado pela Comissão de Saúde da Câmara dos Deputados em 1979, foram divulgados os princípios centrais a serem defendidos na luta pela Reforma Sanitária:

- direito universal à saúde;
- caráter intersetorial dos determinantes de saúde;
- papel regulador do Estado com relação ao mercado da saúde;
- descentralização, regionalização e hierarquização do sistema;
- participação popular e controle democrático;
- integração entre saúde previdenciária e saúde pública.

Essa nova forma de pensar a saúde vinha alterando a concepção comum à época, mais relacionada ao enfrentamento da doença e limitada a aspectos individuais, físicos e biológicos.

- A forma de olhar, pensar e refletir o setor saúde nessa época era muito concentrada nas ciências biológicas e na maneira como as doenças eram transmitidas. Há uma primeira mudança quando as teorias das ciências sociais começam a ser incorporadas. Essas primeiras teorias, no entanto, estavam muito ligadas às correntes funcionalistas, que olhavam para a sociedade como um lugar que tendia a viver harmonicamente e precisava apenas aparar arestas entre diferentes interesses. A grande virada da abordagem da saúde foi a entrada da teoria marxista, o materialismo dialético e o materialismo histórico, que mostra que a doença está socialmente determinada.

- No Brasil, duas teses são consideradas um marco divisor de águas que dá início à teoria social da medicina: O dilema preventivista, de Sergio Arouca, e Medicina e sociedade, de Cecília Donnangelo, ambas de 1975. A partir daí, pode-se dizer que foi fundada uma teoria médico-social para análise de como as coisas se processam no campo da saúde no país. Essa nova abordagem se torna conhecimento relevante, reconhecido academicamente, difundido e propagado.

- Durante todo o processo de modificação da abordagem da saúde, várias correntes se juntam como protagonistas. O movimento estudantil teve um papel fundamental na propagação das ideias e fez com que diversos jovens estudantes começassem a se incorporar nessa nova maneira de ver a saúde. As Semanas de Estudos sobre Saúde Comunitária, realizadas pela primeira vez em 1974, e os Encontros Científicos dos Estudantes de Medicina, em especial os realizados entre 1976 e 1978, foram importantes nesse sentido, por serem espaços praticamente ignorados pela repressão militar, que não identificava o caráter político de suas discussões. (Fiocruz, 2019)

O movimento da Reforma Sanitária teve sua maior expressão de exposição e conquistas durante a VIII Conferência Nacional de Saúde, em 1986, após o fim da ditadura, durante o processo de redemocratização. Participaram desse evento representantes do Cebes, da Abrasco e de diversas outras instâncias que apoiavam as propostas a reforma. Mas o principal destaque foi a participação de mais de 5.000 pessoas no evento, representando os mais diversos setores da sociedade civil, inclusive os usuários das políticas de saúde. Na ocasião, foi proposta e acatada a ideia da constituição do SUS, alinhado com todos os princípios da Reforma Sanitária.

Ao longo da década de 1980, vinham sendo realizadas ações descentralizadas, com uma perspectiva de integração entre iniciativas da saúde coletiva e da saúde previdenciária. Eram as chamadas *Ações Integradas de Saúde – AIS*. Em 1987, a partir das deliberações da VIII Conferência Nacional de Saúde, as AIS foram aprimoradas, compreendendo os princípios da Reforma Sanitária e constituindo os Sistemas Unificados e Descentralizados de Saúde – Suds. Foi uma iniciativa preliminar, que abriu campo para a implementação do SUS, em 1991 (Carvalho, 2013).

As principais lutas do movimento da Reforma Sanitária no Brasil, segundo Paiva e Teixeira (2014) e Carvalho (2013), são as a seguir elencadas:

- ampliação na cobertura dos serviços;
- superação das intervenções verticais, centradas na doença, e da medicina curativa, centrada nas instituições hospitalares;
- transposição do controle de doenças transmissíveis pela promoção da saúde, em geral;
- compreensão do caráter intersetorial dos determinantes de saúde;
- implementação de um sistema único de saúde, superando a divisão entre saúde preventiva e saúde previdenciária;
- descentralização, regionalização e hierarquização do sistema de saúde;

- estratificação dos serviços por complexidade, com prioridade para as ações preventivas, de atenção básica em saúde;
- universalização do acesso à saúde;
- exercício da saúde como direito do cidadão e dever do Estado;
- regulação estatal sobre os serviços privados de saúde;
- participação popular.

Tais elementos inspiraram a criação do SUS, em seu modelo de organização, bem como em seus objetivos, princípios e diretrizes.

1.8 Conquistas do direito à saúde

Aprofundaremos a temática da saúde como direito no próximo capítulo, porém, cabe destacar aqui, ainda seguindo uma linha histórica e de uma forma bastante resumida, as conquistas alcançadas nessa perspectiva, principalmente, no campo da legislação:

- **1986**: realização da VIII Conferência Nacional de Saúde durante período de redemocratização do país, com mais de 5.000 participantes, ocasião e, que foi aprovado o SUS como diretriz para avanço da política de saúde no Brasil, segundo as prerrogativas defendidas pelo movimento da Reforma Sanitária.
- **1988**: reconhecimento da saúde como direito universal e responsabilidade estatal no texto da CF aprovado nesse ano;
- **1990**: regulamentação dos artigos constitucionais referentes ao direito à saúde pelas Leis n. 8.080/1990 e n. 8.142/1990; e implantação do SUS.
- **2011**: aprovação do Decreto n. 7.508/2011, que regulamenta a Lei n. 8.080/1990.

Assim, percebe-se que o direito à saúde é construído de maneira histórica e é resultante de articulações, lutas e trabalho técnico dedicados à sua defesa.

Síntese

Neste capítulo, abordamos as primeiras iniciativas governamentais em saúde no Brasil. Inicialmente restritas ao controle dos profissionais da saúde e de fiscalização sanitária dos portos, as ações evoluíram, na sequência, para o enfrentamento às epidemias, com o objetivo de evitar problemas com a exportação e manter um bom corpo produtivo, com trabalhadores saudáveis. A assistência em saúde foi reconhecida, primeiramente, como direito previdenciário e voltada apenas aos trabalhadores formais, mediante prévia contribuição, os demais atendimentos em saúde eram ofertados por meio da iniciativa privada, filantropia e práticas populares. Na saúde previdenciária, vigorava o modelo biomédico, focado no diagnóstico e tratamento da doença já existente. O entendimento de uma saúde ampliada e como direito do povo foi inserido no debate brasileiro por meio do movimento da Reforma Sanitária, cujas lutas foram consolidadas durante o período do regime militar. A maior conquista, no entanto, aconteceu somente após a redemocratização do Brasil, com a aprovação do SUS como modelo de organização da saúde pública, referendado em 1986, na VIII Conferência Nacional de Saúde, e legalizado na CF de 1988, quando a saúde passou a ser direito de todos os cidadãos e dever do Estado.

Questões para revisão

1. As ações governamentais na área da saúde no Brasil tiveram origem:
    a) no Império, com a chegada da Corte Portuguesa ao Brasil.
    b) na década de 1930, durante o Governo Vargas.
    c) em 1964 e nos anos seguintes, durante o governo militar.
    d) em 1988, após a aprovação da Constituição Federal.
    e) em 1990, com a aprovação da Lei n. 8.080.

2. As primeiras iniciativas do governo quanto à saúde pública no Brasil estavam relacionadas ao combate de epidemias e eram conduzidas por meio de estratégias bastante autoritárias. Assinale a alternativa que expressa a aplicação desse modelo de intervenção na história da saúde brasileira:
   a) Campanhas veiculadas durante o carnaval, incentivando o sexo seguro por meio do uso do preservativo.
   b) Vacinação obrigatória contra a varíola e internação compulsória de doentes de hanseníase e transtornos mentais.
   c) Ações descentralizadas de saneamento básico e de controle da água e dos alimentos para consumo humano.
   d) Orientação de uso de equipamentos de proteção individual (EPIs) pelos trabalhadores da indústria.
   e) Recomendações sobre o abuso do uso de recursos tecnológicos.

3. Antes da consolidação do SUS, a intervenção governamental nessa área era desenvolvida por meio de dois grandes grupos de ações, que foram classificadas como:
   a) saúde pública (combate às endemias) e saúde privada (exercida por particulares).
   b) saúde privada (exercida por particulares) e saúde previdenciária (voltada aos trabalhadores).
   c) saúde pública (combate às endemias) e saúde previdenciária (voltada aos trabalhadores).
   d) saúde pública (voltada aos trabalhadores) e saúde coletiva (para todos os cidadãos).
   e) saúde coletiva (voltada aos trabalhadores) e saúde assistencial (para todos os cidadãos).

4. Um modelo de saúde historicamente adotado no Brasil foi o chamado *modelo biomédico*. Quais são suas principais características?

5. Quais foram os princípios centrais defendidos na luta pela Reforma Sanitária?

Questões para reflexão

1. As primeiras iniciativas governamentais na saúde brasileira estiveram relacionadas à manutenção do sistema produtivo e do desenvolvimento econômico. Na conjuntura atual, esse tipo de interesse ainda está presente? Quais outros interesses podem ser identificados quando o Governo desenvolve ações voltadas à área da saúde?

2. Considerando a história da Reforma Sanitária, é possível dizer que todos os objetivos desse movimento foram alcançados na política de saúde brasileira? Na sua opinião, qual deles vem sendo mais bem aplicado e qual ainda constitui um grande desafio para sua concretização?

CAPÍTULO 2

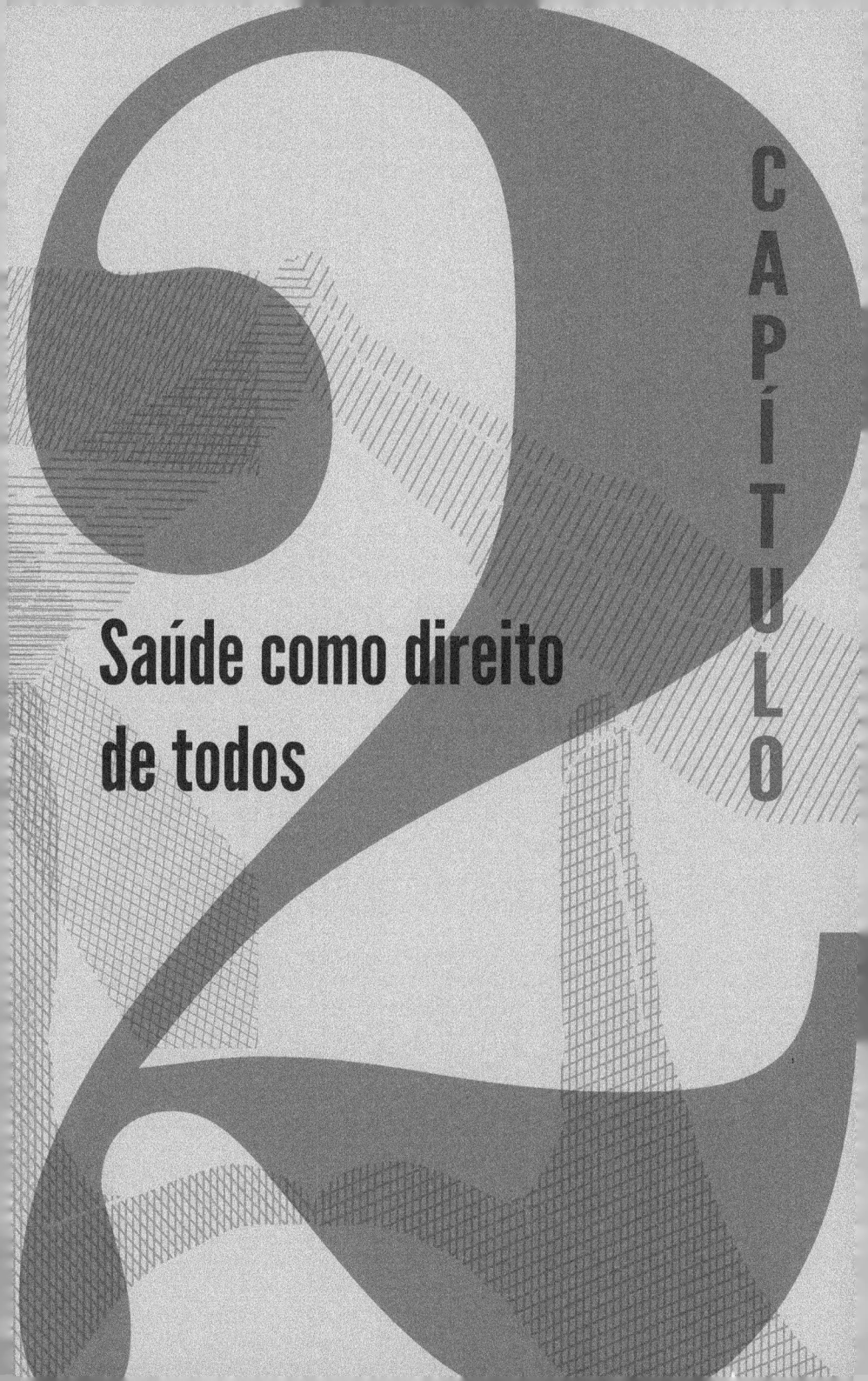

Saúde como direito de todos

Conteúdos do capítulo:
- Conceito amplo de saúde.
- Saúde como direito de seguridade social.
- Universalidade do acesso.
- Responsabilidade estatal.
- Integralidade da atenção em saúde.

Após o estudo deste capítulo, você será capaz de:
1. reconstruir o significado do conceito de saúde, baseando-se em concepções ampliadas;
2. orientar seus conhecimentos sobre saúde pública, reconhecendo-a como um direito universal.

A saúde como direito não é um valor natural, mas uma conquista social. Isso quer dizer que nem sempre a saúde foi reconhecida como um direito de todos na sociedade brasileira. O atendimento universal, integral e gratuito não é uma concessão de um governo ou uma prática política comum, mas sim uma resposta do Estado às exigências da sociedade organizada.

Atualmente, a saúde é reconhecida como um direito humano. No entanto, ao analisar as lutas históricas pelos direitos humanos, é possível constatar que ela nem sempre foi contemplada entre eles, a exemplo da Declaração dos Direitos do Homem e do Cidadão, afirmada no período da Revolução Francesa (Brasil, 2006d).

No Brasil, o movimento da Reforma Sanitária, que agregou diferentes segmentos da sociedade em seu favor, foi importante protagonista na luta pela saúde como direito do cidadão, e uma de suas principais vitórias foi a conquista do Sistema Único de Saúde – SUS. É na Constituição Federal (CF) de 1988 que a saúde fica estabelecida como direito de todos os cidadãos brasileiros e dever do Estado: "Art. 196. A saúde é direito de todos e dever do Estado, garantido mediante políticas sociais e econômicas que visem à redução do risco de doença e de outros agravos e ao acesso universal e igualitário às ações e serviços para sua promoção, proteção e recuperação" (Brasil, 1988).

É fundamental esclarecer, entretanto, que o pleno cumprimento do art. 196 da CF de 1988 não implica apenas ações do Ministério e das Secretarias de Saúde, mas também compreende o olhar das mais diversas áreas sobre a promoção desse direito, cujo entendimento vai ao encontro do conceito de saúde adotado pela Organização Mundial de Saúde – OMS, que define:

> "A saúde é um estado de completo bem-estar físico, mental e social, e não consiste apenas na ausência de doença ou enfermidade"[1]. (WHO, 1946, p. 1, tradução nossa).

Por isso, para que você possa compreender claramente o significado dessa conquista, discutiremos, nas próximas seções, importantes aspectos do citado dispositivo constitucional.

2.1 Conceito amplo de saúde

Na perspectiva da CF de 1988, a saúde deve ser entendida de maneira ampla, superando, portanto, o conceito adotado nos modelos anteriores, cuja centralidade era na doença. Dessa forma, cuidar da saúde antecede o atendimento pós-diagnóstico, inicia-se na consolidação de "políticas sociais e econômicas que visem à redução do risco de doença e de outros agravos" (Brasil, 1988, art. 196).

Nesse contexto, é importante ponderar que garantir saúde ao povo brasileiro significa implementar:

- políticas de acesso ao trabalho e ao salário dignos, que impeçam a reprodução da miséria e da fome, afinal, a fome repercute em uma série de danos à saúde;
- políticas urbanas e rurais que assegurem saneamento básico e qualidade de alimentos e bebidas, mais uma vez evitando vasto conjunto de doenças;
- políticas esportivas efetivas, que potencializem a prática de exercícios físicos e a superação do sedentarismo, para prevenir, inclusive, as doenças crônicas, como o diabetes e a hipertensão.

---

1 Texto original: "Health is a state of complete physical, mental and social well-being and not merely the absence of disease or infirmity".

Portanto, o atendimento em saúde inicia-se no amplo conjunto das políticas públicas e somente se encerra ao assegurar para todos o "completo bem-estar físico, mental e social" (WHO, 1946). Evidentemente, trata-se de uma meta bastante ampla e marcada por subjetividades. Mas os esforços para adequar esse conceito a ações concretas não devem ser poupados, na perspectiva de reconhecer a saúde com um dos direitos humanos fundamentais.

2.2 Saúde como direito de seguridade social

Como fica claro na história da política de saúde no Brasil, sempre houve relação desta com as áreas da previdência e assistência social. No marco da CF de 1988, em seu art. 194, fica estabelecido o direito à seguridade social, que é composta pelas políticas de saúde, assistência social e previdência social, caracterizando o chamado *tripé da seguridade social* (Brasil, 1988).

Figura 2.1 – Tripé da seguridade social

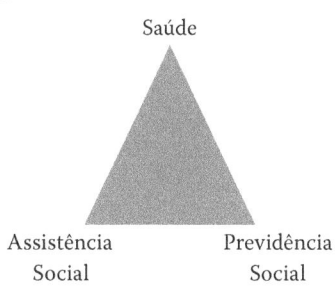

Saúde

Assistência Social

Previdência Social

A seguridade social diz respeito ao conjunto de políticas do Estado voltadas às populações necessitadas de mais proteção, que deverá ser feita, segundo dispõe a CF de 1988, por meio de três políticas sociais distintas e integradas, atendendo às seguintes fragilidades:

Quadro 2.1 – Principais demandas e ações das políticas brasileiras de seguridade social

Política	Principal fragilidade atendida	Principais ações
Saúde	Atendimento (e prevenção) da doença.	Atendimento universal (para todos), compreendendo ações de: • vigilância sanitária; • vigilância epidemiológica; • saúde do trabalhador; e • assistência terapêutica integral, inclusive, farmacêutica.
Previdência Social	Incapacidade temporária ou permanente para o trabalho.	Prestação de benefícios e serviços a quem contribui previamente, estabelecendo: • cobertura dos eventos de doença, invalidez, morte e idade avançada; • proteção à maternidade, especialmente à gestante; • proteção ao trabalhador em situação de desemprego involuntário; • salário-família e auxílio-reclusão para os dependentes dos segurados de baixa renda; • pensão por morte do segurado, homem ou mulher, ao cônjuge ou companheiro e dependentes.

(continua)

(Quadro 2.1 – conclusão)

Política	Principal fragilidade atendida	Principais ações
Assistência Social	Vulnerabilidade ou risco social, caracterizados, principalmente, por fragilidades inerentes ao ciclo de vida; situação de pobreza ou miséria; não acesso a serviços; exposição à exclusão, preconceitos, discriminação e/ou violência.	Prestada a quem dela necessitar, contemplando: • proteção à família, à maternidade, à infância, à adolescência e à velhice; • amparo às crianças e aos adolescentes carentes; • promoção da integração ao mercado de trabalho; • habilitação e reabilitação das pessoas com deficiência e promoção de sua integração à vida comunitária; e • garantia de um salário-mínimo de benefício mensal à pessoa com deficiência e ao idoso que comprovem não possuir meios de prover a própria manutenção ou de tê-la provida por sua família.

Fonte: Elaborado com base em Brasil, 1988, 1990b, 1993b.

Até 1988, as ações de saúde estavam divididas entre a saúde coletiva e a saúde previdenciária, em que os serviços de assistência em saúde eram direito apenas dos trabalhadores. Nesse modelo, quando faltava a cobertura previdenciária em saúde, adentrava a dimensão da assistência, sob uma visão ainda rasa, em que esta relacionava-se às ações de caridade ou de ajuda para os pobres.

A partir de 1988, a conexão entre essas três dimensões da proteção social – saúde, previdência e assistência social – permanece, mas sob uma organização distinta. Agora, cada área tem uma delimitação em seu objeto e abrangência, cuja relação com as demais ocorre na perspectiva intersetorial. Espera-se que essas três políticas desenvolvam suas atividades de forma integrada, contudo, assegura-se mais autonomia para cada uma. Os riscos que se revelam a perda da dimensão da totalidade da seguridade social e, até mesmo, o desdobramento de ações de competitividade entre as áreas ou a excessiva fragmentação do atendimento. Porém, o modelo constitucional permite o comando único dentro de cada setor, evita ingerências e duplicidade de intervenções, assegurando melhores condições de gestão, que impactam na qualidade dos serviços à população.

Entretanto, embora haja a perspectiva de integração considerando uma proposta ampla de seguridade social, as práticas de implementação dessas políticas públicas, nos diferentes governos, desde 1988, não avançaram na consolidação (Bravo; Matos, 2012).

2.3 Universalidade do acesso

A OMS, em sua Constituição, de 22 de julho de 1946, após definir saúde, afirma que "Gozar do melhor estado de saúde que é possível atingir constitui um dos direitos fundamentais de todo o ser humano, sem distinção de raça, de religião, de credo político, de condição econômica ou social"[2]. (WHO, 1946, p. 1). Portanto, a universalidade consiste no direito para todos!

> Assim, quando se afirma que um direito ou uma política é universal, quer-se explicitar que são devidos a todo ser humano!

A universalidade das políticas sociais foi uma das principais estratégias do modelo de gestão consagrado como *Welfare State* (ou Estado de Bem-Estar Social).

---

2 Texto original: "The enjoyment of the highest attainable standard of health is one of the fundamental rights of every human being without distinction of race, religion, political belief, economic or social condition".

Conforme visto no capítulo anterior, esse modelo de governo se destacou na Europa no período do pós-Segunda Guerra Mundial, cujas estratégias foram a intervenção e participação estatal na economia e a promoção da redistribuição por meio de políticas sociais.
Um documento de referência para a compreensão do *Welfare State* é o Relatório Beveridge, produzido pelo economista William Beveridge para o governo inglês no ano de 1942 (período da Segunda Guerra). O estudo contou com a colaboração de John Maynard Keynes, economista que desenvolveu a teoria do "pleno emprego". Foi realizado um diagnóstico das demandas sociais da Inglaterra e de outros 30 países europeus. O relatório final indica a necessidade de superação de cinco principais mazelas: escassez, doença, miséria, ignorância e ociosidade. Diante de dessas demandas, apresentou-se uma proposta de ação governamental em que dois aspectos são marcantes: (1) a compreensão das políticas sociais (que contribuiriam na superação dessas mazelas) como direito de todos os cidadãos e (2) o reconhecimento da responsabilidade do Estado na efetivação desses direitos (Cardoso, 2010; Beveridge, 1942).

Para melhor compreender a proposta do Relatório Beveridge, acompanhe a seguinte linha lógica:

Há o problema da doença
↓
Para superar esse problema, deve ser desenvolvida uma política pública de saúde
↓
Todos têm direito a essa política pública
↓
É responsabilidade do Governo tornar essa política efetiva e acessível a todos os cidadãos.

Surge, assim, a lógica da universalização dos direitos.

Considerar a política de saúde como direito universal e responsabilidade estatal pode ser bastante ousado diante da trajetória da política de saúde no Brasil, tanto em sua história quanto em suas expressões mais contemporâneas. Contudo, esse foi um dos aspectos fundamentais da luta sustentada pelo movimento da Reforma Sanitária. Além disso, a universalidade está determinada na CF de 1988 não apenas quando aponta que a saúde é direito de todos (art. 196), mas também na afirmação de que as políticas de seguridade social têm como um de seus objetivos a universalidade da cobertura e do atendimento (art. 194) (Brasil, 1988).

2.4 Responsabilidade estatal

De forma complementar ao direito universal à saúde, é estabelecida a responsabilidade do Estado em assegurar sua efetividade, à luz do modelo do *Welfare State*. Assim, segundo a legislação brasileira vigente, o Estado, mediante emprego de recursos públicos, é o responsável por uma política de saúde que alcance a todos os seus cidadãos.

Contudo, quando analisamos a operacionalização da política pública de saúde depois de 1988, identificamos que o Estado ainda não tem cumprido plenamente com esse dever. Para compreender essa contradição, é fundamental contextualizar as lutas por saúde durante o período da Constituinte e logo em seguida à aprovação da CF de 1988.

Esse importantíssimo conjunto de leis foi construído ao longo da Assembleia Nacional Constituinte – no período de 1º de fevereiro de 1987 a 22 de setembro de 1988, com a aprovação do texto final, em 5 de outubro de 1988. Na Constituinte, os conflitos de forças que defendiam projetos de sociedade ora mais liberais, ora mais sociais, foram marcantes.

O texto constitucional aprovado expressa considerável força das ideias liberais, porém, da mesma forma, apresenta as conquistas de grupos que defendiam as políticas sociais e que tinham sua referência no modelo do *Welfare State* europeu. Parte das conquistas em políticas sociais – entre elas, a própria saúde pública – contou com o apoio, a mobilização e a participação da população, e não apenas com o trabalho dos deputados e senadores constituintes. Assim, é certo afirmar que as conquistas legais acerca das políticas sociais não são um consenso político no Brasil, mas uma vitória em um palco de relações de forças bastante contraditórias. O texto constitucional foi aprovado em meio a conflitos, lutas, conquistas e desafios para a defesa da saúde como direito.

> É evidente que esta conquista não foi fácil, visto que, durante o processo que levou a ela, foi visível a polarização da discussão da saúde em dois blocos antagônicos: um formado pela Federação Brasileira de Hospitais (FBH) e pela Associação das Indústrias Farmacêuticas (internacionais), que defendia a privatização dos serviços de saúde, outro denominado Plenária Nacional da Saúde, que defendia os ideais da Reforma Sanitária, que podem ser resumidos como: a democratização do acesso, a universalidade das ações e a descentralização com controle social. A premissa básica é a compreensão de que a saúde é um direito de todos e um dever do Estado. A vitória das proposições da Reforma Sanitária deveu-se à eficácia da Plenária, por sua capacidade técnica, à pressão sobre os constituintes e mobilização da sociedade, e à Ementa Popular assinada por cinquenta mil eleitores e cento e sessenta e sete entidades. (Bravo; Matos, 2012, p. 34)

O modelo do *Welfare State* vigorou, em seu ápice, na Europa, nas décadas de 1950 e 1960, mas mesmo naquele continente, desde a década de 1970, essa forma de gestão foi se enfraquecendo, sendo questionada e perdendo espaço para propostas neoliberais, que defendiam a diminuição da intervenção estatal na economia e a redução dos "gastos" com políticas sociais. O avanço das propostas neoliberais na Europa culminou, em 1989, na aprovação do documento conhecido como *Consenso de Washington*, em que são apontadas estratégias a serem adotadas pelos países em desenvolvimento, como o Brasil e toda a América Latina.

Também em 1989, no Brasil, ocorreram as primeiras eleições diretas para presidente, quando Fernando Collor de Mello foi eleito. Tanto Collor quanto seus sucessores, Itamar Franco e Fernando Henrique Cardoso, adotaram, em suas gestões, o modelo neoliberal e as recomendações do Consenso de Washington. Portanto, as políticas sociais no Brasil conquistaram um reconhecimento legal nos moldes do *Welfare State*, em 1988, quando o próprio *Welfare State* europeu já estava fragilizado. Contudo, já em 1989, houve a adoção de um modelo de gestão neoliberal pelo Governo Federal brasileiro, cujo foco está na redução do Estado, e não na responsabilidade estatal pela efetividade dos direitos conquistados (Bravo, 2011; Matos, 2014; Monnerat; Senna; Souza, 2012; Vasconcelos, 2002).

> Deste modo, instalou-se a nova retórica de cariz neoliberal que preconizava o fortalecimento das funções do mercado e das crenças neoliberais que generalizavam uma posição anti-Estado, que rompia com a ideia do nacionalismo, vista como retrógrada, portanto, fruto de uma época que se esgotara e que estava fora dos padrões de um tempo novo. [...] A título de ilustração, pode-se afirmar que um desses dilemas encontra-se, até o presente, na dificuldade de se equacionar a convivência de determinadas prerrogativas da Carta Magna brasileira, como aquela que assegura a toda a população a universalidade do acesso aos serviços e bens de proteção social, como os da educação e os da saúde, com o modelo político neoliberal inaugurado por Collor de Mello, no início da década de 1990 e dinamizado por Fernando Henrique Cardosos em seus dois mandatos presidenciais (1995-2002).
>
> Mesmo garantidos pelas prerrogativas constitucionais, tais direitos sociais são permanentemente ameaçados, dado que ainda não foram integralmente instituídos. (Mourão et al., 2009, p. 353-354)

Por isso, desde sua origem como direito, a saúde no Brasil é cenário de uma disputa entre dois projetos de sociedade: um que defende a responsabilidade estatal (Projeto da Reforma Sanitária) e outro que afirma que a promoção e o acesso à saúde podem ser assegurados pelo mercado (Projeto Privatista). Por essa segunda alternativa, as exigências são cobradas do Estado apenas nos casos em que o acesso via mercado se torna completamente inviável, o que repercute na operacionalização de políticas públicas residuais. E é essa segunda proposta – que convive nos mesmos espaços de disputa pela saúde universal, de qualidade e gratuita – que sustenta o imaginário de que o SUS é saúde para os pobres (Bravo, 2011; Bravo; Matos, 2012; Vasconcelos, 2002). As controvérsias entre opiniões e interesses no campo da saúde incidem no próprio texto constitucional aprovado acerca da saúde, em que se afirma que ela é direito do cidadão e responsabilidade estatal, mas também se assegura a participação da iniciativa privada na oferta e prestação de serviços de saúde, como podemos ler no art. 199 da CF de 1988: "A assistência em saúde é livre à iniciativa privada" (Brasil, 1988). Tem-se, então, nesse artigo, a base legal para a continuidade e expansão das iniciativas privadas de atenção em saúde (Matos, 2014). Dessa forma, "a saúde pensada como direito fundamental e universal na Constituição de 1988 sofreu o embate com a vertente privatista, que concebe a saúde como um negócio lucrativo e mercantil, limitando o acesso a saúde pela condição econômica de milhares de brasileiros" (Malmann; Balestrin; Silva, 2017, p. 205).

> Mais uma vez, a política de saúde se encontra em um contexto de contradições. Ao se legitimar a área da saúde como espaço de mercado, os direitos se tornam produto e passam a vigorar os princípios de competitividade. Assim, o próprio sistema público é, continuamente, comparado aos atendimentos privados, em uma perspectiva de concorrência por clientes.

Não é difícil constatar essa competitividade no cotidiano, principalmente se nos voltarmos para as mídias. No mercado de consumo, quem investe mais em publicidade e propaganda divulga melhor seu produto. Também são os patrocínios que sustentam a programação veiculada em rádio e em televisão, por exemplo. Além disso, é frequente a divulgação dos inúmeros benefícios dos planos de saúde e de diversos atendimentos privados (particulares), como também é recorrente a programação midiática (aquela sustentada pelos patrocinadores) reforçar as fragilidades e insuficiências do atendimento público em saúde.

Portanto, possivelmente você percebeu que a iniciativa privada propaga as ineficiências do sistema público na intenção de convencer a população a aderir a planos privados como alternativa para esse problema. Não são expostos, contudo, os avanços da política pública de saúde nem os aspectos que a definem como direito de todos, passível de ser exigido junto às autoridades competentes (Matos, 2014).

Esse contexto político e de mercado, reforçado pela história de práticas residuais da política de saúde no Brasil, constrói um cenário que dificulta à população o reconhecimento da saúde como direito e a adoção de iniciativas de exigibilidade junto ao Estado. Consolida-se, assim, um imaginário negativo acerca do SUS, que se torna, também, um desafio nas lutas por sua efetivação.

> Enfrentar com competência política as perspectivas neoliberais que têm hegemonizado a reforma institucional no plano das políticas sociais tem sido um desafio para o conjunto de participantes do processo de construção do SUS no Brasil.
>
> A possibilidade desta competência tem sido marcada tanto pela capacidade de operar com um imaginário social que crê que tudo que é público não é bom – a priori aderindo a qualquer perspectiva privatista – quanto pela capacidade de operar a construção de políticas efetivas que 'mexam' com a vida cotidiana das pessoas, no sentido do usufruto de benefícios que se traduzam em um 'viver melhor'. (Merhy; Onocko, 2002, p. 11)

Discutimos sobre as contradições relacionadas ao reconhecimento da saúde como direito no Brasil. Vamos, então, refletir sobre a seguinte expressão de nossa realidade: se a saúde pública integral é um direito de todos e dever do Estado e se ela deve ser prestada com qualidade para os cidadãos, por que o próprio Estado mantém planos de saúde privados para atender seus servidores?

2.4.1 Responsabilidade estatal e exigibilidade

Fica claro que, se a saúde é direito de todos e responsabilidade estatal, os cidadãos podem exigir a efetividade desse direito. Na estrutura do Estado brasileiro, os direitos são estabelecidos pelo Poder Legislativo, e a parte de seu cumprimento que caracterizar atribuição do Estado deve ser concretizada por meio do Poder Executivo. Quando o Poder Executivo falha, é possível recorrer ao Poder Judiciário para que se faça cumprir a lei e o cidadão tenha seu direito respeitado e preservado. Logo, quando a população não é atendida em seu direito à saúde, ela pode recorrer à Justiça para exigir o atendimento.

Outras instâncias públicas também operam para facilitar que o cidadão possa usufruir de seus direitos, como:

- **Ministério Público**: desempenha papéis de controle dos três Poderes do Estado.

   > O Ministério Público caracterizado como instituição permanente, por não está inserido na separação dos poderes do Estado de Direito, tem por fundamento basilar fiscalizar e garantir a democracia, defender a ordem jurídica, os interesses da sociedade e os interesses individuais indisponíveis. (Santos, 2017)

- **Defensoria Pública**: representa, de forma legal, os interesses dos cidadãos, efetivando o direito à assistência jurídica integral e gratuita prevista na CF de 1988. "A Defensoria Pública, também inserida nas funções essenciais à justiça, facilita o acesso à justiça a todos, principalmente aos hipossuficientes financeiramente, pois promove assistência integral e gratuita, em todos os graus de jurisdição." (Santos, 2017)
- **Ouvidorias de Saúde**: são instâncias internas aos órgãos gestores da saúde, podendo ser federal, estaduais ou municipais, e têm a função de fomentar a participação, constituindo um canal para esclarecimento de dúvidas, reclamações e sugestões.

   > Ouvidorias são unidades administrativas dos órgãos e entidades integrantes do Sistema Único de Saúde, no âmbito dos governos

federal, estadual e municipal, cuja missão é viabilizar os direitos dos(as) cidadãos(ãs) de serem ouvidos e terem suas demandas pessoais e coletivas tratadas adequadamente no âmbito do SUS. Sua função é intermediar as relações entre os(as) cidadãos(ãs) e os gestores do SUS, promovendo a qualidade da comunicação entre eles e a formação de laços de confiança e colaboração mútua, com fortalecimento da cidadania. Promovem a cidadania em saúde e produzem informações que subsidiam o gestor nas tomadas de decisão. O papel da ouvidoria é garantir ao(à) cidadão(ã) ter sua demanda efetivamente considerada e tratada, à luz dos seus direitos constitucionais e legais. (Brasil, 2014c, p. 9)

- **Conselhos de Saúde**: sua composição compreende representantes dos governos e da sociedade civil, tendo como função defender o direito à saúde, bem como assegurar a participação social em sua gestão e fiscalização (Brasil, 1990b).

Você já ouviu falar sobre a judicialização da saúde?

A judicialização da saúde é um fenômeno que tem se tornado cada vez mais comum nos processos de gestão da saúde pública e em seu reconhecimento como direito no Brasil.

Todo cidadão tem direito ao atendimento gratuito em saúde e, se o representante do Poder Executivo não lhe permitir esse acesso, ele pode reivindicá-lo perante o Poder Judiciário.

Vamos trazer um exemplo: um cidadão de um município pequeno inicia um tratamento na unidade básica da saúde porque sentia dores no estômago. É medicado, inicialmente, a partir das consultas com o clínico geral e recebe o medicamento gratuitamente, ali mesmo na unidade de saúde. Na sequência, é encaminhado para um especialista, que pede uma série de exames; tanto a consulta com o especialista quanto os exames são gratuitos. Contudo, após análise dos resultados dos exames pelo médico especialista, é diagnosticada uma doença grave no estômago do paciente, que exigirá o uso mensal de uma medicação, que custa mil reais, até que esteja preparado para fazer um procedimento cirúrgico indispensável ao seu tratamento e à sua recuperação. Quando solicita o medicamento na

> unidade de saúde, é informado de que não há disponibilidade de medicação tão cara. Quando pede para agendar a cirurgia, a unidade de saúde alega que há uma grande fila e, sutilmente, recomenda que ele busque atendimento particular e assuma todas as despesas.
>
> Certo. A situação está posta. Até onde vai o direito desse cidadão? Somente enquanto necessita de medicamentos e procedimentos de baixo custo? Negativo! Ele tem direito também ao medicamento mais caro e à cirurgia, ambos de forma gratuita.
>
> Evidentemente, medicamentos tão caros não estarão nos estoques da rede pública. Será necessário solicitar e, dado seu alto custo, provavelmente, deverá ser acionado o Governo estadual ou federal para que chegue até o cidadão.
>
> Mas, se ninguém o atender, se não for agendada a cirurgia nem providenciado o medicamento necessário, ele pode recorrer ao Judiciário e solicitar, de acordo com o fluxo de atendimento estabelecido em cada comarca, que a lei seja cumprida e que seu direito possa ser exercido. Assim, o juiz determina ao prefeito e ao secretário municipal de saúde que cumpram a lei, bem como ao governador do estado e ao secretário estadual de saúde, se for o caso, pois trata-se de um direito do cidadão e de um dever do Estado.
>
> Diante da determinação judicial, os responsáveis pela gestão da política de saúde deverão atender, enfim, à necessidade do cidadão.

Observe que, no exemplo, foi necessário acionar a Justiça para que o direito fosse concretizado. Isso não deveria ocorrer, mas é uma realidade comum.

No Brasil, é recorrente que gestores neguem o atendimento até que ele se torne obrigatório por vias judiciais. Assim, cresce o número de pessoas que, para serem atendidas na saúde, precisam buscar a Justiça, acumulando as demandas no Poder Judiciário e ampliando os processos burocráticos para acesso ao direito. Isso sem considerar que muitos, pelo desconhecimento, e outros tantos, pela falta de disponibilidade de tempo e recursos para dar conta de tamanha burocracia, deixam de exigir seus direitos e seguem sem o atendimento que lhes seria devido. Esse fenômeno denomina-se *judicialização da saúde* e já é uma questão bastante preocupante no processo da gestão pública (Martini; Chaves, 2018).

Para saber mais

Você já conhecia essa discussão sobre a judicialização da saúde? Para ampliar seu estudo a respeito do tema, sugerimos a consulta aos seguintes materiais:

Reportagem da TV Senado sobre o tema:

TV SENADO. Judicialização da saúde: a busca de direito a tratamento não fornecido pelo SUS. 11 jul. 2018. Disponível em: <https://www.youtube.com/watch?v=m10UzHR42iU>. Acesso em: 13 fev. 2019.

Síntese da discussão acerca da temática da judicialização da saúde promovida pelos secretários estaduais de saúde:

ROSA, Tatiana. Judicialização na saúde. **Revista Consensus**, n. 19, abr./maio/jun. 2016. Disponível em: <http://www.conass.org.br/consensus/judicializacao-na-saude/>. Acesso em: 13 fev. 2019.

Síntese da discussão sobre a temática no evento Abrascão 2018, promovido pela Abrasco.

CRUZ, Matheus. Judicialização e saúde no Abrascão 2018. **Abrasco**, 9 ago. 2018. Disponível em: <https://www.abrasco.org.br/site/eventos/congresso-brasileiro-de-saude-coletiva/judicializacao-e-saude-no-abrascao-2018/36191/>. Acesso em: 13 fev. 2019.

2.5 Integralidade da atenção em saúde

Agora, analisaremos a legislação brasileira para compreender o que significa afirmar que a saúde é um direito para todos e que esse direito é constituído com base em um conceito abrangente de saúde, que não está reduzido à ausência de doença. Assim, **quando nos referimos ao direito à saúde, ele não se limita ao tratamento da doença, mas a um conjunto de ações de promoção, proteção e recuperação** (Brasil, 1988).

> INTEGRALIDADE – É o reconhecimento na prática dos serviços de que:
> - cada pessoa é um todo indivisível e integrante de uma comunidade;
> - as ações de promoção, proteção e recuperação da saúde formam também um todo indivisível e não podem ser compartimentalizadas;
> - as unidades prestadoras de serviço, com seus diversos graus de complexidade, formam também um todo indivisível configurando um sistema capaz de prestar assistência integral.
>
> Enfim:
> "O homem é um ser integral, bio-psico-social, e deverá ser atendido com esta visão integral por um sistema de saúde também integral, voltado a promover, proteger e recuperar sua saúde." (Brasil, 1990d, p. 5, grifo do original)

Cabe, então, tratar de alguns grupos de ações que permitem a integralidade da atenção em saúde:

- **Ações de promoção da saúde**: a saúde, em seu conceito amplo, é o gozo completo de bem-estar físico, mental e social (WHO, 1946). Para que se alcance essa meta, são necessárias ações que estimulem um estilo de vida saudável.

  Assim, passam pela promoção da saúde as campanhas para a alimentação adequada; ingestão de líquidos; prática de exercícios; adoção de hábitos de higiene; redução (interrupção) do uso de substâncias prejudiciais como álcool, tabaco, sódio, gordura trans, entre outros (Brasil, 1990d, 2009a).

- **Ações de proteção à saúde**: são iniciativas relacionadas a evitar riscos reais em saúde e, para tanto, é preciso conhecê-los. Isso exige estudos, monitoramento e diagnósticos, bem como controle com ações que anulem ou superem esses riscos. Um bom exemplo são as ações da Vigilância Sanitária sobre estabelecimentos da indústria, do comércio e de serviços, para os quais são delimitados padrões de qualidade para a autorização do consumo de alimentos e bebidas e requisitos para permanência em determinados ambientes. Na mesma lógica, encontram-se as ações da Vigilância Epidemiológica, mensurando as doenças de maior incidência em cada região, correlacionando com ações para seu enfrentamento (Brasil, 1990d, 2009a).
- **Ações de prevenção da doença**: estão relacionadas às ações de proteção à saúde, sendo iniciativas diretas para evitar uma doença ou grupo de doenças específico. Apesar do investimento na promoção da saúde, não se pode negar a existência das doenças. Contudo, ao se estudar a causa e ocorrência das doenças, é possível identificar que muitas delas podem ser evitadas ou refreadas em sua evolução, desde que adotadas medidas preventivas.

Assim, reconhecem-se os agentes/fatores que provocam a enfermidade e busca-se evitar que eles se instalem. É possível enumerar uma série de exemplos, como:

- prevenção do sarampo, da poliomielite e da rubéola com vacinação;
- prevenção da contaminação com vírus HIV e do desenvolvimento da doença por meio do uso do preservativo e do não compartilhamento de seringas;
- prevenção da dengue, do zika e do chikungunya mediante eliminação dos criadouros dos mosquitos transmissores. (Brasil, 1990d, 2009a)

Portanto, há um conjunto de iniciativas que demandam ações, estratégias, monitoramento e recursos em saúde e que antecedem a doença.

Curiosidade

É possível que você seja beneficiário de um plano de saúde privado, de um convênio ou mesmo procure atendimento médico sempre de forma particular.
Será que, nesse caso, pode-se afirmar que você não é um usuário do SUS?
A resposta é: NÃO! Não podemos fazer tal afirmação.
Como o SUS, ou seja, o atendimento da política pública de saúde, abrange também ações de promoção e prevenção, você é atendido indiretamente pelo SUS quando frequenta um estabelecimento fiscalizado pela Vigilância Sanitária, quando consome bebidas, alimentos e medicamentos inspecionados, quando participa de campanhas públicas de imunização (vacinação) etc.
Logo, SIM, você é um usuário do SUS!

- **Ações de recuperação da saúde**: são aquelas relacionadas aos tratamentos para superar as condições impostas pelas doenças – consultas, exames, terapias, medicamentos, intervenções cirúrgicas, internações e outros procedimentos afins.

Nesse aspecto, merece destaque e amplo debate a compreensão acerca dos limites do atendimento pela rede pública. Por vezes, reproduz-se um imaginário de que o SUS oferece apenas o atendimento básico e que, quando há necessidade de mais especialidade, de exames ou de procedimentos mais complexos, não será possível contar com o atendimento público. Reconhecemos que esse é um legado da forma de gestão da saúde anterior a 1988, quando esta ainda não era reconhecida como direito de todos. Esse legado afeta a compreensão popular, ou seja, o entendimento dos usuários acerca do atendimento público, bem como a própria gestão e operacionalização da política. Tanto gestores quanto profissionais podem reproduzir essa perspectiva ultrapassada de um atendimento público limitado. Cabe, então, recorrer às instâncias de exigibilidade para reforçar a efetivação do direito. Tamanho é o equívoco dessa compreensão que o real panorama de atendimentos complexos e de alto custo realizados pela política pública de saúde no Brasil é ignorado Os procedimentos de altíssimo custo, em sua grande maioria, não estão cobertos pela iniciativa privada. O investimento em atendimento de qualidade nas ações de alta complexidade no SUS tem repercutido em reconhecimento pelos usuários e por instâncias de avaliação.

Curiosidade

Conheça alguns índices interessantes sobre tratamentos de alta complexidade e alto custo no Brasil:

Transplantes

Segundo dados do Ministério da Saúde, divulgados no ano de 2017, mais de 90% dos transplantes de órgãos sólidos foram feitos pelo SUS (Brasil, 2019e).

O tratamento é completo, compreendendo todos os serviços médicos, da equipe multiprofissional, de internação hospitalar, os medicamentos e todas as intervenções que venham a ser necessárias.

O SUS alcançou o marco de maior sistema público de transplantes do mundo: todos os estados estão cobertos e as cinco regiões do país contam com um total de 506 centros de transplantes (Brasil, 2019e).

Tratamentos do câncer
O Brasil tem pelo menos um hospital de referência para o tratamento do câncer em cada estado. O tratamento pelo SUS é totalmente gratuito. Inicia-se a partir do atendimento e encaminhamentos pela unidade básica de saúde, que faz a articulação com os demais serviços necessários. Desde 2012, o SUS tem um prazo máximo de 60 dias para iniciar o tratamento do câncer, contados da realização do diagnóstico. Tanto para essa doença quanto para outros tipos, se houver necessidade de deslocamento para outros municípios, os serviços de transporte também são compreendidos pelo SUS (Inca, 2018).

Tratamento do HIV
Felizmente muito se avançou no tratamento do HIV. Atualmente, existem medicamentos que, se tomados com regularidade pelos pacientes soropositivos, podem evitar o desenvolvimento da doença e permitir uma vida cotidiana normal. Contudo, para que essa possibilidade seja vivenciada pelos pacientes de HIV, é necessário tomar adequadamente os medicamentos indicados. Por ainda não haver uma cura, o tratamento é contínuo, possibilitando apenas a redução nas doses à medida que o paciente evolui. Todo esse acompanhamento médico especializado, exames frequentes e medicação continuada é fornecido gratuitamente pelo SUS (Brasil, 2019h).

E há muitos outros exemplos de atendimentos qualificados e disponibilizados à população, por isso, vale a pena conhecer melhor o SUS!

Síntese

Neste capítulo, analisamos a saúde como direito de todos, que pode também ser expressado no conceito saúde como direito universal. O reconhecimento da saúde como direito universal, no Brasil, teve início a partir da CF de 1988, que a prevê como um direito de seguridade social para todos os cidadãos e de responsabilidade do Estado. Integram seguridade social as políticas de saúde, previdência social e assistência social, compondo um conjunto de ações de proteção social à população brasileira. A saúde entendida como direito no Brasil ultrapassa o conceito de ausência de doença, compreendendo também as dimensões de promoção, proteção e prevenção e, ainda, as ações de macroestrutura, como as demais políticas sociais e econômicas. Essa compreensão conduz ao conceito de integralidade, a partir do qual o direito à saúde é contemplado em todas as suas dimensões e, dessa forma, deve estar disponível para o acesso de todo cidadão. Por fim, destacamos que, se a saúde é um dever do Estado, ela pode ser exigida e, para tanto, os cidadãos podem recorrer às diferentes instâncias de reclamação, sugestão, fiscalização e, até mesmo, à Justiça para que seus direitos sejam respeitados.

Questões para revisão

1. No Brasil, a saúde é considerada um direito do cidadão e um dever do Estado. Porém, esse reconhecimento não esteve sempre presente na história da política de saúde. O momento histórico em que foi legalizado esse reconhecimento ocorreu em:
    a) 1923, no ato da aprovação da Lei Eloy Chaves.
    b) 1943, em conjunto com a aprovação da Consolidação das Leis do Trabalho.
    c) 1986, no ato de abertura da VIII Conferência Nacional de Saúde.
    d) 1988, após a aprovação da Constituição Federal.
    e) 1993, na aprovação da Lei Orgânica da Assistência Social.

2. A saúde é considerada um direito de seguridade social. Ao lado dela, outras duas políticas públicas compõem o chamado *tripé da seguridade social*, quais sejam:
   a) assistência social e educação.
   b) assistência social e saneamento básico.
   c) trabalho e previdência social.
   d) assistência social e previdência social.
   e) educação e saneamento básico.

3. A integralidade na atenção em saúde abrange:
   a) sujeito entendido como um todo e participante da comunidade; serviços prestados de maneira integrada, permitindo a resolutividade das questões de saúde do usuário; desenvolvimento de ações de promoção, proteção, prevenção e recuperação em saúde.
   b) sujeito entendido como um trabalhador e contribuinte; serviços prestados de maneira integrada, permitindo a resolutividade das questões de saúde do usuário; desenvolvimento de todas as ações necessárias à recuperação da saúde.
   c) sujeito entendido em sua individualidade; serviços prestados de maneira especializada e autônoma; desenvolvimento de ações de prevenção em saúde;
   d) sujeito entendido como um trabalhador e contribuinte; serviços prestados de maneira especializada e autônoma; desenvolvimento de ações de prevenção em saúde.
   e) sujeito entendido como um conjunto de partes interligadas, que devem ser analisadas individualmente em razão de sua diminuída integração e correlação.

4. Qual é o conceito de saúde, segundo a OMS?

5. O que significa "direito universal à saúde"?

Questões para reflexão

1. A atual legislação prevê a saúde como um direito universal. Qual a sua percepção sobre a universalidade do acesso à saúde em seu município e em seu estado? Quais públicos ainda têm enfrentado dificuldades para usufruir de uma saúde pública, gratuita e de qualidade?

2. Ao se considerar a saúde como direito do cidadão e dever do Estado, é aplicável o conceito de exigibilidade, ou seja, é possível exigir que esse dever seja cumprido pelos órgãos competentes. Quais são, em seu município, as vias para reivindicar o cumprimento dos direitos relacionados à área da saúde?

CAPÍTULO 3

SUS –
Sistema Único de Saúde

Conteúdos do capítulo:
- Definição do SUS.
- Legislação básica (Constituição Federal de 1988 e Leis n. 8.080/1990 e n. 8.142/1990).

Após o estudo deste capítulo, você será capaz de:
1. identificar os aspectos legais fundamentais que sustentam o SUS;
2. compreender a função e os objetivos do SUS na saúde pública brasileira.

Para iniciar este capítulo, em que trataremos sobre o Sistema Único de Saúde – SUS, propomos uma reflexão:

> Quais foram, ao longo de sua vida, os canais de informação sobre o SUS? O que você aprendeu com eles?
>
> Conhecer o SUS é uma questão de cidadania, pois faz parte do conjunto de direitos sociais de cada brasileiro, compreendendo o cuidado com a saúde de todos e de cada um.
>
> Porém, muitas vezes há falha nas informações. Os recursos midiáticos se sobrepõem e são explorados os "maus exemplos".
>
> O SUS é uma proposta ampla e rica que, se fosse efetivada integralmente, asseguraria saúde de qualidade para todos, sem a necessidade de gastar com atendimentos particulares ou com o contínuo pagamento de convênios.
>
> No entanto, o SUS também é política e está envolvido em uma série de interesses distintos e de contradições. Além disso, exige competência administrativa e técnica para seu funcionamento. E, como qualquer iniciativa do cuidado, requer recursos.
>
> Diante desse cenário, propomos mais uma questão:
>
> **O que querem tornar público e o que querem omitir quando o assunto é SUS?**

Certamente, essas questões ensejam uma série de respostas bem distintas. De nossa parte, vamos trazer, neste capítulo, explicações sobre esse sistema sob as perspectivas da cidadania, da democracia e da defesa de direitos.

3.1 O que é o SUS?

O SUS é o sistema que organiza a política pública de saúde no Brasil, todos os seus serviços, seus benefícios e suas unidades. É a forma reconhecida por lei para viabilizar o exercício de todos os direitos relacionados à saúde, seja na esfera da promoção, seja na da prevenção ou da recuperação. Esse sistema estabelece padrões para o atendimento em todo o território nacional.

É único, porque não existem no Brasil diversos sistemas de saúde, mas apenas um. Até mesmo a iniciativa privada está mapeada e cadastrada no SUS.

O SUS tem abrangência nacional, portanto, significa que fazem parte dele todos os municípios, todos os estados e o Governo federal. Esse sistema organiza a participação e a responsabilidade de cada um desses entes federados, bem como a forma de prestação dos serviços de saúde (Brasil, 1990b, 2011a).

Fique atento

Você já observou que, mesmo que mude de cidade, de estado ou de região do país, você vai encontrar unidades e serviços com o mesmo nome e muito semelhantes em sua organização? Assim, temos as unidades básicas de saúde, os hospitais, os serviços de vacinação, entre outros.

Isso ocorre porque, no Brasil, há a forma unificada de organização da saúde.

Por que deve existir um sistema?

A adoção de um sistema único foi uma estratégia delineada desde as lutas pela saúde como direito universal, anteriores à Constituição Federal (CF) de 1988. É uma forma de orientar os gestores públicos sobre como concretizar os direitos dos cidadãos no campo da saúde.

Por ser um sistema, pressupõe integração e fluxos padronizados, com vistas a alcançar objetivos comuns.

3.2 Legislação básica

A legislação fundamental para a saúde pública no Brasil está prevista na CF de 1988, arts. 194 e 195, como política de seguridade social, e arts. 196 a 200, no que se refere, especificamente, à política de saúde. Ainda no texto constitucional, de forma mais objetiva, o art. 198 estabelece que ações de saúde deverão ser organizadas em um sistema único. Para que se efetivem os direitos previstos na Carta Magna, é essencial que sejam regulamentados por leis específicas. Assim, a política de saúde é regulamentada pelas Leis n. 8.080, de 19 de setembro de 1990 (Brasil, 1990b), e n. 8.142, de 28 de dezembro de 1990 (Brasil, 1990c). Ambas, por sua função, são caracterizadas como *Leis Orgânicas de Saúde* – LOS, embora essa forma de representação seja mais utilizada com relação à Lei 8.080/1990. A Lei nº 8.142/1990 é também conhecida como a *Lei da Participação no SUS*.

3.2.1 O SUS na Constituição Federal de 1988

O SUS está previsto no texto da CF de 1988. Por se tratar de uma maneira de operacionalizar a política de saúde, não precisaria desse detalhamento na Carta Magna, mas apenas nas LOS. Contudo, dada a importância de assegurar esse modelo como uma forma de efetivar direitos, buscou-se garantir mais incisivamente sua efetividade. Assim, compondo o texto constitucional, não permite que os gestores municipais, estaduais ou federais se recusem a aderir a essa forma de organização. Ademais, há um processo muito mais árduo para modificar a CF do que qualquer outro tipo de lei.

O art. 198 apresenta as diretrizes do SUS: "I– descentralização, com direção única em cada esfera de governo; II – atendimento integral, com prioridade para as atividades preventivas, sem prejuízo dos serviços assistenciais; III – participação da comunidade" (Brasil, 1988). *Diretrizes* são como balizas, orientações que devem ser seguidas para alcançar o objetivo ao qual se propõe.
Vamos refletir um pouco sobre cada uma delas:

I. **descentralização, com direção única em cada esfera de governo**

A descentralização é uma das diretrizes que a própria CF de 1988 estabelece para o Governo do país, não exclusiva para a saúde. Reconhece que o poder deve ser exercido não apenas pelo Governo central (federal), mas também por aqueles mais próximos às realidades locais (estados e municípios).

Essa descentralização, contudo, não pode significar uma "pulverização" de ações e responsabilidades. É preciso manter uma organização e integração. Assim, é somada à descentralização a diretriz de um comando único em cada esfera de governo. Dessa forma, consolida-se a estrutura de gestão do SUS por meio do trabalho conjunto do Ministério da Saúde, das Secretarias Estaduais de Saúde e das Secretarias Municipais de Saúde.

Observe bem:

Governo federal ⟶ Comando (gestão) do Ministério da Saúde
Governo estadual ⟶ Comando (gestão) da Secretaria Estadual de Saúde
Governo municipal (Prefeitura) ⟶ Comando (gestão) da Secretaria Municipal de Saúde.

Essa é a estrutura vigente e que segue a primeira diretriz, segundo a CF de 1988: em cada esfera de governo, há apenas um responsável pelo SUS, mas, no Brasil como um todo, o poder está descentralizado!

II. **atendimento integral, com prioridade para as atividades preventivas, sem prejuízo dos serviços assistenciais**

Essa diretriz exprime uma mudança radical da abordagem em saúde se comparada aos modelos anteriores à 1988, os quais eram focados na doença, no atendimento médico e no investimento em hospitais altamente equipados.

Sobre o significado da integralidade na atenção em saúde, já tratamos no capítulo anterior, lembrando que se trata de uma concepção de saúde abrangente, que exige ações de promoção, proteção/prevenção e recuperação.

Com base nesse entendimento, converte-se o foco que antes era dado para a assistência em saúde (atendimento para recuperação) e destaca-se a opção pelo investimento na prevenção, o que fica evidenciado quando a referência do atendimento em saúde deixa de ser o hospital e passa a ser a unidade básica de saúde.

III. **participação da comunidade**

A CF de 1988 reafirma o governo democrático no Brasil. Ela estabelece os direitos políticos (arts. 14 ao 16), a partir dos quais a população pode participar do Governo do país, com destaque ao direito de votar e ser votado. São expostas também outras possibilidades de participação, como o plebiscito, o referendo e a iniciativa popular (Brasil, 1988). E, no que se refere às políticas públicas, o texto constitucional determina nova forma de gestão, na qual a sociedade participe de forma mais ativa. Também na área da saúde, essa exigência de participação é reafirmada.

A participação popular, prevista constitucionalmente, foi regulamentada pela Lei n. 8.142/1990, que será abordada com mais detalhes ainda neste capítulo.

Os parágrafos do art. 198 da CF de 1988 tratam de aspectos relacionados ao financiamento e à gestão de recursos humanos do SUS, temas que aprofundaremos adiante. O art. 199 assegura a participação da iniciativa privada na prestação de serviços de saúde. Por fim, o art. 200 dispõe sobre as atribuições/competências do SUS, a seguir transcritas:

> I – controlar e fiscalizar procedimentos, produtos e substâncias de interesse para a saúde e participar da produção de medicamentos, equipamentos, imunobiológicos, hemoderivados e outros insumos;
>
> II – executar as ações de vigilância sanitária e epidemiológica, bem como as de saúde do trabalhador;
>
> III – ordenar a formação de recursos humanos na área de saúde;
>
> IV – participar da formulação da política e da execução das ações de saneamento básico;
>
> V – incrementar, em sua área de atuação, o desenvolvimento científico e tecnológico e a inovação;
>
> VI – fiscalizar e inspecionar alimentos, compreendido o controle de seu teor nutricional, bem como bebidas e águas para consumo humano;
>
> VII – participar do controle e fiscalização da produção, transporte, guarda e utilização de substâncias e produtos psicoativos, tóxicos e radioativos;
>
> VIII – colaborar na proteção do meio ambiente, nele compreendido o do trabalho. (Brasil, 1988)

Como podemos observar, o leque de ações que competem ao SUS vai muito além do atendimento médico, das unidades de saúde, das vacinas e dos prontos-socorros. Apreender o conteúdo do art. 200 permite ampliar o olhar sobre o SUS e, então, entender melhor o seu funcionamento.

Nesse sistema, cuja responsabilidade é descentralizada e compartilhada entre os diferentes entes federados, em que se espera a participação da população e uma atenção integral em saúde, está compreendida uma diversidade de ações inter-relacionadas. O texto constitucional apresenta, além das responsabilidades anteriormente apontadas com a prevenção e a assistência em saúde, a responsabilidade pelo controle e pela qualidade de produtos para o consumo humano, pelo saneamento básico, pelo desenvolvimento tecnológico em saúde, pela proteção ao meio ambiente, pela saúde do trabalhador e, de forma mais interna ao próprio sistema, a formação de recursos humanos na área da saúde.

3.2.2 A Lei n. 8.080/1990

Para que os artigos constitucionais possam ser cumpridos pelo Estado, é fundamental que sejam regulamentados por lei específica. Uma das principais normativas de regulamentação dos artigos referentes ao SUS é a Lei n. 8.080/1990, que "Dispõe sobre as condições para a promoção, proteção e recuperação da saúde, a organização e o funcionamento dos serviços correspondentes e dá outras providências" (Brasil, 1990b).

Em seus primeiros dispositivos, essa lei reafirma a saúde como direito de todos e responsabilidade do Estado; a adoção do conceito ampliado de saúde; e sua correlação com políticas estruturais econômicas e sociais.

É interessante destacar o parágrafo 2º do art. 2º, que prevê que o "dever do Estado não exclui o das pessoas, da família, das empresas e da sociedade" (Brasil, 1990b). Vale aqui compreender que, embora a política de saúde seja de responsabilidade estatal, a conquista da saúde em seu conceito amplo, como bem-estar físico, mental e social, perpassa atitudes do próprio sujeito, suas relações sociais, seu ambiente de trabalho e tantas outras variáveis que não estão sob o controle do Governo. Certamente, pode haver uma intervenção estatal para exigir que famílias cuidem de seus membros mais frágeis e que empregadores proporcionem condições saudáveis de trabalho, mas, nesse caso, a responsabilização é sobre esses atores, e não mais sobre o Estado.

Composição do SUS

O art. 4º da Lei 8.080/1990 permite estabelecer uma compreensão mais clara sobre o que e quem constitui o SUS, pois estabelece que integram o sistema: "instituições públicas federais, estaduais e municipais de controle de qualidade, pesquisa e produção de insumos, medicamentos, inclusive de sangue e hemoderivados, e de equipamentos para saúde" (Brasil, 1990b). Ainda, aponta que a iniciativa privada participa do SUS em caráter complementar. Assim, o destaque na composição do SUS é de sua constituição por órgãos públicos dedicados à área da saúde. Contudo, reconhece-se a participação da iniciativa privada para complementar ações que, em sua origem, são de responsabilidade do Estado.

Objetivos do SUS

Segundo o art. 5º da Lei n. 8.080/1990, são objetivos do SUS:

> I – a identificação e divulgação dos fatores condicionantes e determinantes da saúde;
>
> II – a formulação de política de saúde destinada a promover, nos campos econômico e social, a observância do disposto no § 1º do art. 2º desta lei[1];
>
> III – a assistência às pessoas por intermédio de ações de promoção, proteção e recuperação da saúde, com a realização integrada das ações assistenciais e das atividades preventivas. (Brasil, 1990b)

Diante do texto legal, é possível compreender que o SUS precisa atender, de forma integral, a população em matéria de saúde (com promoção, proteção, prevenção e assistência em saúde); consolidar uma política de saúde que integre e seja alcançada por ações de outras políticas econômicas e sociais; e, ainda, desenvolver e socializar informações em saúde, tornando a população esclarecida sobre fatores que promovam a saúde ou a coloquem em risco. Mais uma vez, percebemos que a extensão do SUS ultrapassa, e muito, os limites do diagnóstico e do atendimento médico.

───────────────

[1] "Art. 2.º [...]. § 1.º O dever do Estado de garantir a saúde consiste na formulação e execução de políticas econômicas e sociais que visem à redução de riscos de doenças e de outros agravos e no estabelecimento de condições que assegurem acesso universal e igualitário às ações e aos serviços para a sua promoção, proteção e recuperação." (Brasil, 1990b)

Campo de atuação do SUS

> Art. 6º Estão incluídas ainda no campo de atuação do Sistema Único de Saúde (SUS):
>
> I – a execução de ações:
> a) de vigilância sanitária;
> b) de vigilância epidemiológica;
> c) de saúde do trabalhador; e
> d) de assistência terapêutica integral, inclusive farmacêutica;
>
> II – a participação na formulação da política e na execução de ações de saneamento básico;
>
> III – a ordenação da formação de recursos humanos na área de saúde;
>
> IV – a vigilância nutricional e a orientação alimentar;
>
> V – a colaboração na proteção do meio ambiente, nele compreendido o do trabalho;
>
> VI – a formulação da política de medicamentos, equipamentos, imunobiológicos e outros insumos de interesse para a saúde e a participação na sua produção;
>
> VII – o controle e a fiscalização de serviços, produtos e substâncias de interesse para a saúde;
>
> VIII – a fiscalização e a inspeção de alimentos, água e bebidas para consumo humano;
>
> IX – a participação no controle e na fiscalização da produção, transporte, guarda e utilização de substâncias e produtos psicoativos, tóxicos e radioativos;
>
> X – o incremento, em sua área de atuação, do desenvolvimento científico e tecnológico;
>
> XI – a formulação e execução da política de sangue e seus derivados. (Brasil, 1990b)

O texto do art. 6º da Lei 8.080/1990 acompanha o texto constitucional apresentado no art. 200. As mesmas atribuições lá previstas são referendadas na lei, sendo, em alguns casos, também detalhadas. Um grande diferencial, contudo, está no inciso I, alínea "d", que explicita, dentro do campo de atuação do SUS, a execução de ações de "assistência terapêutica integral, inclusive farmacêutica". Dessa forma, o compromisso de vinculação das ações de assistência à saúde ao SUS torna-se uma obrigação legal, reforçando as vias da exigibilidade e dando maior concretude aos princípios da universalidade e integralidade.

Princípios e diretrizes do SUS

Em termos gerais, princípios diferenciam-se de diretrizes. Como vimos, as diretrizes estão relacionadas às orientações práticas para o desenvolvimento de estratégias no percurso até que se alcance um objetivo proposto. Os princípios, por sua vez, uma fundamentação ideológica de valores que sustentam a luta, uma referência ética sobre o que se acredita que é certo. Contudo, na Lei n. 8.080/1990, princípios e diretrizes são tratados sem distinção, todos em seu art. 7º:

> Art. 7º As ações e serviços públicos de saúde e os serviços privados contratados ou conveniados que integram o Sistema Único de Saúde (SUS), são desenvolvidos de acordo com as diretrizes previstas no art. 198 da Constituição Federal, obedecendo ainda aos seguintes princípios:
>
> I – universalidade de acesso aos serviços de saúde em todos os níveis de assistência;
>
> II – integralidade de assistência, entendida como conjunto articulado e contínuo das ações e serviços preventivos e curativos, individuais e coletivos, exigidos para cada caso em todos os níveis de complexidade do sistema;
>
> III – preservação da autonomia das pessoas na defesa de sua integridade física e moral;
>
> IV – igualdade da assistência à saúde, sem preconceitos ou privilégios de qualquer espécie;
>
> V – direito à informação, às pessoas assistidas, sobre sua saúde;
>
> VI – divulgação de informações quanto ao potencial dos serviços de saúde e a sua utilização pelo usuário;
>
> VII – utilização da epidemiologia para o estabelecimento de prioridades, a alocação de recursos e a orientação programática;
>
> VIII – participação da comunidade;
>
> IX – descentralização político-administrativa, com direção única em cada esfera de governo:

a) ênfase na descentralização dos serviços para os municípios;
b) regionalização e hierarquização da rede de serviços de saúde;

X – integração em nível executivo das ações de saúde, meio ambiente e saneamento básico;

XI – conjugação dos recursos financeiros, tecnológicos, materiais e humanos da União, dos Estados, do Distrito Federal e dos Municípios na prestação de serviços de assistência à saúde da população;

XII – capacidade de resolução dos serviços em todos os níveis de assistência;

XIII – organização dos serviços públicos de modo a evitar duplicidade de meios para fins idênticos.

XIV – organização de atendimento público específico e especializado para mulheres e vítimas de violência doméstica em geral, que garanta, entre outros, atendimento, acompanhamento psicológico e cirurgias plásticas reparadoras, em conformidade com a Lei nº 12.845, de 1º de agosto de 2013. (Brasil, 1990b)

Cabe aqui lançar mão de um olhar comparativo. Já abordamos as diretrizes do SUS, segundo o previsto na CF de 1988. A Lei n. 8.080/1990 não as contradiz em nada, pelo contrário, reafirma, desenvolve e complementa tais diretrizes.

Verifica-se, então, o reforço das questões da descentralização, comando único em cada esfera de governo, participação da comunidade e integralidade da atenção em saúde (Brasil, 2003d). Surgem, entretanto, novos elementos, quais sejam:

- **Universalidade**: é um dos princípios que orientam a concepção do SUS. O direito é para todos. E, agora, com a afirmação de que essa prerrogativa cabe a todos os níveis de assistência. Assim, não se estabelece um limite para a responsabilidade do SUS no que se refere ao atendimento em saúde, ele é para todos e em suas mais diversas complexidades.

- **Preservação da autonomia e da integridade física e moral**: para bem compreender esse princípio, vale recordar as características das abordagens já utilizadas na história da política de saúde no Brasil. Por muitas vezes, as intervenções foram fortemente autoritárias e, até mesmo, abusivas, como nos casos da vacinação obrigatória e sem esclarecimentos e das internações compulsórias de doentes de hanseníase, tuberculose ou transtornos mentais. Esse histórico é rejeitado no conjunto de valores que compõem o SUS. Agora, o sujeito é protagonista, ele deve ter escolhas, deve ser ouvido e participar de seu processo de saúde.

O que é autonomia?

Autonomia é um termo recorrente no cotidiano do serviço social e das políticas públicas. Trata-se, contudo, de um conceito bastante profundo. Tomemos a seguinte explicação:

> A ideia de autonomia (auto= próprio, nomos= norma, regra, lei) conduz o pensamento imediatamente à ideia de liberdade e de capacidade de exercício ativo de si, da livre decisão dos indivíduos sobre suas próprias ações e às possibilidades e capacidades para construírem sua trajetória na vida. (Fleury-Teixeira et al., 2008, p. 2.118)

Assim, a autonomia está diretamente relacionada ao conceito de liberdade, contudo trata-se de uma liberdade ampliada que pressupõe que a pessoa faça as próprias escolhas e tome as próprias decisões, sem nenhum tipo de opressão ou coação. E, nesse sentido, para que escolhas sejam feitas e para que atendam, de fato, aos seus interesses e não de outrem, é fundamental que se tenha acesso a todas as possibilidades, bem como clareza quanto à sua origem e a seus desdobramentos.

> Vamos exemplificar com um caso simples na área da saúde: uma pessoa reconhece que tem a doença do alcoolismo e busca atendimento médico. Em nome do princípio da autonomia, deixam-na escolher entre ser internada em uma clínica para desintoxicação ou não fazer o tratamento.
> Apesar da aparente opção, o princípio da autonomia não foi bem concretizado, pois não houve, de fato, liberdade de escolha. O correto seria apresentar diferentes possibilidades de tratamento, como a internação, o tratamento ambulatorial, o tratamento ambulatorial acompanhado de grupos de apoio, entre outros. Além disso, para cada opção, deveriam

> ser elencadas as vantagens e as desvantagens. O usuário precisa saber que, se for internado, terá de se afastar do trabalho e dos convívios familiar e comunitário por certo período, bem como conhecer quais poderiam ser os impactos desse processo. Ainda, precisaria compreender as fragilidades do tratamento ambulatorial diante de uma necessidade de desintoxicação e teria de refletir sobre em que medida sua situação exige uma desintoxicação mais intensiva ou permite um processo progressivo, em que seja viável a preservação de suas atividades e relações cotidianas. E, seguiria dessa forma, com todos as possibilidades e os esclarecimentos necessários. Por fim, o paciente decide sem nenhum tipo de ameaça ou influência externa que impeça sua livre escolha.

Enfim, a prática da autonomia não é coisa simples e é, até mesmo, uma meta e um exercício cotidiano para todos os cidadãos. Não se restringe ao campo da saúde ou do Serviço Social, mas é esperada em todas as relações que permeiam a vida em sociedade.

- **Igualdade sem preconceitos nem privilégios**: esse princípio também é uma afirmação da necessidade de superação de vícios culturais no Brasil. Não cabe, na lógica do SUS, a reprodução de preferências no atendimento em razão do exercício ou não de atividade remunerada, da condição social ou de influência. Também não se deve aceitar discriminações de gênero, raça, situação econômica, idade, condição de saúde ou quaisquer outras. É comum, inclusive, na discussão dos princípios do SUS, reforçar que se deve ir além da igualdade e promover a equidade. Observe o seguinte conceito:

> "Equidade – igualdade na assistência à saúde, com ações e serviços priorizados em função de situações de risco e condições de vida e saúde de determinados indivíduos e grupos de população." (Brasil, 2003c)

A lógica da equidade pressupõe que mais esforços e investimentos sejam empreendidos à medida que forem sendo identificadas maiores dificuldades de acesso pelos cidadãos. Está relacionada ao reconhecimento das diferenças e atenção para que sejam respeitadas e não se desdobrem em empecilhos para o atendimento. Por exemplo: para oferecer atendimento pediátrico para as famílias de uma comunidade urbana, é realizado investimento na construção e na manutenção de uma unidade de saúde, com equipamentos e equipes suficientes, incluindo médico pediatra. Contudo, para famílias que residem em áreas rurais distantes ou ilhas, onde não é possível assegurar a proximidade com as unidades de saúde, é necessário investir em veículos e procedimentos que permitam que elas cheguem ao médico ou que o médico vá até elas.

Assim ocorre também com a necessidade de investimento em recursos de acessibilidade para pessoas idosas ou com deficiência; de educação em saúde para pessoas que não buscam os serviços por desconhecimento; de atendimento diferenciado para crianças e pessoas idosas, compreendidas as fragilidades próprias dessas fases da vida; entre outros.

Figura 3.1 – Igualdade *versus* equidade

Pasko Maksim, Robert Adrian Hillman e Pavel L Photo and Video/Shutterstock

- **Direito à informação**: refere-se ao direito que todo usuário tem de saber sobre sua condição de saúde, os procedimentos que estão sendo adotados para seu cuidado e sua evolução.

Além de um direito previsto nos princípios do SUS, o acesso à informação está firmado também no Código de Ética Médica, quando estabelece que é vedado ao profissional de medicina negar o acesso ao prontuário:

> É vedado ao médico:
> [...]
> Art. 88. Negar, ao paciente, acesso a seu prontuário, deixar de lhe fornecer cópia quando solicitada, bem como deixar de lhe dar explicações necessárias à sua compreensão, salvo quando ocasionarem riscos ao próprio paciente ou a terceiros. (CFM, 2010)

Ainda sobre o direito à informação, seu desdobramento está previsto na Portaria do Ministério da Saúde nº 1.820, de 13 de agosto de 2009 (Brasil, 2009c), que dispõe sobre os direitos e deveres dos usuários da saúde.

Para saber mais

O direito à informação é uma base para a exigibilidade e o acesso a tantos outros direitos no campo da saúde.

Além da normativa médica acerca do acesso ao prontuário, existe também uma previsão detalhada do direito à informação no art. 3º da Portaria n. 1.820/2009 do Ministério da Saúde. Recomendamos a leitura na íntegra da portaria, mas com especial destaque ao art. 3º, que permitirá aprofundar seu conhecimento sobre o tema.

BRASIL. Ministério da Saúde. Portaria n. 1.820, de 13 de agosto de 2009. Disponível em: <http://bvsms.saude.gov.br/bvs/saudelegis/gm/2009/prt1820_13_08_2009.html>. Acesso em: 14 fev. 2019.

- **Divulgação/socialização das ofertas em saúde**: essa diretriz compreende a realização de ações que tornem o SUS conhecido pelos usuários. Não basta que existam estruturas organizadas e disponíveis para atender. A população precisa saber onde e como encontrar o atendimento que lhe é necessário, principalmente se considerarmos a história da saúde no Brasil, pois o SUS apresenta uma mudança profunda em princípios e cobertura do atendimento. No entanto, a falta de conhecimento enseja a reprodução de práticas comuns aos modelos anteriores a 1990, como a busca pela caridade para obter atendimento médico ou adquirir medicamento.

- **Vigilância epidemiológica como base para recursos e planos**: tomemos o conceito de vigilância epidemiológica apresentado no parágrafo 2º do art. 6º da Lei n. 8.080/1990:

> Art.6º [...]
> § 2º Entende-se por vigilância epidemiológica um conjunto de ações que proporcionam o conhecimento, a detecção ou prevenção de qualquer mudança nos fatores determinantes e condicionantes de saúde individual ou coletiva, com a finalidade de recomendar e adotar as medidas de prevenção e controle das doenças ou agravos. (Brasil, 1990b)

Ter a vigilância epidemiológica como base para a tomada de decisões acerca dos recursos e das ações em saúde significa agir de acordo com a realidade de cada território, de cada região. Em um país como o Brasil, com tão amplas diversidades geográfica, socioeconômica e cultural, as demandas em saúde também não são homogêneas em todo o território, mas bastante distintas. Por exemplo: a transmissão da dengue tem maior incidência em regiões ou períodos mais quentes do ano, ao passo que, em regiões ou estações mais frias, há maior incidência de gripes e doenças respiratórias.

Assim, a forma como os recursos serão investidos deve acompanhar a demanda de cada região, a fim de que sejam empregados de maneira mais racional e eficaz.

- **Capacidade de resolução**: espera-se que as problemáticas em saúde apresentadas pela população sejam atendidas integralmente e no menor tempo possível. Relacionando essa diretriz com o princípio da integralidade, mesmo que as situações apresentadas sejam bastante complexas, elas ainda estão sob a responsabilidade do SUS, e seu atendimento é um direito do cidadão.

Podemos fixar este entendimento, adotando a seguinte definição: Resolubilidade "é a exigência de que, quando um indivíduo busca o atendimento ou quando surge um problema de impacto coletivo sobre a saúde, o serviço correspondente esteja capacitado para enfrentá-lo e resolvê-lo até o nível da sua competência". (Brasil, 1990d)

- **Atendimento especializado às vítimas de violência doméstica**: essa diretriz foi incorporada ao texto da Lei n. 8.080/1990 somente no ano de 2013 e aponta para uma necessidade que vem ganhando evidência no campo da saúde. A violência, assim como os acidentes, é fator externo que interfere nas condições de saúde da pessoa, podendo, inclusive, deixar fortes sequelas ou levar à morte. Assim, assegurar atendimento especializado aos públicos que são mais vulneráveis nesse aspecto tornou-se prioridade.

A Lei n. 8.080/1990 em resumo

- No art. 1º, apresenta o objeto do qual trata a lei: a saúde pública no Brasil.
- No art. 2º, reafirma a saúde como direito dos cidadãos e dever do Estado.
- Do art. 4º ao art. 19-U, trata do SUS – sua composição do SUS, seus objetivos e campos de atuação, seus princípios e diretrizes, as orientações para sua gestão e operacionalização.
- Do art. 20 ao art. 26, define a participação da iniciativa privada.
- Do art. 27 ao art. 30, aborda os recursos humanos.
- Do art. 31 ao art. 38, trata de questões financeiras, de planejamento e orçamentárias.
- Do art. 39 ao art. 55, prevê disposições gerais.

3.2.3 A Lei n. 8.142/1990

A Lei n. 8.142/1990 também é uma Lei Orgânica da Saúde. Foi aprovada no dia 28 de dezembro de 1990, e "Dispõe sobre a participação da comunidade na gestão do Sistema Único de Saúde (SUS) e sobre as transferências intergovernamentais de recursos financeiros na área da saúde e dá outras providências."
Trata-se de uma lei mais sintética, com apenas sete artigos. O art. 1º aponta as diretrizes fundamentais para o funcionamento das conferências e dos conselhos de saúde. Os arts. 2º ao 7º regulam os repasses de recursos para saúde entre os entes federados: governos federal, estadual e municipal.
O detalhamento sobre esses dois assuntos tratados na Lei n. 8.142/1990 será feito no próximo capítulo, quando abordaremos o financiamento do SUS e também no Capítulo 7, quando discutiremos a temática da participação e do controle social.

Síntese

Neste capítulo, tratamos do SUS, o Sistema Único de Saúde – modelo oficial de organização das ações de saúde no Brasil, que articula ações em todo o território nacional, garantindo sua padronização e o alcance da política pública de saúde a todos os cidadãos. Sua regulamentação fundamental pode ser encontrada nos arts. 196 a 200 da CF de 1988 e nas Leis Orgânicas da Saúde n. 8.080/1990 e n. 8.142/1990. O SUS está pautado em princípios de universalidade, descentralização, integralidade, participação, equidade, autonomia, integridade física e mental, socialização das informações, racionalidade no planejamento das ações e resolutividade. Seu campo de atuação ultrapassa as esferas da assistência em saúde, compreendendo também ações de promoção, proteção e prevenção, como o controle de medicamentos, bebidas e alimentos para o consumo humano; a saúde do trabalhador; o investimento em tecnologia e inovação; a gestão e qualificação de recursos humanos, entre outras. Contempla, ainda, a necessária participação social em seu processo de gestão, principalmente por meio do exercício do controle social.

Questões para revisão

1. Os artigos da CF de 1988 que tratam do direito à saúde são regulamentados por duas leis federais conhecidas como Leis Orgânicas da Saúde. São elas:
   a) Lei n. 8.069/1990 e Lei n. 8.142/1990.
   b) Lei n. 8.080/1990 e Lei n. 8.069/1990.
   c) Lei n. 8.080/1990 e Lei n. 8.142/1990.
   d) Lei n. 8.069/1990 e Lei n. 8.742/1993.
   e) Lei n. 8.142/1990 e Lei n. 8.742/1993.

2. Analise os seguintes objetivos:
   I. Identificação e divulgação dos fatores condicionantes e determinantes da saúde.
   II. Formulação de política de saúde destinada a promover, nos campos econômico e social, a observância do disposto no § 1º do art. 2º dessa lei;
   III. Assistência às pessoas por intermédio de ações de promoção, proteção e recuperação da saúde, com a realização integrada das ações assistenciais e das atividades preventivas.

   Agora, assinale a alternativa que apresenta os itens que correspondem aos objetivos dos SUS:
   a) I e II.
   b) II e III.
   c) I e III.
   d) I, II e III.
   e) Nenhuma das opções anteriores.

3. O principal conteúdo da Lei n. 8.142/1990 é:
   a) participação da comunidade e financiamento do SUS.
   b) objetivos, diretrizes e princípios do SUS.
   c) participação dos entes federados na gestão do SUS.
   d) descentralização e regionalização do SUS.
   e) assistência em saúde e redes de saúde.

4. Explique a lógica da equidade, que deve orientar as ações de saúde segundo os princípios e as diretrizes do SUS.

5. Em que consiste o SUS?

Questões para reflexão

1. Considerando os princípios da preservação da autonomia e da integridade física e moral na realidade da saúde atual, quais são os públicos que têm sido negligenciados nessa dimensão do direito à saúde? Quais têm sido as práticas de saúde que desrespeitam a autonomia e a integridade desses públicos?

2. Ainda sobre os princípios da preservação da autonomia e da integridade física, reflita, pesquise, compare com a teoria e comente acerca das seguintes situações: internação compulsória de pessoas viciadas em *crack*; violências sofridas por mulheres nos procedimentos relacionados aos partos (violência obstétrica); e falta de estruturas adequadas para o atendimento, que acabam por expor as pessoas a condições adversas à sua integridade.

3. Todo cidadão tem direito à informação no que se refere às ações desenvolvidas pelo SUS de forma ampla e, principalmente, sobre as que dizem respeito a seu acompanhamento e tratamento de saúde. Consulte usuários do SUS que você conhece e trabalhadores da área ou pesquise via internet exemplos de casos em que esse direito foi exercido pelo cidadão e situações em que lhe foi negado. Em seguida, faça uma análise comparativa com o conteúdo aprendido neste capítulo e reflita sobre os desafios e as possibilidades da efetivação do direito à saúde no Brasil.

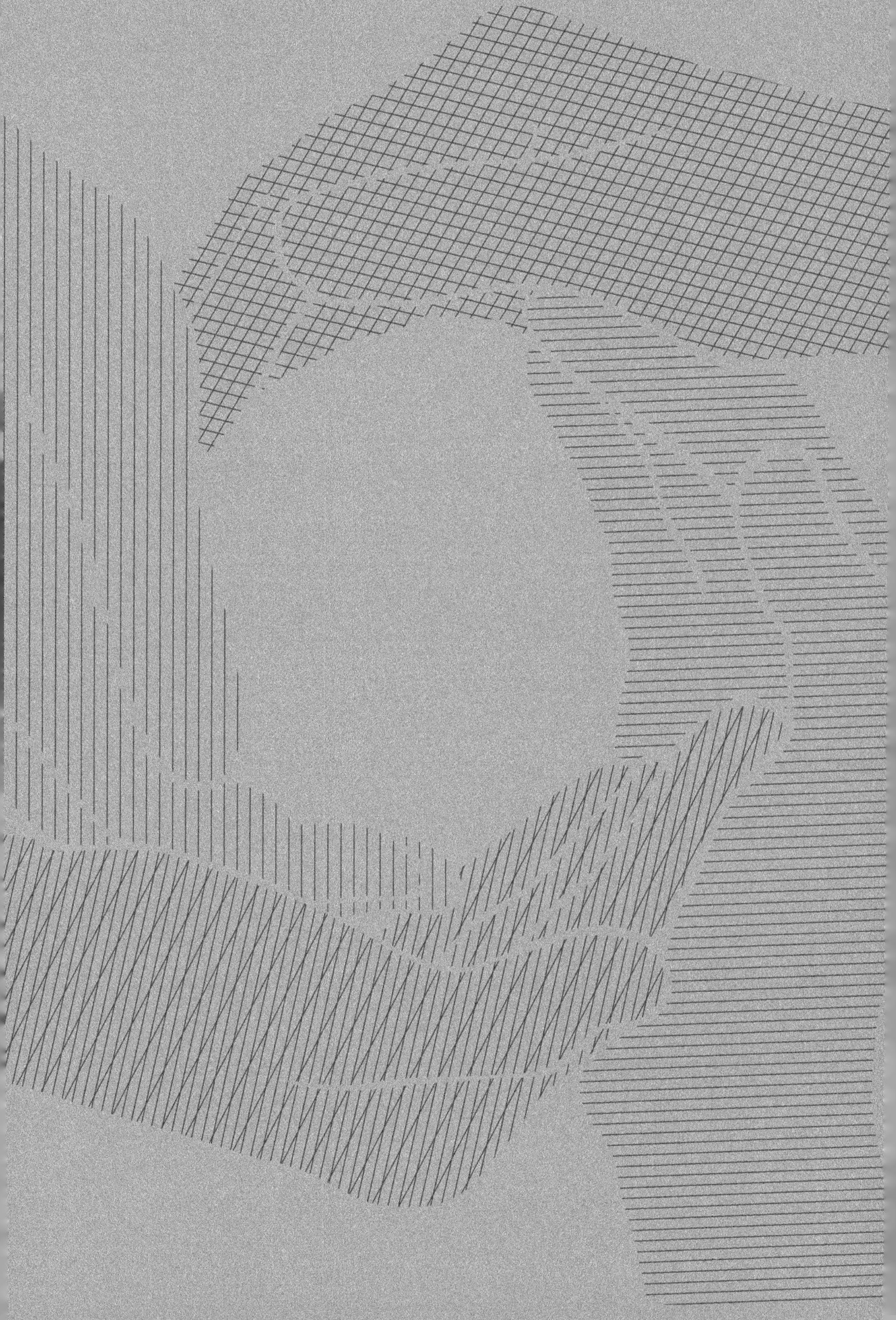

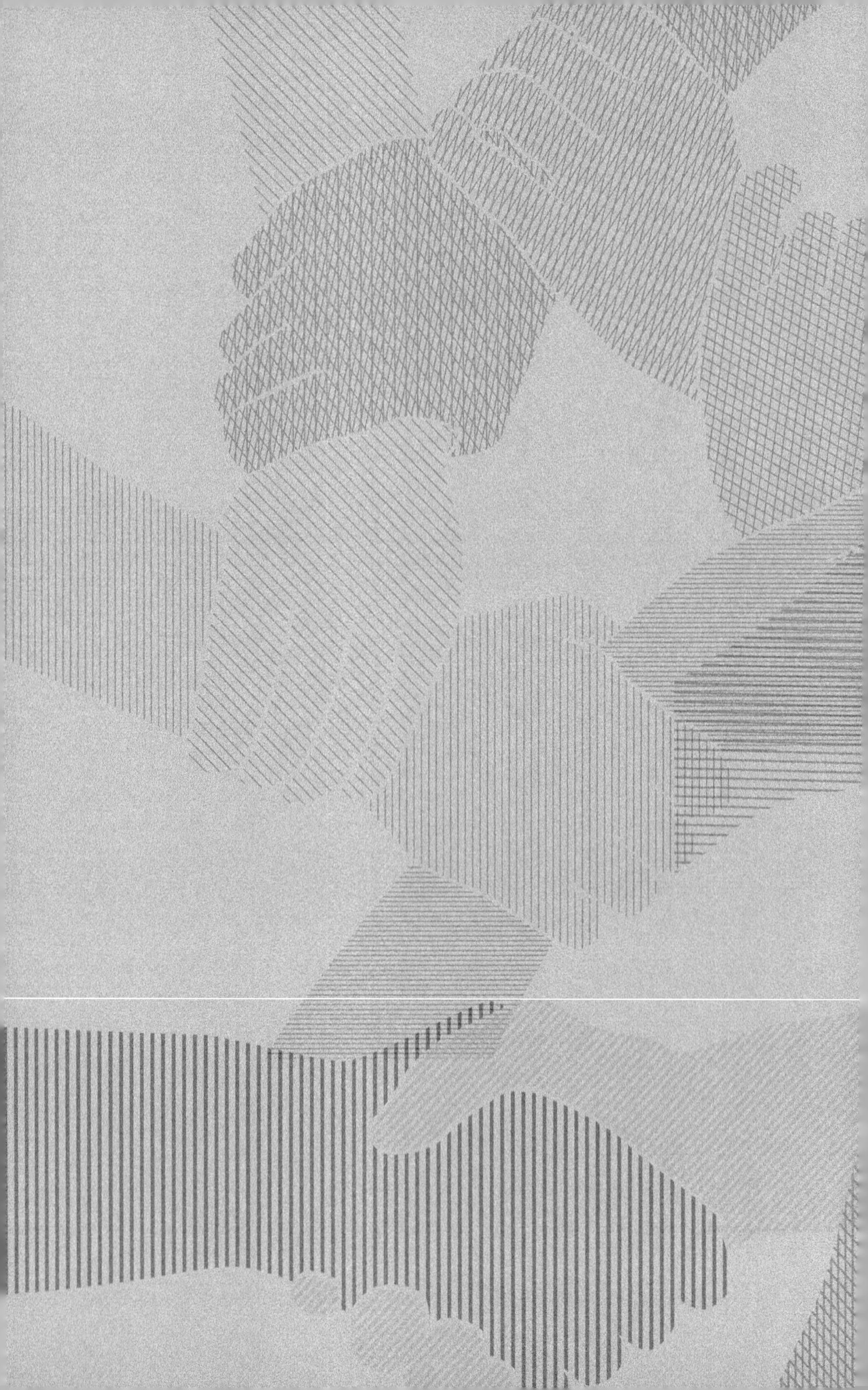

CAPÍTULO 4

Gestão do SUS

Conteúdos do capítulo:
- O que é gestão? Quem é o gestor?
- Gestão participativa no SUS.
- Pacto federativo na gestão do SUS.
- Regionalização.
- Financiamento e orçamento na política pública de saúde.
- Recursos humanos do SUS.

Após o estudo deste capítulo, você será capaz de:
1. identificar as principais estratégias de gestão do SUS;
2. contribuir, de forma qualificada, na gestão participativa do SUS.

Neste capítulo avançaremos no estudo de aspectos referentes à gestão do SUS. É importante destacar que a efetividade do direito à saúde, no campo da saúde pública no Brasil, tem forte relação com aspectos relacionados à gestão do sistema de saúde vigente.

Há grande complexidade na organização das ações, nos aspectos relacionados ao financiamento, na dinâmica de atuação em uma rede integrada. Esses e outros elementos precisam ser compreendidos e bem conduzidos no cotidiano de operacionalização do sistema, como veremos a seguir.

4.1 O que é gestão? Quem é o gestor?

A gestão de uma política pública refere-se, inicialmente, à sua dimensão de administração, compreendendo aspectos como articulação de recursos, planejamento, contabilidade, relações públicas e comunicação.

> A gestão pública está compreendida dentro do conceito de gestão social, como vemos:
>
> A gestão social trata da gestão de ações sociais públicas, que podem ser realizadas tanto por órgãos do governo dos municípios, dos estados ou da União quanto por organizações da sociedade civil. [...]
>
> A gestão social visa atender a necessidades e demandas sociais [...]:
> - necessidades são próprias da condição humana, ou seja, os seres humanos necessitam de alimento, abrigo, reprodução e saúde, além de liberdade e autonomia [...].
> - demandas são formas de manifestações de necessidade e carências que são produtos das relações sociais [...]
>
> A gestão de ações sociais públicas tem o sentido de contribuir para consolidar direitos. (Kauchakje, 2012, p. 20-22)

Em uma leitura mais abrangente, é possível afirmar que a dimensão da gestão ultrapassa os aspectos administrativos, que pretendem a efetividade e o sucesso das ações idealizadas e uma construção linear de atitudes que visam à concretude dos direitos conquistados por lei. A gestão pública ocorre em um espaço de disputa de distintos projetos societários, envolvendo relações de força e aspectos econômicos e culturais. Embora se estruture voltada a um objetivo público, está permeada de intenções particulares e interesses privados. Portanto, a gestão acontece também de forma política (Merhy; Onocko, 2002).

> Mais do que buscar a funcionalidade não cumprida, a gestão institucional seria operar com o jogo de disputas dos distintos agentes, inclusive no modo como conformariam o espaço institucional no jogo público e privado. A gestão institucional seria toda gestão de governo que possibilitasse 'publicitar' os processos de disputas e revelar a 'contratualidade' que os agentes instituem entre si, definindo uma certa 'cara' instituída para o serviço. (Merhy; Onocko, 2002, p. 114-115)

O gestor da política pública é o chefe do Poder Executivo de cada ente federado, e um ministro ou secretário é designado por área. A estes se unem as equipes de gestão, responsáveis por ações de coordenação, gerenciamento e administração fundamentais para a execução das atividades-fim de cada política pública (Brasil, 1990d).

Na política pública de saúde, são gestores:

- Governo Federal → Presidente e Ministro da Saúde
- Governo Estadual → Governador e Secretário Estadual de Saúde
- Governo Municipal → Prefeito e Secretário Municipal de Saúde (Brasil, 1990d)

São exemplos de equipes de gestão na política de saúde:

- Diretoria/coordenação financeira
- Diretoria/coordenação de licitações
- Diretoria/coordenação de atenção primária em saúde
- Diretoria/coordenação da vigilância epidemiológica

Ao ser eleito, o chefe do Poder Executivo (presidente, governador ou prefeito) nomeia um ministro/secretário de saúde, os quais têm autonomia para organizar suas equipes de gestão e de execução, desde que cumpram as previsões legais que lhes são pertinentes em caráter municipal, estadual e federal.

A atuação do gestor público, contudo, apresenta uma especificidade se comparada a um gestor/administrador da iniciativa privada. O gestor público só pode agir em conformidade com o que já está previsto em lei. O gestor privado tem liberdade de iniciativa, desde que não infrinja nenhuma lei (Derani, 2004).

> O Estado Moderno consolida-se por uma identidade distinta à da sociedade civil com a qual ele se contrapõe. Com isto, o poder público se diferencia do poder privado. O poder público tem previsibilidade para o seu exercício. Seu poder é um dever legalmente atribuído. Já o poder privado é exercido segundo a liberdade de iniciativa do sujeito que, tão somente, se submete à conformação legal do seu livre agir.
>
> [...]
>
> O Estado só faz porque deve, e ele deve porque há uma norma que impõe aquilo que ele deva fazer. Esta norma existe como resultado de embates sociais que permitiram aquele resultado. (Derani, 2004, p. 20)

Assim, apesar da autonomia de governo relativa aos secretários e ministros da saúde, não lhes cabe criar iniciativas de acordo com sua opinião pessoal. Devem, sim, colocar em prática os pressupostos legais presentes na Constituição Federal (CF) de 1988, nas Leis Orgânicas de Saúde – LOS e nas demais normativas vigentes. No entanto, é evidente que, na condição de gestores, podem e devem desenvolver novos planos e estratégias, aplicar novas tecnologias e metodologias, desde que o façam em atendimento à previsão legal.

Curiosidade

Pode surgir uma dúvida: se for identificada uma demanda que precisa ser atendida, mas que ainda não esteja prevista em lei? Vamos entender quais seriam os encaminhamentos adequados nesses casos.

Primeiramente, há de se considerar uma análise pormenorizada da própria lei, uma vez que a noção de saúde referendada na legislação é bastante abrangente. Para tanto, as equipes de gestão contam também com setores como a assessoria jurídica e as procuradorias, que visam contribuir para a adequada compreensão e aplicação das leis, bem como para evitar ações em desacordo com a CF de 1988 e outras normas vigentes.

Mas vamos considerar que se trata, de fato, de uma situação não prevista anteriormente. Nessa situação, é preciso articular uma discussão junto ao Poder Legislativo, a fim de que seja criada uma nova lei ou alterada uma legislação existente.

Também é comum constar nos textos legais menções a alterações feitas por uma legislação mais recente. A lei não é estática. Ela muda o tempo todo, à medida que vereadores, deputados e senadores executam seu papel. É importante lembrar que tais mudanças também são resultados de processos políticos e de tensão entre diferentes interesses. Nesse sentido, as modificações podem significar tanto avanços para as políticas públicas quanto retrocessos e perda de direitos anteriormente conquistados.

Compreendendo isso, é possível concluir que os gestores da saúde e suas equipes precisam, como ponto de partida, conhecer as normas que regulamentam o SUS, bem como suas atualizações. Entre elas, destacam-se.

- a CF de 1988;
- a Lei n. 8.080/1990, que dispõe sobre o SUS e a organização da política de saúde; e

※ a Lei n. 8.142/1990, que trata da participação da comunidade e do financiamento do SUS.

A esses documentos são somadas leis específicas temáticas, como o Estatuto da Criança e do Adolescente e o Estatuto do Idoso, que tratam dos direitos de saúde desses públicos, segundo seu ciclo de vida; ou a Lei de Licitações, que define os procedimentos legais para a realização de compras e contratação de serviços pela gestão pública.

Ainda há portarias e resoluções que definem de maneira mais detalhada e contextualizada os procedimentos que devem ser adotados, como as Normas Operacionais Básicas – NOBs. Como o nome sugere, elas tratam da operacionalização, ou seja, da execução da política. São básicas por apontarem referenciais que cabem nas mais diversas realidades, em todo o território nacional. "As Normas Operacionais Básicas, por sua vez, a partir da avaliação do estágio de implantação e desempenho do SUS, se voltam, mais direta e imediatamente, para a definição de estratégias e movimentos táticos, que orientam a operacionalidade deste Sistema" (Brasil, 1996b).

As NOBs são desenvolvidas a partir da legislação vigente e periodicamente atualizadas. Por seu caráter mais operacional, elas não são definidas no âmbito do Poder Legislativo, assim como as leis. As NOBs são instrumentos do Poder Executivo e, na área da saúde, aprovadas por portarias do Ministério de Saúde, em acordo com o Conselho Nacional de Saúde – CNS.

Seguindo a mesma lógica das NOBs, mas em caráter complementar a elas, foram desenvolvidas também as Normas Operacionais de Assistência à Saúde – Noas.

As LOS, NOBs e Noas orientam a responsabilidade de cada ente na efetivação de política de saúde. Gestores federais, estaduais e municipais têm diferentes atribuições e competências. Há previsão dos limites e das responsabilidades da participação da sociedade civil e de iniciativa privada.

Assim como as NOBs, outras normativas criadas no âmbito do Poder Executivo orientam as ações em suas especificidades. Nesse sentido, os decretos são instrumentos dos chefes do Poder Executivo, as portarias e as resoluções são resultantes de discussões, deliberações e determinações do ministério, das secretarias ou dos conselhos de saúde.

Outro documento que veio agregar às normativas básicas para subsidiar a gestão do SUS é o Decreto n. 7.508, de 28 de junho de 2011 (Brasil, 2011a), que regulamenta a Lei n. 8.080/1990, estabelecendo um maior detalhamento das previsões legais para a consolidação do SUS. Segundo sua própria descrição, "Regulamenta a Lei n. 8.080, de 19 de setembro de 1990, para dispor sobre a organização do Sistema Único de Saúde – SUS, o planejamento da saúde, a assistência à saúde e a articulação interfederativa, e dá outras providências" (Brasil, 2011a).

4.2 Gestão participativa no SUS

O SUS foi instituído no Brasil sobre as bases de princípios democráticos, fortemente evidenciados na CF de 1988.

A regulamentação da política de saúde reconhece que os governantes eleitos (presidente, governadores e prefeitos) e os gestores por ele indicados (ministros e secretários) são representantes legítimos da gestão pública. A estes é outorgada a responsabilidade e o poder de governar, de gerir a política pública, segundo a lei.

Contudo, na perspectiva democrática pós-1988, tem-se em vista que a população participe de forma cada vez mais ampla dos processos decisórios.

Uma das formas mais significativas de efetivação da participação da sociedade civil na gestão do SUS é a articulação conjunta dos gestores com os conselheiros, em cada esfera de governo. A NOB SUS 1/96 discorre sobre isso quando trata dos processos de direção e articulação, instituindo o seguinte: "A direção do Sistema Único de Saúde (SUS), em cada esfera de governo, é composta pelo órgão setorial do poder executivo e pelo respectivo Conselho de Saúde, nos termos das Leis n. 8.080/90 e n. 8.142/1990" (Brasil, 1996b).

Os conselhos municipais, estaduais e nacional de saúde têm um importante papel na gestão participativa do SUS. Sua composição compreende, obrigatoriamente, 50% de representantes dos usuários dos serviços de saúde. Entre suas competências encontram-se a colaboração na construção e a aprovação dos planos de saúde e do planejamento orçamentário, bem como o monitoramento e a fiscalização das ações de saúde em sua abrangência (municipal, estadual ou nacional).

Aprofundaremos mais esse assunto no Capítulo 7, dedicado ao controle social e participação no SUS.

4.3 O pacto federativo na gestão do SUS

Para compreender melhor o significado do pacto federativo, é preciso retornar à diretriz que prevê descentralização e comando único. Ela está presente na CF de 1988 e foi aprimorada pela Lei n. 8.080/1990, apresentando o seguinte texto: "Art. 7º [...] IX – descentralização político-administrativa, com direção única em cada esfera de governo: a) ênfase na descentralização dos serviços para os municípios; b) regionalização e hierarquização da rede de serviços de saúde" (Brasil, 1990b).

A aplicação desse preceito implica uma diferente participação de cada ente federado, mas de forma articulada. Há uma priorização da oferta dos serviços de saúde em âmbito municipal. O cidadão está no município e, assim, há maior garantia de democratização dos acessos. Porém, trata-se de uma oferta hierarquizada e regionalizada, ou seja, à medida em que se amplia a complexidade do serviço, ele vai sendo reconhecido como uma responsabilidade do estado ou mesmo do Governo federal. E se há prioridade da execução dos serviços pelos municípios, há uma responsabilidade dos estados e Governo federal em seu cofinanciamento, acompanhamento e coordenação.

Para que o SUS funcione de fato, é imprescindível o trabalho articulado entre governos municipais, estaduais e federal. Essa articulação entre os diferentes gestores é chamada de *pacto federativo*. A adoção do termo *pacto* indica que, nessa articulação entre as três esferas de governo, não se deve estabelecer uma relação de mando e obediência, mas que as decisões devem ser negociadas entre os diferentes responsáveis e interessados. Assim, são firmadas resoluções que interferem na participação das três esferas para o funcionamento do SUS.

Existem instâncias de pactuação, em que são discutidas as questões de gestão e tomadas decisões em conjunto entre os representantes dos diferentes entes federados. Trata-se de fóruns colegiados compostos por representantes dos municípios e do estado para decisões de âmbito estadual, e representantes dos municípios, dos estados e do governo federal para decisões de caráter nacional. Conheça as instâncias de pactuação segundo as orientações da NOB SUS 1/96:

> A CIT é composta, paritariamente, por representação do Ministério da Saúde (MS), do Conselho Nacional de Secretários Estaduais de Saúde (CONASS) e do Conselho Nacional de Secretários Municipais de Saúde (CONASEMS).
>
> A CIB, composta igualmente de forma paritária, é integrada por representação da Secretaria Estadual de Saúde (SES) e do Conselho Estadual de Secretários Municipais de Saúde (COSEMS) ou órgão equivalente. Um dos representantes dos municípios é o Secretário de Saúde da Capital. A Bipartite pode operar com subcomissões regionais. (Brasil, 1996b)

As instâncias de pactuação desempenham importante função no processo de gestão compartilhada do SUS, com a participação de todos os entes federados. Assim, são democratizadas as decisões relacionadas à operacionalização das ações em saúde, bem como a participação de cada ente em seu custeio.

> Nas CIB e CIT são apreciadas as composições dos sistemas municipais de saúde, bem assim pactuadas as programações entre gestores e integradas entre as esferas de governo. Da mesma forma, são

pactuados os tetos financeiros possíveis – dentro das disponibilidades orçamentárias conjunturais – oriundos dos recursos das três esferas de governo, capazes de viabilizar a atenção às necessidades assistenciais e às exigências ambientais. O pacto e a integração das programações constituem, fundamentalmente, a consequência prática da relação entre os gestores do SUS. (Brasil, 1996b)

Como é esperado de um pacto, cada um que se compromete deve cumprir com sua parte para que se atinja o objetivo pretendido. As pactuações feitas nas Comissões Intergestoras Bipartites – CIBs e na Comissão Intergestora Tripartite – CIT são contínuas, acompanhando o funcionamento do SUS. As decisões tomadas nesses colegiados são referenciadas e legitimadas em documentos normativos, que devem ser cumpridos por todos os gestores envolvidos.

O Pacto pela Saúde de 2006 – Consolidação do SUS

Um dos principais pactos feitos em âmbito nacional, na história da saúde no Brasil, foi o Pacto pela Saúde, aprovado pela CIT e pelo CNS em janeiro e fevereiro de 2006, respectivamente, e divulgado pela Portaria do Ministério da Saúde nº 399, de 22 de fevereiro de 2006 (Brasil, 2006c).

O pacto visava aprimorar as relações intergestores, com foco nas prioridades de impacto para a saúde brasileira, bem como pretendia superar os desafios de gestão nacional de um país com tanta diversidade como o Brasil, onde não é possível aplicar norma única e demasiadamente rígida.

Sua formulação e aprovação compreendia o compromisso de constante reavaliação e revisões anuais e foi válido até o ano de 2011.

O Pacto pela Saúde era formado por três componentes distintos: o Pacto pela Vida; o Pacto em Defesa do SUS; e o Pacto de Gestão do SUS.

O **Pacto pela Vida** estabelecia prioridades entre as diferentes demandas a serem atendidas pelas ações em saúde. Em 2006, foram consideradas prioritárias as seguintes áreas:

- saúde do idoso;

- combate ao câncer de colo de útero e ao câncer de mama;
- redução da mortalidade infantil e materna;
- enfrentamento das chamadas *doenças emergentes*, com destaque para dengue, hanseníase, tuberculose, malária e influenza;
- promoção da saúde;
- fortalecimento da atenção básica em saúde.

Na atualização de 2009, para o biênio 2010-2011, foram mantidas as prioridades dispostas desde o primeiro pacto, em 2006, e incorporadas outras prioridades, identificadas no decorrer dos anos 2007 a 2009. Vejamos:

> Art. 1º As prioridades do Pacto pela Saúde, no componente Pacto pela Vida, para o biênio 2010 - 2011 serão as seguintes:
>
> I – atenção à saúde do idoso;
> II – controle do câncer de colo de útero e de mama;
> III – redução da mortalidade infantil e materna;
> IV – fortalecimento da capacidade de respostas às doenças emergentes e endemias, com ênfase na dengue, hanseníase, tuberculose, malária, influenza, hepatite e aids;
> V – promoção da saúde;
> VI – fortalecimento da atenção básica;
> VII – saúde do trabalhador;
> VIII – saúde mental;
> IX – fortalecimento da capacidade de resposta do sistema de saúde às pessoas com deficiência;
> X – atenção integral às pessoas em situação ou risco de violência; e
> XI – saúde do homem. (Brasil, 2009e)

O **Pacto em Defesa do SUS** estabelecia um conjunto de estratégias que promovesse o conhecimento e o reconhecimento do SUS como direito, como política de Estado, e não de governo. Compreendia ações informativas e de mobilização a serem realizadas junto à sociedade em geral.

Por sua vez, o **Pacto de Gestão do SUS** visava à previsão de ações que tornassem claras e consistentes a participação dos gestores das três esferas (municipais, estaduais e federal) na condução do

SUS e orientava o estabelecimento de diretrizes para a gestão do SUS com base nos seguintes pressupostos:

- descentralização;
- regionalização;
- financiamento;
- programação pactuada e integrada;
- regulação;
- participação e controle social;
- planejamento;
- gestão do trabalho; e
- educação na saúde. (Brasil, 2006b; 2009e; 2012b)

O Contrato Organizativo da Ação Pública da Saúde

Em 2011, com a aprovação do Decreto n. 7.508, que regulamenta a Lei n. 8.080/1990, a gestão pactuada do SUS foi referendada e aprimorada com o estabelecimento da sistemática do Contrato Organizativo da Ação Pública da Saúde – Coap, que substitui a lógica do Pacto pela Saúde, vigente entre os anos de 2006 e 2011. Trata-se de um acordo de colaboração firmado entre os diferentes entes federados para a operacionalização das ações em saúde.

> Art. 35. O Contrato Organizativo de Ação Pública da Saúde definirá as responsabilidades individuais e solidárias dos entes federativos com relação às ações e serviços de saúde, os indicadores e as metas de saúde, os critérios de avaliação de desempenho, os recursos financeiros que serão disponibilizados, a forma de controle e fiscalização da sua execução e demais elementos necessários à implementação integrada das ações e serviços de saúde. (Brasil, 2011a)

O processo de consolidação do Coap ocorre a partir das pactuações feitas nas CIBs e na CIT e é composto considerando a devida articulação entre planos municipais, estaduais e nacional de saúde.

4.4 Regionalização

A regionalização é uma das premissas da organização do SUS que acompanha a lógica da municipalização e do atendimento territorial. Tendo em vista o princípio da universalização, a cobertura dos serviços de saúde deve alcançar todos os cidadãos. Por esse motivo, a estruturação das ações de saúde no SUS prioriza que os serviços sejam ofertados pelos municípios. O atendimento deve ser realizado o mais próximo do cidadão, sendo planejado e executado de acordo com as características do território em que está localizado.

Contudo, existem demandas em saúde que são de menor incidência e maior complexidade, para as quais nem sempre é viável que cada município construa sua própria estrutura de atendimento.

Em 2017, o Brasil tinha 5.570 municípios, entre eles, o mais populoso era São Paulo, capital do estado com mesmo nome, com 12.106.920 habitantes, e o menos populoso era Serra da Saudade, em Minas Gerais, com população de 812 habitantes. (Veja..., 2017).

Como podemos observar nos dados citados, a gestão municipalizada no Brasil está longe de ser compreendida de forma idêntica em todo o território nacional. Nesse sentido, é possível que municípios como São Paulo apresentem demanda e condições materiais suficientes para dispor, em sua abrangência, de todos os serviços do SUS. No entanto, também existirão municípios de menor demanda e que não comportam, por exemplo, assegurar dentro de seus limites todas as ofertas em atendimento especializado, procedimentos cirúrgicos, realização de transplantes, tratamento do câncer etc. Para esses pequenos municípios, aplica-se a lógica da regionalização, de modo que municípios próximos se unam para ampliar a cobertura de seus serviços, atendendo todos os seus cidadãos.

Acompanhe o conceito de *região de saúde*, segundo o Decreto 7.508/2011:

> I – Região de Saúde – espaço geográfico contínuo constituído por agrupamentos de Municípios limítrofes, delimitado a partir de identidades culturais, econômicas e sociais e de redes de comunicação e infraestrutura de transportes compartilhados, com a finalidade de integrar a organização, o planejamento e a execução de ações e serviços de saúde. (Brasil, 2011a)

Os gestores estaduais têm corresponsabilidade no estabelecimento das regiões de saúde, que devem ser compostas por municípios limítrofes e que apresentem similaridades culturais e capacidade de transporte e comunicação entre si. É possível que em uma mesma rede de saúde estejam compreendidos municípios de diferentes estados e, nesse caso, há o envolvimento de ambos os gestores estaduais no respectivo processo de constituição e gestão.

Quadro 4.1 – Elementos para constituição das redes de saúde

Serviços mínimos que cada região de saúde deve disponibilizar	Elementos fundamentais para a constituição das redes de saúde, a serem definidos pelos entes federados participantes
I – atenção primária; II – urgência e emergência; III – atenção psicossocial; IV – atenção ambulatorial especializada e hospitalar; e V – vigilância em saúde	I – seus limites geográficos; II – população usuária das ações e serviços; III – rol de ações e serviços que serão ofertados; e IV – respectivas responsabilidades, critérios de acessibilidade e escala para conformação dos serviços.

Fonte: Elaborado com base em Brasil, 2011a.

A Noas SUS 1/02 orienta a elaboração do Plano Diretor de Regionalização – PDR, "como instrumento de ordenamento do processo de regionalização em cada estado" (Brasil, 2002e). O PDR deve contribuir para que as regiões de saúde atendam às demandas de sua abrangência, ofertando os serviços necessários em todos os níveis de atenção, ou seja, desde os mais básicos até os mais complexos.

4. O PDR deverá ser elaborado na perspectiva de garantir:
a) O acesso dos cidadãos, o mais próximo possível de sua residência, a um conjunto de ações e serviços vinculados às seguintes responsabilidades mínimas:
- assistência pré-natal, parto e puerpério;
- acompanhamento do crescimento e desenvolvimento infantil;
- cobertura universal do esquema preconizado pelo Programa Nacional de Imunizações, para todas as faixas etárias;
- ações de promoção da saúde e prevenção de doenças;
- tratamento das intercorrências mais comuns na infância;
- atendimento de afecções agudas de maior incidência;
- acompanhamento de pessoas com doenças crônicas de alta prevalência;
- tratamento clínico e cirúrgico de casos de pequenas urgências ambulatoriais;
- tratamento dos distúrbios mentais e psicossociais mais frequentes;
- controle das doenças bucais mais comuns;
- suprimento/dispensação dos medicamentos da Farmácia Básica.
b) O acesso de todos os cidadãos aos serviços necessários à resolução de seus problemas de saúde, em qualquer nível de atenção, diretamente ou mediante o estabelecimento de compromissos entre gestores para o atendimento de referências intermunicipais. (Brasil, 2002e)

A organização dos serviços, tanto nos grandes municípios quanto nas redes de saúde, deve seguir uma lógica de hierarquização das necessidades conforme sua complexidade. Os atendimentos mais básicos são ofertados nas unidades de saúde, e os mais complexos, em redes compostas por hospitais, clínicas, unidades de pronto atendimento, entre outros. Detalharemos a forma de organização dos serviços no próximo capítulo.

4.5 Financiamento e orçamento na política pública de saúde

Quem paga a conta do SUS?

Antes de tratar desse assunto, propomos uma reflexão a partir do seguinte ditado popular: **"A cavalo dado não se olha os dentes"**.

Tal sabedoria popular indica que, quando se recebe algo gratuitamente, não se deve fazer exigências. Essa ideia é reforçada, inclusive, pela concepção meritocrática de que se não houve esforço suficiente para pagar pelo que se deseja, deve-se aceitar o que vem de graça.

Particularmente, essa compreensão é muito cruel. Contudo, ao fazer uma correlação com a política pública de saúde, somos levados admitir que essa ideia foi imposta no que se refere à prestação de serviços gratuitos.

Há, então, uma concepção equivocada de que os serviços públicos de saúde podem (ou até devem) ser ruins mesmo, ser precários e insuficientes, porque, afinal, são gratuitos. Alimentamos a ideia de que o usuário não pode reclamar, pois se quiser coisa melhor, que pague um atendimento particular e arque com as despesas.

E sabe qual é a principal incoerência desse raciocínio? É a seguinte: o serviço NÃO É GRATUITO!

Embora os serviços do SUS sejam prestados gratuitamente... Embora não seja preciso pagar no momento do atendimento,

> da internação ou do recebimento de algum medicamento... Ainda assim, esse serviço tem custo e alguém está pagando essa conta.
> Os serviços do SUS são pagos com dinheiro público, que, em seu maior quantitativo, é dinheiro obtido na arrecadação de impostos. Portanto, o dinheiro que paga a conta do SUS é do próprio cidadão. Nós já pagamos a conta: eu, você, cada pessoa que paga um volume maior ou menor de impostos.
> Então, finalizamos essa reflexão afirmando o seguinte: "o SUS não é cavalo dado. É cavalo muito bem pago!". Por isso, devemos, na condição de cidadãos, "olhar os dentes" sim, exigindo qualidade e bom atendimento.

Diante dessa reflexão, é possível inferir que as despesas com o SUS são pagas com dinheiro público. Para entender melhor o assunto, abordaremos as temáticas do financiamento e do orçamento.

4.5.1 Financiamento do SUS

Vamos recorrer mais uma vez à CF de 1988, que é a primeira e mais importante base legal para o desenvolvimento do SUS. Os assuntos relacionados ao financiamento da política de saúde estão previstos em seus arts. 195 e 198.
Vejamos, inicialmente, o texto do art. 195:

> Art. 195. A seguridade social será financiada por toda a sociedade, de forma direta e indireta, nos termos da lei, mediante recursos provenientes dos orçamentos da União, dos Estados, do Distrito Federal e dos Municípios, e das seguintes contribuições sociais:
>
> I – do empregador, da empresa e da entidade a ela equiparada na forma da lei, incidentes sobre:
>
>> a) a folha de salários e demais rendimentos do trabalho pagos ou creditados, a qualquer título, à pessoa física que lhe preste serviço, mesmo sem vínculo empregatício;
>> b) a receita ou o faturamento;
>> c) o lucro;

II – do trabalhador e dos demais segurados da previdência social, não incidindo contribuição sobre aposentadoria e pensão concedidas pelo regime geral de previdência social de que trata o art. 201;
III – sobre a receita de concursos de prognósticos.
IV – do importador de bens ou serviços do exterior, ou de quem a lei a ele equiparar. (Brasil, 1988)

Esse artigo segue com parágrafos de orientação aos gestores, com detalhamentos sobre o financiamento e o orçamento da seguridade social. Destaquemos, nesse caso, que a legislação está tratando da seguridade social como um todo e, dentro dela, estão compreendidas as políticas de saúde, de previdência social e de assistência social. A divisão dos recursos para cada uma delas é resultante das pactuações acerca do orçamento público.

No que se refere, especificamente, ao financiamento da política de saúde, deve ser considerado o art. 198, em seus parágrafos 1º ao 3º. O parágrafo 1º já estava compreendido desde o texto original aprovado em 1988, prevendo que o financiamento da saúde deve provir do orçamento da seguridade social das três esferas de governo, ou seja, dos municípios, dos estados e da União.

Os parágrafos 2º e 3º correspondem a uma conquista posterior na área da saúde, tratando-se de inclusões feitas a partir da aprovação da Emenda Constitucional n. 29, de 13 de setembro de 2000 (Brasil, 2000) e, posteriormente, da Emenda Constitucional n. 86, de 17 de março de 2015 (Brasil, 2015a). Neles, são tratadas disposições para aplicação de recursos mínimos em saúde, diferenciando municípios, estados e União.

No caso da União, a Emenda n. 86/2015 assegura a destinação mínima de 15% calculados sobre a receita corrente líquida de cada exercício financeiro. Os recursos mínimos a serem aplicados pelos estados e municípios, bem como os critérios de rateio dos recursos da União a serem destinados para esses entes federados foram estabelecidos pela Lei Complementar nº 141, de 13 de janeiro de 2012 (Brasil, 2012d), que regulamenta o parágrafo 3º do art. 198 da CF de 1988.

Os recursos destinados à política de saúde devem ser depositados em conta especial para esse fim, denominada *Fundo de Saúde*. Cada esfera de governo terá seu fundo, ou seja, haverá um fundo nacional de saúde, bem como fundos estaduais municipais de saúde. A movimentação dos recursos dessas contas se dá sob a fiscalização do conselho de saúde de cada instância. Há recomendação de que os repasses do Governo federal para os estados e municípios e dos estados para os municípios deverá ocorrer "fundo a fundo", de uma conta específica da saúde para outra do mesmo gênero (Brasil, 1990b, 1990c, 1996b).

Existem também recomendações acerca dos critérios que devem ser considerados para a tomada de decisões sobre a proporção dos repasses da União aos demais entes federados, conforme o art. 35 da Lei n. 8.080/1990:

> Art. 35. Para o estabelecimento de valores a serem transferidos a Estados, Distrito Federal e Municípios, será utilizada a combinação dos seguintes critérios, segundo análise técnica de programas e projetos:
> I – perfil demográfico da região;
> II – perfil epidemiológico da população a ser coberta;
> III – características quantitativas e qualitativas da rede de saúde na área;
> IV – desempenho técnico, econômico e financeiro no período anterior;
> V – níveis de participação do setor saúde nos orçamentos estaduais e municipais;
> VI – previsão do plano quinquenal de investimentos da rede;
> VII – ressarcimento do atendimento a serviços prestados para outras esferas de governo. (Brasil, 1990b)

De acordo com a Lei n. 8.142/1990, o fundo nacional deverá contemplar ações específicas do Ministério da Saúde; ações de saúde de iniciativa do Poder Legislativo nacional; e cofinanciamento de ações de saúde de estados e municípios. Como exigência mínima para que os demais entes federados recebam repasses de recursos do Governo Federal, aqueles devem dispor de:

- fundo de saúde;
- conselho de saúde, com composição paritária;
- plano de saúde;

- relatórios de gestão que permitam o controle e a fiscalização do uso dos recursos pelo Ministério da Saúde;
- contrapartida de recursos para a saúde no respectivo orçamento;
- comissão de elaboração do plano de carreira, cargos e salários – PCCS, com previsão do prazo de dois anos para a respectiva implantação (Brasil, 1990c).

Planos de Saúde – Instrumentos de gestão do SUS

Em linguagem popular, no Brasil, muitas vezes se interpreta o termo *plano de saúde*, como o conjunto de coberturas em saúde, firmado mediante contrato, com a iniciativa privada. Logo, quem tem plano de saúde, convênio de saúde, está coberto por serviços de saúde privada.

Mas não é desse tipo de plano de saúde que vamos tratar agora!

Vamos abordar os planos de saúde que são instrumentos de gestão do SUS.

Os planos são ferramentas de planejamento, em que são estabelecidas as metas e as prioridades de determinada área, por um período, em dada limitação de abrangência. "O plano delineia as decisões de caráter geral do sistema, suas grandes linhas políticas, suas estratégias, suas diretrizes e precisa responsabilidades. Deve ser formado de forma clara e simples, a fim de nortear os demais níveis da proposta." (Baptista, 2007, p. 99)

Os planos de saúde devem ser desenvolvidos pelos gestores, com a participação dos conselhos de saúde. Devem estar adequados às pactuações realizadas nas CIBs e na CIT e alinhados com toda a legislação.

Esses instrumentos são a base de referência para as tomadas de decisão sobre o orçamento para a área de saúde. As prioridades de ações estabelecidas nos planos devem também ser prioridades na destinação orçamentária. Em momentos de escolha entre ampliar investimentos em um ou outro serviço, o planejamento orçamentário deve acompanhar as diretrizes

> previstas nos planos (Brasil, 1990b). Da mesma forma, não se pode construir um plano inviável, que desconsidere a capacidade financeira e orçamentária dos entes que cofinanciam as ações de saúde.

Além das fontes de financiamento provindas da tributação, os reembolsos de despesas contribuem na composição dos fundos de saúde. Trata-se de reembolsos feitos pela iniciativa privada, quando ela cobra do cidadão, periodicamente, para a prestação de determinado serviço, mas, por uma série de motivos possíveis, quando o usuário necessita, o atendimento é feito na rede pública. Assim, a iniciativa privada responsabiliza-se por retornar ao SUS os recursos referentes à prestação do serviço previsto. Os gestores dos fundos de saúde são responsáveis por organizar os mecanismos e procedimentos a serem adotados pela iniciativa privada para efetuar o reembolso, devolvendo os recursos diretamente às contas específicas da área da saúde (Brasil, 1996b).

4.5.2 Orçamento do SUS

Para exata compreensão acerca do financiamento do SUS, é também fundamental analisar os procedimentos relativos ao orçamento público.

Os recursos públicos que compõem os fundos nacional, estaduais ou municipais de saúde (assim como de outras instâncias do Poder Público) não podem ser utilizados pelos gestores de forma livre, mas seguindo previsões de planejamento previamente organizadas, discutidas e aprovadas pelos devidos conselhos de saúde e pelo Poder Legislativo de sua instância (Câmara dos Vereadores; Assembleia Legislativa ou Congresso Nacional).

É preciso retomar, neste momento, o entendimento de que os gestores públicos não podem operar por livre iniciativa, a exemplo do que ocorre na gestão das empresas privadas. Eles devem agir em cumprimento da lei. Essa premissa também é aplicada no que

se refere ao uso de recursos. O gestor só pode destinar dinheiro público em áreas e ações anteriormente previstas e aprovadas por lei. Surgem, então, as chamadas *peças orçamentárias*.
São três as peças orçamentárias vigentes no Brasil:

1) o Plano Plurianual – PPA;
2) a Lei de Diretrizes Orçamentárias – LDO; e
3) a Lei Orçamentária Anual.

Essas peças orçamentárias são leis de iniciativa do Poder Executivo e que seguem para apreciação e disposição do Poder Legislativo. Essa forma de gestão do orçamento público está prevista na CF de 1988, em seu art. 165, com detalhamento das competências, responsabilidades e proibições sobre o tema nos artigos subsequentes.

Destacamos, aqui, as orientações constitucionais para o PPA, a LDO e a LOA, segundo o art. 165, *caput* e parágrafos 1º a 8º:

> Art. 165. Leis de iniciativa do Poder Executivo estabelecerão:
> I – o plano plurianual;
> II – as diretrizes orçamentárias;
> III – os orçamentos anuais.
>
> § 1º A lei que instituir o plano plurianual estabelecerá, de forma regionalizada, as diretrizes, objetivos e metas da administração pública federal para as despesas de capital e outras delas decorrentes e para as relativas aos programas de duração continuada.
>
> § 2º A lei de diretrizes orçamentárias compreenderá as metas e prioridades da administração pública federal, incluindo as despesas de capital para o exercício financeiro subsequente, orientará a elaboração da lei orçamentária anual, disporá sobre as alterações na legislação tributária e estabelecerá a política de aplicação das agências financeiras oficiais de fomento.
>
> § 3º O Poder Executivo publicará, até trinta dias após o encerramento de cada bimestre, relatório resumido da execução orçamentária.
>
> § 4º Os planos e programas nacionais, regionais e setoriais previstos nesta Constituição serão elaborados em consonância com o plano plurianual e apreciados pelo Congresso Nacional.
>
> § 5º A lei orçamentária anual compreenderá:

I – o orçamento fiscal referente aos Poderes da União, seus fundos, órgãos e entidades da administração direta e indireta, inclusive fundações instituídas e mantidas pelo Poder Público;

II – o orçamento de investimento das empresas em que a União, direta ou indiretamente, detenha a maioria do capital social com direito a voto;

III – o orçamento da seguridade social, abrangendo todas as entidades e órgãos a ela vinculados, da administração direta ou indireta, bem como os fundos e fundações instituídos e mantidos pelo Poder Público.

§ 6º O projeto de lei orçamentária será acompanhado de demonstrativo regionalizado do efeito, sobre as receitas e despesas, decorrente de isenções, anistias, remissões, subsídios e benefícios de natureza financeira, tributária e creditícia.

§ 7º Os orçamentos previstos no § 5º, I e II, deste artigo, compatibilizados com o plano plurianual, terão entre suas funções a de reduzir desigualdades inter-regionais, segundo critério populacional.

§ 8º A lei orçamentária anual não conterá dispositivo estranho à previsão da receita e à fixação da despesa, não se incluindo na proibição a autorização para abertura de créditos suplementares e contratação de operações de crédito, ainda que por antecipação de receita, nos termos da lei. (Brasil, 1988)

O art. 167 da CF de 1988 proíbe, entre outras práticas, "o início de programas ou projetos não incluídos na lei orçamentária anual" (inciso I) e "a transposição, o remanejamento ou a transferência de recursos de uma categoria de programação para outra ou de um órgão para outro, sem prévia autorização legislativa" (inciso VI), sendo esta última excetuada para casos de ações específicas do campo da ciência, tecnologia e inovação, previstas no parágrafo 5º do mesmo artigo. Também a contratação de equipes está vinculada à previsão orçamentária, não sendo autorizada sua realização sem programação e aprovação anterior (Brasil, 1988). A clareza a respeito desses aspectos leva a uma melhor compreensão sobre as limitações do gestor público e a importância de um planejamento orçamentário bem feito. Por esses e outros motivos que muitas "promessas políticas" acabam não sendo executadas, o que leva à necessidade de se conhecer tanto os planos de governo propostos por diferentes gestores ou candidatos à gestores, bem como o potencial orçamentário e financeiro do país, do estado, do município ou do setor de atuação. Da mesma forma, esses delineamentos da prática orçamentária incidem sobre situações em que faltam recursos para o atendimento de certas demandas da população, enquanto "sobra" dinheiro parado nos cofres públicos. Isso porque o gestor, que é um representante do Poder Executivo, não tem liberdade, por exemplo, de aplicar recursos previstos para a área da cultura, na realização de mais ações no campo da saúde. Embora essas limitações possam parecer travas ao desenvolvimento das iniciativas governamentais, são elas que asseguram que o recurso previsto para determinada ação ou área de interesse coletivo será devidamente empregado, em detrimento de seu redirecionamento para outra iniciativa de interesse particular ou de forma aleatória.

Compreender o processo de constituição, discussão, tramitação e aprovação das peças orçamentárias é essencial para o desenvolvimento de uma gestão competente do SUS, bem como para a efetiva participação popular e o controle social. Esses processos, ainda que bastante complexos, não podem ser preocupação apenas dos gestores, mas devem ser incorporados nas capacitações para trabalhadores e conselheiros da área da saúde, bem como socializados e esclarecidos de forma abrangente, ao ponto de cooperar para uma verdadeira participação democrática nas decisões sobre o futuro da política de saúde no país.

Ainda sobre as três peças orçamentárias, vamos destacar e aprofundar alguns aspectos importantes.

PPA

- Deve prever diretrizes, objetivos e metas para as ações da gestão pública em cada esfera de governo.
- É plurianual porque suas previsões são feitas para um período de quatro anos. Ele é elaborado no primeiro ano da gestão

do Poder Executivo, sendo válido para o segundo, terceiro e quarto anos dessa gestão e para o primeiro ano da gestão seguinte.
- O avanço para a gestão seguinte do PPA elaborado na gestão anterior tem a finalidade de promover a continuidade administrativa da gestão pública.
- É composto por uma base estratégica, que compreende a análise situacional, as diretrizes, os objetivos e as metas e a previsão orçamentária; e pelos programas, que apontam os problemas a serem solucionados e as ações previstas para esse fim.
- É elaborado no âmbito do Poder Executivo, com a participação dos conselhos (dimensão do controle social), e segue para apreciação e aprovação pelo Poder Legislativo.
- Deve ser enviado à Casa Legislativa até a data de 31 de agosto do primeiro ano da gestão do Poder Executivo.
- A não aprovação em tempo inviabiliza a gestão orçamentária no ano seguinte.
- Deve ser estimulada a participação popular para além dos espaços dos conselhos, abrindo o planejamento orçamentário para discussão com a população por meio de audiências públicas. (Brasil, 1988; CNM, 2013; Brasil, 2019a)

Vejamos os conceitos inerentes ao PPA:

> Diretrizes: Compreendem as grandes linhas de ação de um governo. O Conjunto de indicações para levar a termo um plano (mega objetivos).
>
> Objetivo: É cada bem ou serviço que as entidades públicas se propõem a colocar à disposição da comunidade no cumprimento

de suas finalidades para satisfazer às necessidades coletivas (macro-objetivos).

Metas: As parcelas de resultado que se pretende alcançar no período de vigência do Plano Plurianual, para cada um dos objetivos devem estar expressas pela variação dos índices dos indicadores dos programas. (CNM, 2013, p. 16)

LDO

- Deve ser realizada anualmente.
- Estabelece metas e prioridades orçamentárias a serem seguidas no ano subsequente à sua elaboração, alinhadas ao PPA.
- Aproxima o planejamento amplo do PPA das possibilidades concretas de execução.
- Aponta as diretrizes para elaboração da LOA.
- É responsável pelo equilíbrio entre receitas e despesas;
- Assim como as demais peças orçamentárias, é elaborada no âmbito do Poder Executivo, com a participação dos conselhos, e segue para apreciação e aprovação pelo Poder Legislativo.
- A data de envio para o Poder Legislativo é dia 15 de abril.
- A votação e aprovação da LDO deve ocorre pelo Legislativo até o dia 17 de julho, e não pode ser definido recesso parlamentar antes que seja finalizada sua aprovação. (Brasil, 1988; CNM, 2013; Brasil, 2019a)

Além de orientar a elaboração e a execução do orçamento, a LDO tem outras importantes funções, como fixar o montante de recursos que o governo pretende economizar; traçar regras, vedações e limites para as despesas dos Poderes; autorizar o aumento das despesas com pessoal; regulamentar as transferências a entes públicos e privados; disciplinar o equilíbrio entre as receitas e as despesas; indicar prioridades para os financiamentos pelos bancos públicos, entre outras. (Brasil, 2019a, p. 4)

> **LOA**
> - Deve ser realizada anualmente.
> - É construída com base no PPA e na LDO.
> - Estima as receitas e fixa as despesas para um exercício financeiro.
> - Compreende um plano de trabalho com ações previstas e teto de recursos a serem investidos em seu desenvolvimento.
> - Também é elaborada no âmbito do Poder Executivo, contando com a participação dos conselhos, e apreciada e aprovada pelo Poder Legislativo.
> - Deve ser encaminhada ao Poder Legislativo até 31 de agosto.
> (Brasil, 1988; CNM, 2013; Brasil, 2019a)

O fluxo de construção, aprovação, execução e fiscalização do orçamento público, segundo as atuais previsões legais brasileiras, pode ser exemplificado conforme a Figura 4.1:

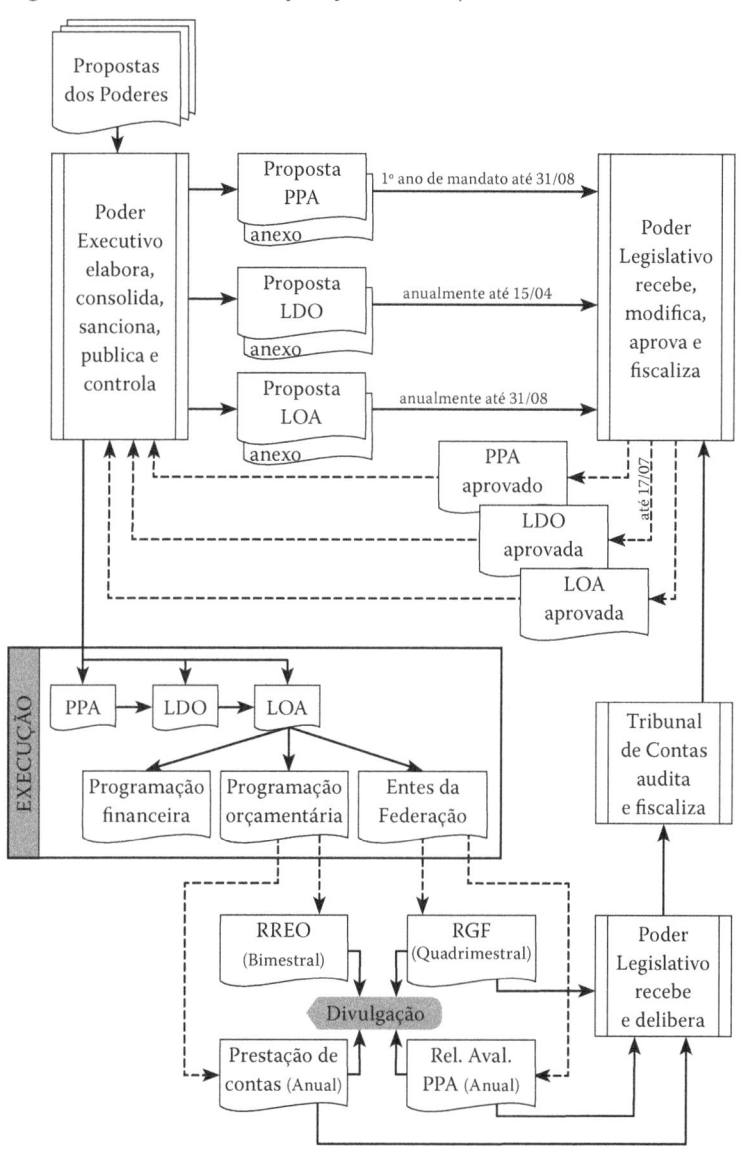

Figura 4.1 – Instrumentos de planejamento e orçamento

```
Propostas dos Poderes
        │
        ▼
┌──────────────────┐   ┌──────────────┐
│ Poder Executivo  │──▶│ Proposta PPA │── 1º ano de mandato até 31/08 ──▶┐
│ elabora,         │   │   anexo      │                                  │
│ consolida,       │   ├──────────────┤                                  │  ┌──────────────┐
│ sanciona,        │──▶│ Proposta LDO │── anualmente até 15/04 ─────────▶│  │   Poder      │
│ publica e        │   │   anexo      │                                  ├─▶│ Legislativo  │
│ controla         │   ├──────────────┤                                  │  │ recebe,      │
│                  │──▶│ Proposta LOA │── anualmente até 31/08 ─────────▶│  │ modifica,    │
└──────────────────┘   │   anexo      │                                  │  │ aprova e     │
                       └──────────────┘         ┌─────────────┐          │  │ fiscaliza    │
                                                │     PPA     │◀─ ─ ─ ─ ─│  └──────────────┘
                                                │  aprovado   │          │
                                                └─────────────┘     até 17/07
                                                  ┌─────────────┐
                                                  │     LDO     │◀─ ─ ─ ─
                                                  │  aprovada   │
                                                  └─────────────┘
                                                    ┌─────────────┐
                                                    │     LOA     │◀─ ─ ─ ─
                                                    │  aprovada   │
                                                    └─────────────┘
```

EXECUÇÃO: PPA → LDO → LOA → (Programação financeira | Programação orçamentária | Entes da Federação)

- RREO (Bimestral)
- RGF (Quadrimestral)
- Prestação de contas (Anual)
- Rel. Aval. PPA (Anual)

Divulgação

Poder Legislativo recebe e delibera

Tribunal de Contas audita e fiscaliza

Fonte: Brasil, 2019b.

A previsão e execução orçamentária na área da saúde deve, ainda, estar alinhada aos planos de saúde desenvolvidos anualmente em cada esfera de governo e aprovados em conjunto pelo conselho de saúde.

Observemos as disposições da Lei n. 8.080/1990 acerca dos procedimentos orçamentários referentes ao SUS:

> Art. 36. O processo de planejamento e orçamento do Sistema Único de Saúde (SUS) será ascendente, do nível local até o federal, ouvidos seus órgãos deliberativos, compatibilizando-se as necessidades da política de saúde com a disponibilidade de recursos em planos de saúde dos Municípios, dos Estados, do Distrito Federal e da União.
>
> § 1º Os planos de saúde serão a base das atividades e programações de cada nível de direção do Sistema Único de Saúde (SUS), e seu financiamento será previsto na respectiva proposta orçamentária.
>
> § 2º É vedada a transferência de recursos para o financiamento de ações não previstas nos planos de saúde, exceto em situações emergenciais ou de calamidade pública, na área de saúde.
>
> Art. 37. O Conselho Nacional de Saúde estabelecerá as diretrizes a serem observadas na elaboração dos planos de saúde, em função das características epidemiológicas e da organização dos serviços em cada jurisdição administrativa.
>
> Art. 38. Não será permitida a destinação de subvenções e auxílios a instituições prestadoras de serviços de saúde com finalidade lucrativa. (Brasil, 1990b)

Assim, compreender a gestão do orçamento em saúde passa pela dimensão ampla da gestão orçamentária no Brasil e segue as especificidades próprias da área, segundo o disposto na Lei n. 8.080/1990.

Reforçamos que esse conhecimento não pode ficar restrito aos gestores, mas deve ser socializado e dominado, ao máximo, por todos os atores que desejam colaborar nos processos de planejamento, gestão e avaliação da política de saúde no Brasil, porque a discussão e a definição do orçamento não é apenas um campo administrativo, mas um campo político. As prioridades e destinações asseguradas nas peças orçamentárias conduzirão à materialização dos projetos de saúde em disputa (universal/democrático ou privatista).

Para saber mais

Recomendamos a leitura do artigo *O desmonte do financiamento da seguridade social em contexto de ajuste fiscal*, de Evilásio Salvador. Nessa produção, o autor discute as fragilidades do orçamento da seguridade social, em que a política de saúde é partícipe, e apresenta reflexões sobre os riscos de desmonte das políticas sociais, considerando as conjunturas políticas dos anos de 2016 e 2017.

SALVADOR, E. da S. O desmonte do financiamento da seguridade social em contexto de ajuste fiscal. **Serviço Social e Sociedade**, São Paulo, n. 130, p. 426-446, set./dez. 2017. Disponível em: <http://www.scielo.br/pdf/sssoc/n130/0101-6628-sssoc-130-0426.pdf>. Acesso em: 16 fev. 2018.

4.6 Recursos humanos do SUS

A qualidade no atendimento e na prestação dos serviços de saúde, em geral, está diretamente relacionada à capacidade e à competência das equipes profissionais e suas condições de trabalho, embora esse não seja um fator isolado. Essa perspectiva sempre permeou as discussões acerca do SUS, sendo tratada de diferentes formas na legislação que o regulamenta.

No texto constitucional, o inciso III do art. 200 prevê uma das atribuições do SUS: "ordenar a formação de recursos humanos na área de saúde" (Brasil, 1988). A Lei n. 8.080/1990 ratifica o mesmo texto em seu art. 6º, inciso III, e avança, definindo que a temática da gestão de recursos humanos compreenderá a composição de Comissão Intersetorial subordinada ao Conselho Nacional de Saúde (arts. 12 e 13, inciso IV). Além disso, referida lei estabelece como responsabilidades dos gestores, nas três esferas do governo, capacitar e desenvolver os trabalhadores da área da saúde. A Lei

n. 8.080/1990 aponta também direcionamentos básicos para a gestão de recursos humanos no SUS, em seus arts. 27 a 30, tratando da necessidade de desenvolvimento de uma política de recursos humanos em todas as esferas de governo, contemplando a valorização da dedicação exclusiva ao SUS, o compromisso com a formação, o fomento ao ensino e à pesquisa e a premissa de que cargos de chefia sejam exercidos somente por profissionais com dedicação ao SUS em tempo integral (Brasil, 1988, 1990b). A NOB SUS 1/96 não aponta desdobramentos acerca da gestão de recursos humanos, limitando-se a referendar esse campo como uma área de atribuição dos gestores das três esferas de governo. A Noas SUS 1/02 apenas considera referido tema sob a perspectiva de componente para a estruturação dos programas e processos de regionalização. Portanto, essas normativas pouco contribuíram para essa temática específica. No entanto, em 2003, a aprovação de uma NOB dedicada a essa questão foi uma resposta às deliberações da X Conferência Nacional de Saúde. Assim, no dia 4 de novembro de 2003, o Conselho Nacional de Saúde publicou a Resolução nº 330, cujo teor é de "aplicar os 'Princípios e Diretrizes da Norma Operacional Básica de Recursos Humanos para o SUS (NOB/RH-SUS)' como Política Nacional de Gestão do Trabalho e da Educação em Saúde, no âmbito do SUS" (Brasil, 2005b). Esse conjunto de princípios e diretrizes foi constituído a partir de intensa participação dos trabalhadores, passando por discussões e análises nos conselhos de saúde e nas comissões intergestoras de pactuação, contando, inclusive, com a colaboração de especialistas, juristas e estudiosos da área (Brasil, 1996b, 2002e, 2005b, 2011c).

Outro avanço significativo nas lutas por uma gestão de recursos humanos do SUS alinhada a seus princípios e suas diretrizes, tanto no que se refere aos próprios trabalhadores quanto ao compromisso com a qualidade nos serviços prestados à população, é o conjunto de Conferências Nacionais de Recursos Humanos/ Gestão do Trabalho no SUS, realizadas em 1986 (mesmo ano de realização da VIII Conferência Nacional de Saúde, que aprovou o SUS), 1993 e 2006.

O texto base da III Conferência Nacional de Gestão do Trabalho e da Educação na Saúde, realizada em 2006, apontava para a importância de se estabelecer estratégias de implementação da Política Nacional de Recursos Humanos, segundo a Resolução CNS n. 330/2003. Apresentou, de forma sintética, a proposta dessa política como forma de orientação para os debates e deliberações da III Conferência temática:

> A política nacional aprovada pelo Conselho Nacional de Saúde em 2003 – e pela 12ª Conferência Nacional de Saúde – está orientada para garantir uma gestão de qualidade e para, finalmente, implementar a NOB-RH/SUS. Essa política contém as seguintes propostas:
> I. Satisfação com o trabalho e fixação dos profissionais em áreas prioritárias, com queda efetiva da rotatividade.
> II. Aprofundamento da gestão no âmbito dos microprocessos de trabalho, na esfera das relações pessoais e profissionais dos trabalhadores de saúde com os usuários.
> III. Reconhecimento do caráter estratégico e decisivo dos trabalhadores no desenvolvimento e consolidação do SUS.
> IV. Reconhecimento da responsabilidade social do trabalhador e do setor da saúde, que exige formação especializada e intensiva.
> V. Realização de concurso público e implantação de plano de cargos, carreira e salários (PCCS).
> VI. Valorização, nos PCCS do SUS, dos perfis profissionais generalistas e das –práticas interdisciplinares no trabalho em equipe, por meio de adicionais de desempenho e resultados alcançados na saúde da população.
> VII. Educação permanente em saúde, visando ao desenvolvimento de perfis profissionais orientados pelas necessidades da população em cada realidade regional e social.
> VIII. Reorientação do ensino em todas as escolas de saúde pelo enfoque na integralidade e humanização em saúde, por meio de diretrizes adequadas à lógica e às necessidades do SUS.
> IX. Reconhecimento das Mesas de Negociação do Trabalho como espaços permanentes e democráticos de tratamento dos conflitos oriundos das relações de trabalho. (Brasil, 2005b)

A NOB RH SUS compreende o estabelecimento claro de competências entre os três entes federados no que se refere à gestão do trabalho e à educação em saúde. Nesse e em outros documentos acerca da gestão de recursos humanos, é reiterada a relação desta com o processo permanente de capacitação de trabalhadores atuantes e preparo de novos profissionais, envolvendo, inclusive, o investimento em pesquisa, desenvolvimento tecnológico e inovação. Nesse campo, defende a transparência do uso dos recursos públicos referentes à gestão do trabalho, considerando a necessária previsão orçamentária destinada a esse campo, bem como regulação de acesso e permanência em funções e cargos junto ao SUS. Conclama a necessária participação dos trabalhadores no processo geral de gestão, bem como na própria gestão do trabalho, incluindo a instituição e o funcionamento de mesas de negociação e o desenvolvimento e a implementação de PCCSs no âmbito do SUS. Prevê, ainda, a instauração de processos transparentes de avaliação do trabalhador, vinculados a programas institucionais de educação permanente (Brasil, 2005b).

O processo de implementação de uma Política Nacional de Gestão do Trabalho e da Educação em Saúde, alavancado pela Resolução n. 330/2003 e pelas Conferências Nacionais da área, é caracterizado como um grande desafio na gestão do SUS. Ações específicas dos governos das três esferas apontaram avanços na perspectiva de regulamentar a gestão do trabalho, instituir processos de educação permanente, vincular os serviços do SUS aos processos de formação acadêmica. Porém, também essa área é afetada pelos reflexos da má gestão financeira e orçamentária, dos conflitos entre percepções diferentes sobre a importância do trabalhador do SUS e do próprio SUS. A pauta de luta dos trabalhadores da saúde em defesa das diretrizes e dos princípios previstos na NOB RH SUS é permanente (Brasil, 2005b; Brasil, 2011c, 2015c).

É válido destacar o seguinte conceito e a síntese da gestão do trabalho no SUS:

> Gestão do Trabalho no SUS, fem. Política que trata das relações de trabalho a partir de uma concepção na qual a participação do trabalhador é fundamental para a efetividade e eficiência do Sistema Único de Saúde.
> Notas:

I. O trabalhador é percebido como sujeito e agente transformador de seu ambiente e não apenas um mero recurso humano realizador de tarefas previamente estabelecidas pela administração local.

II. Nessa abordagem, o trabalho é visto como um processo de trocas, de criatividade, coparticipação e corresponsabilização, de enriquecimento e comprometimento mútuos.

III. Essa política pressupõe a garantia de requisitos básicos para a valorização do trabalhador da saúde e do seu trabalho, tais como: Plano de Carreira, Cargos e Salários; vínculos de trabalho com proteção social; espaços de discussão e negociação das relações de trabalho em saúde, com mesas de negociação permanente e comissões locais de negociação de condições de trabalho; capacitação e educação permanente dos trabalhadores; humanização da qualidade do trabalho, entre outros.

IV. A implementação dessa proposta vem sendo difundida a partir de 2003, com a criação da Secretaria da Gestão do Trabalho e da Educação na Saúde (SGTES) no Ministério da Saúde e de seus dois departamentos: Departamento de Gestão eda Regulação do Trabalho em Saúde (Degerts) e Departamento de Gestão da Educação na Saúde (Deges). (Brasil, 2012c, p. 23)

Dessa forma, é possível observar o quanto a gestão do trabalho em saúde ultrapassa meros arranjos administrativos de equipe, e abrangendo respeito, valorização e investimento nos trabalhadores da saúde, de modo a atender às suas especificidades como categoria e refletir na qualidade dos serviços prestados aos usuários.

Síntese

Neste capítulo, o tema central foi a gestão do SUS. Destacamos que o gestor é responsável pela implementação de desenvolvimento das políticas públicas. No campo da saúde pública brasileira, são gestores os chefes do Poder Executivo e os ministros e secretários da saúde por eles nomeados. A gestão do SUS ocorre por meio do pacto federativo, no qual estão envolvidos os três entes federados: municípios, estados e União. O pacto federativo não está alicerçado em uma relação de mando e obediência, mas em negociações e pactuações conjuntas, a fim de que seja promovido o alcance dos objetivos do SUS. A gestão pública exige uma fundamentação legal prévia. No caso do SUS, essa fundamentação está no texto constitucional, regulamentado pelas leis orgânicas da saúde, bem como pelas normativas desenvolvidas em âmbito do Poder Executivo, como os decretos, portarias e resoluções. Para orientar a efetivação das ações do SUS, foram concebidas as Normas Operacionais Básicas – NOBs e as Normas Operacionais de Assistência à Saúde – Noass. E, para colocar tudo isso em prática, é fundamental contar com recursos humanos e financeiros. Os recursos humanos devem ser qualificados e devidamente valorizados. Os recursos financeiros precisam ser administrados segundo as leis que orientam o financiamento do SUS e o orçamento público. O conhecimento dos aspectos de gestão do SUS não podem ser restringidos aos gestores, mas sim amplamente socializados, de maneira a assegurar maior qualidade de participação da sociedade civil nos processos de planejamento, acompanhamento e avaliação da política de saúde no país.

Questões para revisão

1. Os entes federados responsáveis pelo funcionamento do SUS e pela efetivação do direito à saúde pública, universal, gratuita e de qualidade são:
   a) municípios e estados.
   b) municípios, estados e Governo federal.
   c) municípios e Governo federal.
   d) estados e Governo federal.
   e) apenas o Governo federal.

2. A instância de pactuação das ações em saúde no âmbito do SUS entre os gestores municipais, estaduais e do governo federal é:
   a) a CIB – Comissão Intergestora Bipartite.
   b) a CIT – Comissão Intergestora Tripartite.
   c) o Conselho Nacional de Saúde.
   d) a Conferência Nacional de Saúde.
   e) os conselhos municipais de saúde.

3. A peça orçamentária que deve ser elaborada a cada quatro anos e que compreende diretrizes, objetivos e metas para as ações da gestão púbica em cada esfera de governo é:
   a) o PPA – Plano Plurianual.
   b) o LDO – Lei de Diretrizes Orçamentárias.
   c) o LOA – Lei Orçamentária Anual.
   d) o plano de saúde.
   e) a LOS – Lei Orgânica de Saúde.

4. Qual é o conceito de *região de saúde*, de acordo com o Decreto 7.508/2011?

5. Segundo a Lei n. 8.142/1990, quais são os critérios mínimos para que estados e municípios recebam repasses financeiros do Governo federal para ações na área da saúde?

Questões para reflexão

1. A gestão do SUS requer a participação e o comprometimento dos três entes federados: municípios, estados e União. Procure conhecer na sua realidade local como acontece a participação de cada um desses gestores para que haja efetividade e qualidade no funcionamento do SUS.

2. Considerando a lógica do financiamento do SUS, é possível concluir que todos os cidadãos, ao pagar seus impostos, estão contribuindo para custear as despesas com as ações da saúde pública no Brasil. Reflita e compare a exigência que os cidadãos fazem acerca da disponibilidade e da qualidade de serviços do SUS (pagos por eles via impostos) com a exigência que os usuários de planos particulares fazem quando não são atendidos com serviços e benefícios pagos por eles à iniciativa privada.

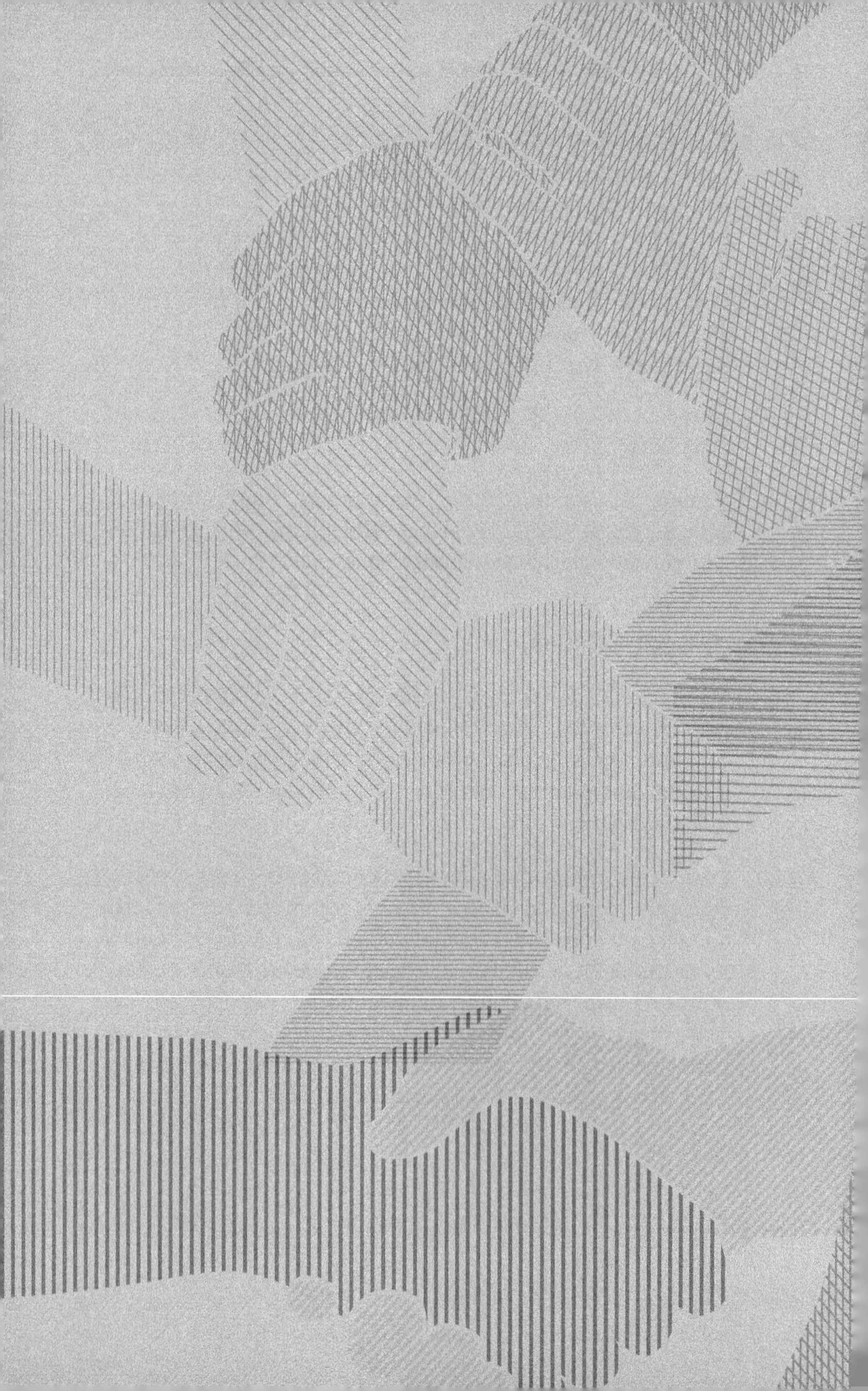

CAPÍTULO 5

Evolução dos parâmetros de organização do SUS

Conteúdos do capítulo:

- Serviços, benefícios, programas e projetos.
- Formas de organização das ações do SUS.
- Conceitos básicos (atenção primária em saúde/ atenção básica; atenção secundária ou média complexidade; atenção terciária ou alta complexidade; e Redes de Atenção em Saúde – RAS).
- Saúde pública e saúde coletiva (vigilância sanitária e vigilância epidemiológica).

Após o estudo deste capítulo, você será capaz de:

1. identificar diretrizes e estratégias relacionadas à prestação dos serviços em saúde no SUS;
2. reconhecer as expressões da prestação de serviços em saúde em seu cotidiano de cidadão.

A efetividade da política pública de saúde no Brasil depende de um bom funcionamento do Sistema Único de Saúde – SUS. Os aspectos de gestão são fundamentais e interferem diretamente na qualidade de oferta dos serviços à população. No entanto, além dos processos administrativos de gestão, é imprescindível contar com suporte técnico qualificado, com metodologias adequadas, capazes de articular todas as dimensões desse sistema único. A atuação do SUS é constantemente qualificada, com base em estudo técnicos e científicos, e evolui para melhor atender a população.

Se o SUS desenvolve uma diversificada gama de ações, que passam desde aspectos de prevenção e promoção da saúde e vão até aos mais especializados procedimentos de tratamento e recuperação, é necessário um processo lógico que organize tais ações. Neste capítulo, examinaremos a forma como essas ações vêm sendo organizadas, bem como a evolução desse processo.

5.1 Serviços, benefícios, programas e projetos

As ações da saúde pública organizadas pelo SUS, assim como nas demais políticas públicas, são classificadas em serviços, benefícios, programas e projetos. Para sua prestação, necessitam, ainda, de unidades de atendimento.

Serviços: são de caráter continuado, ou seja, estarão permanentemente à disposição da população (Kauchakje, 2012). São exemplos de serviços de saúde:

- consultas médicas;
- vacinação;
- exames diagnósticos;

- atendimento de urgência e emergência (móvel e em unidades físicas);
- controle de qualidade de alimentos para o consumo humano.

Benefícios: são prestações materiais necessárias ao atendimento e estão relacionados com os serviços. Exemplos de benefícios na área da saúde:

- medicamentos: para que os serviços das consultas médicas e apoio terapêutico tenham efetividade, muitas vezes, é necessário que o usuário faça uso de medicamentos, que são fornecidos pelo SUS;
- órteses e próteses: no processo de recuperação da saúde e reabilitação, alguns usuários necessitam de recursos de apoio, como um aparelho para alinhar a coluna (órtese) ou um implante auricular (próteses).

Programas e projetos: diferenciam-se dos serviços por terem prazo determinado para sua execução, pois visam atender a uma realidade específica em período e espaço predeterminados. Os projetos são constituídos por conjunto de ações organizadas, baseadas em uma metodologia desenvolvida e escolhida previamente. Os programas são mais abrangentes, inclusive, em um único programa podem estar compreendidos diferentes projetos, serviços e benefícios. Os programas e projetos devem ser desenvolvidos de maneira a contribuir com a qualidade e a efetividade dos resultados dos serviços. (Baptista, 2007; Kauchakje, 2012)

Considerando a extensão territorial brasileira e suas diversidades geográfica, cultural, social e econômica, bem como a participação e a responsabilidade de todos os entes federados na efetividade do SUS, são definidas estruturas padronizadas de organização dos serviços, benefícios, programas e projetos. Em todo o território nacional, as formas de acesso e de mobilidade no SUS são semelhantes, seguindo uma recomendação básica aprovada em âmbito federal após discussão com estados, municípios e conselhos (Brasil, 2011a).

5.2 Formas de organização das ações do SUS

Tendo compreendido que as ações das políticas públicas podem ser classificadas em serviços, benefícios, programas e projetos, é possível aprofundar o entendimento acerca de sua organização em um sistema de saúde. Para que se alcancem os objetivos de promoção, proteção e recuperação da saúde, as diversas ações devem ser realizadas de forma coordenada, complementando-se umas às outras e da forma mais eficaz possível. Assim, são desenvolvidas as propostas de organização do SUS.

Inicialmente, é importante discutir a definição de um sistema de saúde. Esses sistemas são entendidos como o conjunto articulado de ações que visam responder às demandas e às preferências das populações para as quais se destinam (Mendes, 2011). Em termos gerais, os sistemas podem apresentar diferentes estruturas, desde as mais hierarquizadas até as mais democráticas. Mais recentemente, no Brasil, se vem adotando a perspectiva de gestão em redes, que configura uma organização de ações mais linear e integrada.

Observemos o conceito de *sistema de saúde* adotado a partir de 2006, no Brasil, sob a perspectiva da gestão em redes:

> Um sistema de saúde é entendido como uma rede horizontal interligada por pontos de atenção à saúde. Um ponto de atenção à saúde é um local de prestação de serviços. Como exemplos, destacam-se ambulatórios de atenção primária, unidades de cuidados intensivos, hospitais-dia, ambulatórios de cirurgia, ambulatórios de atenção

especializada, serviços de atenção domiciliar. Tais pontos pressupõem relações mais horizontalizadas entre os serviços, além de novas formas de articulação e de gestão destes. (Brasil, 2007c, p. 24)

Com base nas orientações estabelecidas pela Constituição Federal (CF) de 1988 para o SUS, as ações devem ser organizadas em uma "**rede regionalizada e hierarquizada**". (Brasil, 1988, grifo nosso). Na Lei n. 8.080, de 19 de setembro de 1990, em seu art. 8º, há recomendação da organização "de forma regionalizada e hierarquizada em **níveis de complexidade crescentes**". (Brasil, 1990b, grifo nosso). Vinculados a essa recomendação estão todos os princípios e diretrizes do SUS que implicam a oferta de serviços para todos os cidadãos, de forma equitativa e resolutiva. Assim, as ações precisam ser planejadas em modelos capazes de atender, com maior capacidade, aos pressupostos do SUS.

Essa hierarquia não deve ser compreendida como uma ordem de importância de alguns tipos de serviços sobre os demais. Trata-se, antes, de uma hierarquia por níveis de complexidade, que estão relacionados ao conceito de densidade tecnológica e ao custo da ação. A densidade tecnológica compreende o investimento em metodologias, recursos físicos, equipamentos e insumos, que podem ser mais básicos ou mais complexos. Segundo recomendações da legislação, quanto mais simples forem os serviços, mais próximos devem estar da população, tendo como principais responsáveis por sua oferta os governos municipais. Por outro lado, quanto mais complexas forem essas ações, mais apoios financeiro e técnico devem receber dos governos estaduais e federal, chegando, inclusive, a ser ofertados por estes, e não mais pelos municípios.

Dessa forma, a hierarquização por complexidades classifica os tipos de serviços e determina quais são seus beneficiários e, também, seus responsáveis. Entretanto, a simples classificação dos serviços por características semelhantes não encerra a composição de um sistema. Além dessa categorização, é necessário que se estabeleçam fluxos comuns, permitindo uma clareza sobre o percurso a ser traçado pelo usuário no sistema, bem como a respeito das responsabilidades dos diferentes gestores no processo de articulação e integração.

Historicamente, o SUS adotou a classificação das ações de saúde em níveis de complexidade ou de atenção. Desde 2006, a inter-relação entre esses níveis e entre as próprias ações vem sendo articulada sob um conceito de redes de atenção em saúde.

A reestruturação do SUS na perspectiva de rede de atenção é uma estratégia de superação do modo fragmentado de operar a assistência e a gestão em saúde. No Brasil, o modelo de atenção à saúde vem sendo continuamente ajustado para o atendimento integral ao usuário, com inclusão e ampliação de serviços. Para seu desenvolvimento, busca-se horizontalidade nas relações entre pontos de atenção, que se encontram articulados tanto para a recuperação da saúde quanto para medidas preventivas e de promoção (Erdmann et al., 2013, p. 2).

5.3 Conceitos básicos

A atual organização das ações do SUS estrutura-se em redes de atenção em saúde (RAS), que articulam serviços de diferentes níveis de complexidade, também caracterizados como de diferentes níveis de atenção.

Assim, é válido diferenciar essas três configurações de organização dos serviços e ações da saúde no SUS:

1) **Níveis de complexidade**: caracterizam-se pelas ações densidade da tecnologia investida, das mais básicas às mais complexas. Nessa forma de classificação, as ações no SUS são organizadas em: **atenção básica, média complexidade** e **alta complexidade**.

2) **Níveis de atenção**: baseiam-se em um modelo internacionalmente adotado, em que as ações são agrupadas também por suas características de densidade tecnológica e custo (Mendes, 2011). Tem lógica semelhante à dos níveis de complexidade.

É subdividido em: **atenção primária em saúde, atenção secundária em saúde** e **atenção terciária em saúde**. Embora existam algumas distinções conceituais, a literatura e legislação no campo da saúde pública brasileira permitem estabelecer um paralelo entre as duas formas de classificação ora descritas:

Atenção básica ⟶ Atenção primária em saúde

Média complexidade ⟶ Atenção secundária em saúde

Alta complexidade ⟶ Atenção terciária em saúde

3) **Redes de atenção em saúde – RAS**: trata-se de uma estratégia de articulação e integração dos serviços dos três níveis de atenção/complexidade. Para coordenar essa articulação, são estabelecidas temáticas centrais, a partir das quais todas ações serão dispostas e organizadas (Mendes, 2011; Brasil, 2014b). Os temas estão relacionados às condições e demandas de saúde de grupos populacionais específicos.

Vamos exemplificar: organiza-se a rede de atenção à saúde do idoso, que deve contemplar todos os serviços e procedimentos voltados para a saúde da pessoa idosa, desde os mais básicos até os mais complexos.

Na perspectiva das RAS, não se suprime o modelo dos níveis de complexidade/atenção, mas se constrói uma matriz de organização de serviços a partir daquele modelo. Logo, os modelos da RAS e dos níveis de complexidade/atenção coexistem (Mendes, 2011; Brasil, 2014b).

Agora, abordaremos cada nível de atenção, com vistas a aprofundar o conhecimento sobre as RAS.

5.3.1 Atenção primária em saúde/ Atenção básica

Existem debates conceituais sobre considerar ou não a atenção básica e atenção primária em saúde (APS) como sinônimos.

Os documentos legais brasileiros induzem ora a utilização de um termo, ora de outro. Esse fenômeno decorre, evidentemente, da pluralidade política e teórica presente na constituição e na condução do SUS ao longo dos anos. Contudo, apesar das localizadas divergências e distintas raízes na elaboração desses conceitos, a aplicação prática contemporânea permite compreendê-los como sinônimos (Mello; Fontanella; Demarzo, 2009).

As críticas sobre ambas as terminologias estão relacionadas a visões assistencialistas ou residuais, que podem enfraquecer o sentido de direito à saúde que pretende ser preservado. Assim, é importante destacar que, embora seja usado o termo *básico*, este é assim incorporado em sua semelhança com o termo *fundamental*, ou seja, que embasa, e não com o mais simples e rudimentar. Da mesma forma, quando se apropria do termo *primário*, não se pretende um nivelamento por baixo, mas destacar as demandas de primeira ordem, reconhecidas como prioritárias e essenciais (Mello; Fontanella; Demarzo, 2009; Santos, 2011).

O Brasil conta com um histórico expressivo no qual a atenção primária foi entendida como medicina simplificada para pobres, o que levou à adoção do termo *atenção básica* como forma de superação dessa compreensão. Em caráter internacional, porém, o entendimento acerca da atenção primária foi amadurecendo e tornando mais explícito seu compromisso com a universalidade e a equidade. Assim, a terminologia *atenção primária* passou a ser adotada também no Brasil, com nova interpretação de seu significado (Brasil, 2007b).

Para compreender melhor o significado de *atenção básica* em saúde, vale recorrer ao texto do art. 2º da Política Nacional de Atenção Básica (PNAB), aprovada pela Portaria n. 2.436, de 21 de setembro de 2017:

> Art. 2º A Atenção Básica é o conjunto de ações de saúde individuais, familiares e coletivas que envolvem promoção, prevenção, proteção, diagnóstico, tratamento, reabilitação, redução de danos, cuidados

paliativos e vigilância em saúde, desenvolvida por meio de práticas de cuidado integrado e gestão qualificada, realizada com equipe multiprofissional e dirigida à população em território definido, sobre as quais as equipes assumem responsabilidade sanitária. (Brasil, 2017c)

Em âmbito mundial, os sistemas de saúde que pretendem ofertar coberturas universais e equitativas têm adotado a APS como referência para a organização de todas as demais ações. Um marco internacional na defesa da priorização das ações de APS foi a aprovação da Declaração de Alma-Ata, durante a realização da Conferência Internacional sobre Cuidados Primários em Saúde, realizada entre 6 e 12 de setembro de 1978.

Observemos o entendimento de APS segundo a Declaração de Alma-Ata:

> Os cuidados primários de saúde são cuidados essenciais de saúde baseados em métodos e tecnologias práticas, cientificamente bem fundamentadas e socialmente aceitáveis, colocadas ao alcance universal de indivíduos e famílias da comunidade, mediante sua plena participação e a um custo que a comunidade e o país possam manterem cada fase de seu desenvolvimento, no espírito de autoconfiança e automedicação.
>
> Fazem parte integrante tanto do sistema de saúde do país, do qual constituem a função central e o foco principal, quanto do desenvolvimento social e econômico global da comunidade. Representam o primeiro nível de contato dos indivíduos, da família e da comunidade com o sistema nacional de saúde, pelo qual os cuidados de saúde são levados o mais proximamente possível aos lugares onde pessoas vivem e trabalham, e constituem o primeiro elemento de um continuado processo de assistência à saúde. (Declaração..., 1978, p. 1-2)

Em conformidade com as definições de Alma-Ata, a construção do SUS compreende a APS como a porta de entrada para o sistema e a entende como espaço privilegiado para a promoção da saúde e da equidade no acesso aos serviços da área. Fica, então, estabelecida uma lógica diferenciada do modelo médico-hospitalocêntrico, em que a unidade de referência no atendimento em saúde é o hospital, e a qualidade do atendimento é medida segundo o potencial tecnológico empregado no tratamento. Na perspectiva da APS como porta de entrada, há melhor acompanhamento das necessidades da população atendida e maior racionalidade no encaminhamento para serviços que envolvam alta tecnologia e, consequentemente, alto custo. A APS também é interpretada como a principal articuladora dos demais serviços de saúde e componente fundamental na perspectiva da promoção em saúde. Esse aspecto está destacado na Política Nacional de Promoção da Saúde, aprovada em 30 de março de 2006, pela Portaria n. 687 do Ministério da Saúde.

As ofertas de serviços na APS fundamentam-se na análise de condicionantes de saúde comuns entre os mais diversos tipos de população e evoluem para certa flexibilidade da organização local, que compreende as demandas de cada território, suas peculiaridades e diversidades (Brasil, 2011b).

Uma efetiva gestão da APS está longe de ser simplista ou rudimentar, por ser caracterizada pela prestação de serviços mais básicos. Pelo contrário, compreende a concretização de certos atributos imprescindíveis, entre os quais podemos destacar: primeiro contato; longitudinalidade; integralidade; coordenação; focalização na família; orientação comunitária; competência cultural (Brasil, 2007c, 2015b).

Conheça melhor os atributos da APS

- **Primeiro contato**: é o princípio que sustenta a lógica da APS como porta de entrada. Trata-se da primeira interação do cidadão com o sistema em razão de uma demanda na área de saúde. Evidentemente, a pessoa pode iniciar seu processo de atendimento no SUS, entrando pelos serviços de urgência ou emergência (atenção secundária). Mas as unidades de APS têm papel primordial no acolhimento das mais diversas situações, solucionando os problemas que estão dentro de sua competência ou encaminhando para os níveis de atenção secundária ou terciária. Para assegurar o primeiro contato, é importante que as unidades de APS estejam territorializadas, situadas o mais perto possível da população e com condições de acessibilidade. Em termos gerais, é fundamental que seja assegurado e facilitado o acesso da população às unidades de APS.

O acesso tem dois componentes:
a. o acesso geográfico, que envolve características relacionadas a distância e aos meios de transporte a serem utilizados para obter o cuidado;
b. o acesso sócio organizacional, que inclui aquelas características e recursos que facilitam ou impedem os esforços das pessoas em receber os cuidados de uma equipe de saúde. Por exemplo, o horário de funcionamento, a forma de marcação de consulta, a presença de longas filas podem significar barreiras ao acesso; o mesmo ocorre com: as horas de disponibilidade da unidade de saúde; a oferta de cobertura após o horário de funcionamento e a explicitação dos serviços a serem utilizados pela população quando a unidade de saúde não está disponível; a facilidade de acesso para portadores de deficiências físicas e idosos; o tempo médio gasto na sala de espera; a ausência de dificuldades com linguagem; as barreiras relacionadas a gênero; as acomodações; a aceitabilidade das diferenças culturais; a disponibilidade de brechas para consultas de emergências; o intervalo de tempo entre marcar e consultar; a disponibilidade para visitas domiciliares; a oferta de cuidados para grupos que não procuram espontaneamente o serviço; a busca ativa etc. A organização da agenda para garantir consultas programadas permite que as ações de promoção e prevenção em saúde, tais como acompanhamento pré-natal e aconselhamento em doenças crônicas, sejam realizadas. (Brasil, 2011b, p. 30)

※ **Longitudinalidade**: está relacionada à continuidade do acompanhamento em saúde realizado pelas equipes de saúde, bem como ao vínculo estabelecido entre estas e os usuários do sistema. É imprescindível na APS, embora também possa ser identificada nos outros níveis de atenção. O diferencial da efetivação da longitudinalidade na APS é que permite melhores resultados na promoção da saúde e na prevenção de doenças, pois o atendimento continuado a indivíduos e famílias contribui com a educação em saúde, diagnóstico precoce e utilização mais eficiente dos recursos disponíveis no sistema. Para ampliar os resultados positivos na perspectiva da longitudinalidade, recomenda-se que se diminua a rotatividade nas equipes de saúde, promovendo-se o fortalecimento dos vínculos destas com as comunidades atendidas.

- **Integralidade**: está relacionada à busca da efetivação do conceito amplo de saúde que, segundo a Organização Mundial de Saúde – OMS, depende do bem-estar físico, mental e social, superando em muito o entendimento de saúde como mera ausência da doença. A APS precisa estar comprometida com o atendimento integral que compreende promoção, proteção, prevenção e recuperação de saúde. Nem todos esses componentes estão encerrados na própria APS, o que demanda sua capacidade de articulação e efetivo encaminhamento para os níveis secundário ou terciário de atenção, bem como para o atendimento de outras políticas públicas. Está correlacionada ao princípio da resolubilidade, pois, mesmo que não se consiga atender plenamente à demanda na própria unidade de APS, esta deverá ser atendida em outras instâncias.
- **Coordenação**: relaciona-se à coordenação das ações de cuidado destinadas a cada pessoa e, nesse caso, não se refere, portanto, à gestão de equipes ou processos pelas lideranças das unidades de APS. Pressupõe a articulação e a integração de serviços entre os diferentes profissionais da equipe de APS e entre as unidades dos diferentes níveis de atenção ou das diferentes políticas públicas. Uma única pessoa pode ser atendida por vários profissionais, de distintas especialidades, e todos esses atendimentos precisam estar coordenados visando, como fim último, à promoção da saúde integral da pessoa. É a superação das intervenções fragmentadas, ainda bastante presentes na área da saúde e, até mesmo, em toda lógica das políticas setoriais.
- **Focalização na família**: trata-se de considerar o conjunto familiar como foco da atenção em saúde, e não apenas um ou alguns de seus integrantes mais fragilizados. Implica a compreensão das relações familiares e o conhecimento de suas demandas.
- **Competência cultural**: compreende a capacidade de reconhecer as particularidades da atenção à saúde segundo características populacionais específicas. Pode compreender o delineamento e estudo de "subpopulações", com o reconhecimento de suas diferenças e singularidades. Os aspectos de saúde, o acesso às unidades e relacionamento com as equipes estão inter-relacionados

com características culturais, econômicas, sociais, raciais, religiosas, entre outras.
- **Orientação comunitária**: reconhecimento da necessidade de se conhecer o contexto social em que estão inseridos os indivíduos, as famílias e as populações atendidas, como forma de ofertar atenção mais qualificada e adequada às suas demandas e possibilidades (Brasil, 2007c, 2015b).

Além das competências técnicas e gerenciais que envolvem a efetivação da APS, existe, ainda, um caráter político, um conjunto de princípios relacionados à justiça social e aos direitos humanos.

> A APS é também uma concepção de sistema de saúde, uma "filosofia" que permeia todo o sistema de saúde. Um país só pode afirmar que tem um sistema de saúde baseado na APS, no sentido mais profundo da expressão, quando seu sistema de saúde se caracteriza por: justiça social e equidade; auto responsabilidade; solidariedade internacional e aceitação de um conceito amplo de saúde. Enfatiza a compreensão da saúde como um direito humano e a necessidade de abordar os determinantes sociais e políticos mais amplos da saúde. (Brasil, 2011b, p. 19)

A efetividade das ações da APS demanda também por boa qualificação de suas equipes, bem como por avanços quanto a seu reconhecimento. Barreiras culturais históricas, nas quais ainda predomina a influência do modelo médico-hospitalocêntrico, precisam ser superadas tanto no reconhecimento dos espaços de APS quanto no campo de interesse e desenvolvimento de carreiras profissionais, bem como na qualificação de caráter acadêmico profissional, que torne capaz aliar conhecimentos clínicos às demandas e às características da saúde coletiva (Brasil, 2007c). Evidentemente, não se trata de atribuir toda a responsabilidade pelo sucesso das estratégias da APS às suas equipes, que são apenas uma das partes envolvidas em um processo maior e permeado de conflitos e interesses, mas de reconhecer a importância de sua contribuição.
Segundo a PNAB (Brasil, 2017c), a APS conta com os seguintes tipos de equipes:

- Equipe de Saúde da Família;
- Equipe de Atenção Básica;
- Equipe de Saúde Bucal;
- Núcleo Ampliado de Saúde da Família e Atenção Básica;
- Estratégia de Agentes Comunitários de Saúde.

> **Conheça a composição das equipes de APS, segundo a PNAB:**
>
> - **Equipe de Saúde da Família – eSF:**
>
> Composição mínima:
>
> - médico, preferencialmente da especialidade medicina de família e comunidade;
> - enfermeiro, preferencialmente especialista em saúde da família;
> - auxiliar e/ou técnico de enfermagem; e
> - agente comunitário de saúde – ACS.
>
> Podem fazer parte da equipe:
>
> - agente de combate às endemias – ACE;
> - profissionais de saúde bucal.
>
> - **Equipe da Atenção Básica – eAB:**
>
> Composição mínima:
>
> - médicos, preferencialmente da especialidade medicina de família e comunidade;
> - enfermeiro, preferencialmente especialista em saúde da família;
> - auxiliares de enfermagem e/ou técnicos de enfermagem.
>
> Podem fazer parte da equipe:

- dentistas, auxiliares de saúde bucal e/ou técnicos de saúde bucal;
- agentes comunitários de saúde; e
- agentes de combate à endemias.

- **Equipe de Saúde Bucal – eSB:**

Composição mínima:

- cirurgião-dentista;
- técnico em saúde bucal e/ou auxiliar de saúde bucal.

- **Núcleo Ampliado de Saúde da Família e Atenção Básica – Nasf-AB:**

Equipe multiprofissional e interdisciplinar composta por categorias de profissionais da saúde, complementar às equipes que atuam na atenção básica.

Podem fazer parte da equipe:

- assistente social;
- farmacêutico;
- fisioterapeuta;
- fonoaudiólogo;
- médico acupunturista;
- médico do trabalho;
- médico geriatra;
- médico ginecologista/obstetra;
- médico homeopata;
- médico internista (clínica médica);
- médico pediatra;
- médico psiquiatra;
- médico veterinário;
- nutricionista;
- profissional com formação em arte e educação (arte educador);
- profissional de saúde sanitarista;
- profissional/professor de educação física;

- psicólogo;
- terapeuta ocupacional.

- **Estratégia de Agentes Comunitários de Saúde – EACS:** Agentes locais, residentes no bairro em que atuam.

- **Equipes de Atenção Básica para Populações Específicas:**

Toda equipe de Atenção Básica e equipe adicional, se necessário, segundo a realidade do território.

Fonte: Brasil, 2017c.

Segundo levantamento bibliográfico realizado pelo Conselho Nacional de Secretários de Saúde – Conass, publicado em 2007, a atenção primária tem capacidade para responder a 85% das necessidades em saúde (Brasil, 2007c), sendo, ainda, capaz de produzir os seguintes resultados:

a. Ocorre redução dos seguintes aspectos: número de hospitalizações; tempo de permanência no hospital quando ocorre hospitalização; número de cirurgias; uso de especialistas em doenças; número de consultas para um mesmo problema; número de exames complementares.

b. É maior: o número de ações preventivas; a adequação do cuidado; a qualidade do serviço prestado; a oportunidade da atenção (maior chance que ocorra no tempo certo).

c. As equipes de saúde, especialistas em APS, lidam melhor com problemas de saúde em estágios iniciais, utilizando a adequada abordagem: ver, esperar e acompanhar (Starfield, 1994) em contraposição aos especialistas em doenças que, acostumados a ver problemas em fases mais adiantadas, solicitam mais exames complementares e realizam mais procedimentos. (Brasil, 2007c, p. 40)

No Brasil, a consolidação da APS no SUS ocorre, principalmente, pela implementação da Estratégia Saúde da Família, cujas equipes e ações são territorializadas e voltadas às famílias, e não mais aos indivíduos doentes. Contudo, é também composta por todos os demais serviços que são reconhecidos como de atenção básica em saúde (Brasil, 2017c).

> As unidades físicas de prestação de serviços de APS no Brasil são as unidades básicas de saúde – UBS.

5.3.2 Atenção secundária ou média complexidade

Recordemos que a forma de diferenciar os serviços por níveis de atenção ou complexidade está relacionada à densidade tecnológica e, consequentemente, às demandas e aos custos desses serviços.

> Na rede de saúde, a atenção secundária é formada pelos serviços especializados em nível ambulatorial e hospitalar, com densidade tecnológica intermediária entre a atenção primária e a terciária historicamente interpretada como procedimentos de média complexidade. Esse nível compreende serviços médicos especializados, de apoio diagnóstico e terapêutico e atendimento de urgência e emergência. (Erdmann et al., 2013, p. 3)

A atenção secundária é composta, portanto, por serviços com densidade tecnológica intermediária. A prestação desses serviços não ocorre nas UBS, como no caso da APS. Agora, trata-se de unidades ambulatoriais ou hospitalares (Erdmann et al., 2013).

> A área de atenção especializada, de uma maneira geral, pode ser conceituada e ao mesmo tempo delimitada pelo território em que é desenvolvido um conjunto de ações, práticas, conhecimentos e técnicas assistenciais caracteristicamente demarcadas pela incorporação de processos de trabalho que englobam maior densidade tecnológica, as chamadas tecnologias especializadas. (Solla; Chioro, 2012, p. 549)

Os serviços de atenção secundária podem ser agrupados em: médicos especializados; de apoio diagnóstico e terapêutico; e atendimento de urgência e emergência.

- **Serviços médicos especializados:** os serviços médicos prestados na atenção primária e secundária diferenciam-se, justamente, pela especialização. Na APS, eles têm uma característica mais global, mesmo quando focados em públicos específicos; na atenção secundária, comporão uma divisão por especialidades voltadas ao tratamento, à recuperação em saúde. Na atenção primária, conta-se com serviços de médicos generalistas ou com habilitação ao atendimento global, como médico da família, pediatra, ginecologista. Já na atenção secundária, avança-se para especialidades focadas no diagnóstico e no tratamento de problemas específicos, como cardiologista, neurologista, pneumologista, dermatologista, entre outros.

> Este é um momento importante para entender a lógica de funcionamento do SUS, em sua organização por níveis de atenção e redes de atenção à saúde.
>
> A porta de entrada e a dimensão de saúde prioritária no SUS (bem como nos mais diversos sistemas universais de saúde) é a APS. Assim, o usuário não deve procurar diretamente pelo atendimento médico especializado de acordo com seu sintoma. A habilidade de diagnóstico e encaminhamento para a especialidade é uma competência do médico generalista, do médico da APS. Portanto, quando um usuário do SUS deseja uma consulta com um cardiologista em razão de sintomas que o preocupam e sinalizam que pode existir um problema nessa área, ele deve procurar seu médico de referência na UBS mais próxima à sua casa. Será esse médico que, após uma consulta e avaliação clínica, fará o encaminhamento para a especialidade solicitada ou para outra ou outras que atendam com maior propriedade às demandas do paciente.

Assim, fica firmada a APS como porta de entrada e constatada a necessidade de contínua relação entre os níveis primário e secundário de atenção. Essa estratégia racionaliza custos, organiza ações e permite a oferta de serviços de saúde na perspectiva da integralidade do sujeito.

Reforça-se a importância do papel do médico da APS no diagnóstico e encaminhamento para o atendimento especializado. Existem sintomas semelhantes que estão relacionados a necessidades de tratamento bastante distintas. Por exemplo: uma dor nas costas pode indicar um problema ortopédico ou uma cólica renal; uma dor de cabeça pode estar relacionada a dificuldades visuais ou a distúrbios do fígado; um enjoo pode sinalizar tanto problemas no aparelho digestório quanto patologias cardíacas. Logo, a busca por especialistas a partir dos sintomas, sob a percepção do próprio paciente, tende a ser menos eficaz do que o encaminhamento feito após análise de profissional qualificado para a realização de diagnósticos.

Além disso, sob a perspectiva da gestão, é fundamental que o acesso às especialidades seja intermediado pela APS. Dessa forma, problemas que não demandam por especialistas são resolvidos na própria UBS, evitando-se encaminhamentos inadequados. Assim, as "filas" para atendimento especializado diminuem, oportunizando maior agilidade e qualidade no acesso aos serviços.

Contudo, a prática da busca direta pelas especialidades é bastante comum entre aqueles que procuram por atendimento médico na rede privada, e essa experiência dificulta a compreensão do usuário do SUS sobre a necessidade e a importância do atendimento prévio pelo médico generalista. Tal percepção dos usuários, aliada a dificuldades de gestão, incide na reprodução da oferta direta de serviços especializados, na contramão do que é proposto pelo SUS, inchando os espaços de atendimento e reduzindo o atendimento do usuário ao tratamento da doença, e não mais à promoção da saúde (Brasil, 2007b).

※ **Serviços de apoio diagnóstico e terapêutico:** são caracterizados dentro da atenção secundária, contudo, dão suporte a demais serviços de todos os níveis de complexidade. Trata-se de um conjunto diverso de exames e outro de recursos terapêuticos necessários aos processos de recuperação e promoção da saúde integral. São exemplos:

Quadro 5.1 – Bloco 12 – Serviços de apoio à diagnose e terapia

• exames de análises clínicas; • radiologia (raio X) • eletrocardiograma; • eletroencefalograma; • endoscopia; • hemodinâmica; • ressonância magnética; • tomografia; • ultrassonografia.	• fisioterapia; • fonoaudiologia; • psicoterapia; • terapia ocupacional.	• diálise; • radioterapia; • quimioterapia; • videolaparoscopia; • internação domiciliar; • centros de terapia intensiva.

Fonte: Elaborado com base em Brasil, 2017a.

※ **Atendimento de urgência e emergência:** os serviços de urgência são conhecidos como de *pronto atendimento*, e os serviços de emergência, como de *pronto-socorro*.

O atendimento às urgências vem sendo considerado uma das prioridades do SUS e é regulamentado pela Portaria n. 1.863 de 29 de setembro de 2003 (Brasil, 2003f). O fluxo de atendimento às urgências requer serviços à disposição da população em bases fixas, bem como atendimentos móveis. Deve ocorrer um vínculo permanente com as unidades básicas de saúde, que podem receber e encaminhar demandas de urgência durante seu período de funcionamento. Conta com o Serviço de Atendimento Móvel às Urgências – Samu e com serviços móveis de salvamento e resgate, cuja solicitação é feita mediante ligação para o número 192, padronizado em todo o território nacional. As bases fixas de atendimento ininterrupto (24 horas) são compostas pelas unidades de pronto atendimento – UPAs ou similares e pelos serviços de pronto atendimento e pronto-socorro em hospitais (Brasil, 2009a, 2003f).

Como componente especial das unidades de pronto atendimento, há também as chamadas *salas de estabilização*, que são espaços equipados e organizados, constituindo "ambiente para estabilização de pacientes críticos e/ou graves, com condições de garantir a assistência 24 horas, vinculado a um equipamento de saúde" (Brasil, 2014b, p. 73).

Além da abordagem inicial, o atendimento de urgência e emergência demanda demais procedimentos articulados com os níveis de atenção primário e terciário, bem como com a própria rede de serviços de apoio diagnóstico e terapêutico. A continuidade do atendimento realizado na situação de urgência/emergência pode requerer exames de urgência; procedimentos cirúrgicos; internação hospitalar; acompanhamento pela equipe da UBS, entre outros. Para articular as redes de serviços disponíveis e ofertar satisfatória cobertura para a continuidade do atendimento, a rede de urgência e emergência – RUE deve contar, ainda, com uma Central de Regulação, capaz de fazer a gestão dos serviços de cada rede local/regional e organizar os encaminhamentos adequados.

> O Ministério da Saúde, por meio da Portaria MS/GM n. 1.600, de 7 de julho de 2011, implementou as RUEs e reformulou a Política Nacional de Atenção às Urgências para todo o país. A política considera que o atendimento aos usuários com quadros agudos deve ser prestado por todas as portas de entrada dos serviços de saúde do SUS (Brasil, 2014b).

Apesar de a APS ser compreendida, dentro do SUS, como a principal porta de entrada para os atendimentos em saúde, os serviços de urgência e emergência também cumprem esse papel. Isso ocorre,

em medida, pelo próprio objeto do atendimento: a emergência, o acidente, a violência, ou outra situação que imponha risco à saúde e/ou à vida. Há também o aspecto cultural, que reproduz a prática de buscar serviços de saúde diretamente no hospital ou nos ambulatórios/UPAs com funcionamento 24 horas. Essa dimensão cultural dificulta a gestão dos serviços no SUS, pois "incha" os serviços de urgência e emergência com situações de saúde que poderiam ser atendidas nas UBSs, o que acarreta ampliação do tempo de espera; redução do potencial de atendimento aos casos efetivos de urgência e emergência, ao investir recursos para o atendimento básico em unidades de média complexidade; e elevação das despesas com o SUS de forma deslocada de sua proposta original, pois os serviços de densidade tecnológica intermediária que compõem a atenção secundária são de custo mais elevado do que aqueles que compõem a APS (Brasil, 2007b).
Na organização dos sistemas de saúde e no planejamento das coberturas dos serviços, é importante que o Estado assegure a todos o acesso aos serviços de atenção secundária. Contudo, podemos imaginar que não há tanta demanda por atendimentos especializados, terapêuticos ou de emergência em relação aos de promoção, prevenção e cuidados primários em saúde. Da mesma forma, não é viável para cada município brasileiro dispor de uma rede, dentro de seu território, que conte com todas as especialidades médicas, todos os recursos diagnósticos e todas as unidades físicas e móveis de urgência e emergência. Portanto, os municípios devem adotar a lógica das regiões de saúde para ofertar toda a cobertura necessária em média complexidade ou atenção secundária (Oliveira, 2012a; Brasil, 2007b).

5.3.3 Atenção terciária ou alta complexidade

A característica dos serviços da atenção terciária é a alta densidade tecnológica e, consequentemente, o alto custo. Nesse caso, as unidades de referência para o atendimento são os hospitais.

Mais uma vez, cabe destacar que, tanto na lógica dos níveis de atenção quanto das redes de atenção em saúde, os hospitais devem estar dedicados ao atendimento das situações mais graves, que não podem ser resolvidas com os recursos da APS. Contudo, ainda há uma reprodução cultural de que o atendimento é mais bem realizado em âmbito hospitalar, em vista do investimento tecnológico presente nesses espaços. Essa perspectiva é alimentada pela opção por modelos de hospitais ocêntricos, adotados antes da implementação do SUS no Brasil e ainda vigentes e estimulados por experiências de outros países e da rede privada nacional.

> O modelo técnico-científico de atenção à saúde, que privilegia o hospital como ambiente para a prática de cuidados, contribuiu para que a atenção terciária permanecesse no imaginário popular como nível de atenção à saúde de maior importância. Com efeito, é comum ver a mídia em geral destacar novíssimas tecnologias e até mesmo técnicas experimentais como sendo soluções para os problemas de saúde. Liga-se a imagem do hospital bem equipado à de eficiência de sistema de saúde. (Oliveira, 2012b)

Assim como no caso da atenção secundária, a gestão do nível terciário exige a adoção de estratégias de regionalização. As demandas por serviços de alta complexidade são ainda menores do que aquelas de nível intermediário. Dessa forma, a atenção é ofertada de maneira mais centralizada. Para assegurar que todos estejam cobertos, lança-se mão da estratégia das regiões de saúde, estabelecendo os hospitais de referência para cada região. E sempre que o atendimento demandar por deslocamento para outros municípios, a própria Secretaria Municipal de Saúde deve responsabilizar-se pelo transporte e apoio aos pacientes (e acompanhantes, se necessário) enquanto estiverem fora.

5.3.4 Redes de Atenção em Saúde

A opção pela constituição das RAS está fundamentada na necessidade e intenção de ultrapassar as fragilidades dos sistemas e intervenções fragmentadas em saúde. É a proposta de superação da fragmentação pela integração.

As RAS não substituem o modelo de organização em níveis de atenção. A proposta da RAS é de aplicar novas estratégias que possibilitem maior integração entre os serviços dos diferentes níveis. Sem a lógica das RAS, cada unidade de atendimento faz seu serviço de acordo com o nível de atenção no qual está categorizada, mas não há uma forte relação com os demais serviços. As RAS, a partir do estabelecimento de redes temáticas, propõem que diferentes unidades, de diferentes níveis de atenção, relacionem-se, permitindo uma atenção integral (Mendes, 2011).

A proposta das RAS, assim como os fundamentos do SUS, tem em vista a promoção da saúde em seu conceito ampliado. Dessa forma, fica entendido que o sujeito não pode ser atendido no sistema somente com base em seus diagnósticos, ou seja, nas doenças para as quais necessite de tratamento. O usuário deve ser atendido de forma integral. Assim, a mesma pessoa que precisou de consultas com cardiologista e de exames diagnósticos relacionados à atenção secundária pode ter precisado também de internação hospitalar e intervenção cirúrgica, que são serviços compreendidos na atenção terciária. Entretanto, é importante considerar que esse mesmo usuário do SUS não é apenas um doente cardíaco, é uma pessoa integral que deve receber orientações de promoção à saúde global, deve ser vacinado, entre outras demandas relacionadas à promoção de sua saúde como um todo. Para otimizar a coordenação e integração dessas ações é que são propostas as RAS, permitindo que o usuário seja atendido em todos os níveis, se for necessário, de acordo com suas demandas pessoais e sua saúde global.

As principais normativas vigentes acerca das RAS são a Portaria do Ministério da Saúde nº 4.279/2010 e o Decreto n. 7.508/2011, que regulamenta a Lei n. 8.080/1990. Segue conceituação destas redes, segundo os documentos citados:

> Ao final de 2010, como fruto de um grande acordo tripartite envolvendo Ministério da Saúde, Conass e Conasems, foi publicada a Portaria n. 4.279, de 30 de dezembro de 2010, que estabelece diretrizes

para organização das Redes de Atenção à Saúde (RAS), no âmbito do SUS no qual consta a seguinte conceituação das RAS: "São arranjos organizativos de ações e serviços de saúde, de diferentes densidades tecnológicas, que integradas por meio de sistemas de apoio técnico, logístico e de gestão, buscam garantir a integralidade do cuidado." (Brasil, 2010).

No Decreto nº 7.508, de 28 de junho de 2011, que regulamenta artigos da Lei nº 8.080, de 19 de setembro de 1990, consta no art. 7º que "As Redes de Atenção à Saúde estarão compreendidas no âmbito de uma Região de Saúde, ou de várias delas, em consonância com diretrizes pactuadas nas comissões intergestores". (Brasil, 2014b, p. 9)

O ponto central de articulação das RAS está relacionado às demandas de saúde identificadas junto à população e pactuadas como prioritárias, para que seja, então, composto o desenho da rede, articulando seus diversos pontos de atenção entre os níveis primário, secundário e terciário.

> As primeiras RAS priorizadas nas pactuações da Comissão Intergestora Tripartite – CIT foram as seguintes:
>
> - rede cegonha;
> - rede de atenção às urgências e emergências;
> - rede de atenção psicossocial;
> - rede de cuidado à pessoa com deficiência;
> - rede de atenção à saúde das pessoas com doenças crônicas.
>
> (Brasil, 2014b)
>
> Outras redes temáticas foram e ainda podem ser incorporadas pelos gestores, desde que devidamente pactuadas entre os entes federados envolvidos.

A abrangência das RAS está relacionada às regiões de saúde, podendo ser estabelecidas dentro de uma região ou articulando mais de uma. A definição das prioridades temáticas, das responsabilidades e organização da estrutura e do fluxo dessas redes deve ser pactuada nas comissões intergestoras competentes, sejam elas regionais (quando relacionadas à gestão de uma região de saúde), bipartite ou tripartite. A responsabilidade administrativa e financeira pela gestão das redes é definida dentro das regiões de saúde, demandando a constituição de planos de ação de caráter regional (Brasil, 2014b; Mendes, 2011).

As RAS propõem superar uma lógica de rígida hierarquização, bem como de uma distinção do grau de importância dos serviços segundo seu nível de complexidade. Todo conceito de rede conduz a uma organização linear e colaborativa. A organização dos serviços é realizada como uma forma de atender às necessidades de grupos populacionais específicos (ex.: rede de atenção à saúde do idoso; rede de atenção à saúde da mulher; etc.). Não demandam, necessariamente, uma construção de unidades de atendimento voltado unicamente a cada grupo. Trata-se, sim, de novos arranjos que organizam os serviços já disponíveis nas diferentes unidades e influenciam no planejamento para implantação de novas iniciativas. Levam em consideração a perspectiva da concentração × dispersão, em que são dispersos, descentralizados, capilarizados os serviços de baixo custo e/ou maior demanda, e são concentrados aqueles de maior custo e/ou menor demanda (Mendes, 2011; Brasil, 2014b).

A adoção da gestão de serviços por meio das RAS dá início a um novo conceito: **hierarquia** é substituída por **poliarquia**, em que figura uma conexão mais linear entre os "nós" que compõem a rede.

Observemos a seguinte definição:

> Pode-se definir as RASs como organizações poliárquicas de conjuntos de serviços de saúde, vinculados entre si por uma missão única, por objetivos comuns e por uma ação cooperativa e interdependente, que permitem ofertar uma atenção contínua e integral a determinada população, coordenada pela atenção primária à saúde – prestada no tempo certo, no lugar certo, com o custo certo, com a qualidade certa, de forma humanizada e com equidade – e com responsabilidades sanitária e econômica e gerando valor para a população. (Mendes, 2011, p. 82)

Nas RAS, quem tem papel de maior protagonismo é a APS, que servirá como porta de entrada e principal articulador com os demais níveis de atenção. As unidades e os serviços dos níveis secundário e terciário constituem pontos de atenção das RAS, e sua operacionalização deve compreender permanente integração com o nível primário. Uma grande distinção entre o modelo das RAS e os modelos de caráter mais fragmentado é o potencial de articulação entre unidades e serviços dos três níveis de atenção, com coordenação e referência na APS (Mendes, 2011).

5.4 Saúde pública e saúde coletiva

Ao falar da organização dos serviços no âmbito do SUS, é preciso considerar que, além das estruturas da assistência em saúde, existem setores que dão suporte ao desenvolvimento racional da política de saúde, subsidiando principalmente os aspectos de prevenção e proteção à saúde. Tratamos, aqui, do dever do Estado de assegurar uma vida saudável para seu povo. E, assim, entra em pauta a discussão sobre os conceitos de saúde pública e saúde coletiva.
Independentemente do modelo de saúde que se pretenda promover e dos interesses políticos e econômicos com maior força em cada momento, não se pode negar que existe um campo da saúde que se torna de interesse público. Para quem defende o modelo estatal universal, as ações do governo devem estar dedicadas à promoção de uma saúde integral. Para quem defende o modelo privatista, evidencia-se a diferença entre os aspectos de uma saúde individual, que pode ser promovida e tratada com serviços disponíveis no mercado, de uma saúde pública que é papel do Estado, ao assegurar condições mínimas para que as pessoas estejam habilitadas a ingressar e manter-se no mercado de trabalho e, dali, tirar o sustento para acesso aos serviços individuais de saúde.
No Brasil, a existência histórica do conflito entre os projetos universais e os projetos privatistas em saúde estabelece também uma

distinção acerca do entendimento de saúde pública ou coletiva. A *saúde coletiva* é vista como a crítica à saúde pública institucionalizada e verticalizada (Pain; Almeida Filho, 1998). A *saúde pública* é considerada aquela de responsabilidade estatal quando este assegura medidas para conter a propagação de doenças contagiosas, quando regula os tipos de alimentos, bebidas e medicamentos que são adequados para o consumo humano em seu território, quando estimula medidas preventivas.

O conceito de saúde coletiva está associado ao caráter social dos determinantes de saúde e, por isso, fortemente ligada à concepção de uma saúde universal como direito do cidadão. Vai além da saúde pública, pois incorpora aspectos econômicos, culturais e sociais na relação de promoção e proteção da saúde.

Assemelham-se, contudo, os dois conceitos por sua relação com as práticas de governo sobre a saúde de todos, sejam elas mais focadas na doença, sejam elas mais abrangentes, na perspectiva da promoção. Para que o Estado desempenhe esse papel de intervenção visando assegurar a saúde para todos, são utilizados mecanismos que permitem um olhar coletivo, uma análise de perfil de saúde. Se, por um lado, há necessidade de atender e dar uma resposta efetiva para cada caso, por outro, há uma orientação para adotar um olhar ampliado a partir do registro de todos os casos. Os governos precisam saber quais doenças têm maior incidência em sua população; quais os públicos de maior risco para cada enfermidade; quais as condições externas que favorecem o adoecimento e podem ser evitadas. E, quando adotar uma perspectiva de promoção da saúde, ser capaz de promover ações que se antecipem à ocorrência das doenças e assegurem ambientes, práticas e relações saudáveis.

Nesse controle mais abrangente, destacam-se os serviços da vigilância sanitária e da vigilância epidemiológica. Trata-se de setores de análise, que avaliam os registros da situação de saúde de cada território (nacional, estadual, municipal, microrregiões etc.), com coleta de dados sobre os riscos presentes e as condições de cuidado.

Ambos os setores precisam estar vinculados com as áreas da atenção primária, secundária e terciária em saúde, tanto recebendo destas os dados sobre a realidade vivenciada em cada local quanto subsidiando-as com informações sobre o panorama da saúde em seu campo de abrangência.

5.4.1 Vigilância sanitária

A vigilância sanitária compreende ações de controle de produtos e ambientes, com vistas a assegurar condições saudáveis de habitação, permanência, transporte, alimentação, tratamento e outros. Compreende o controle de riscos à saúde inerentes às relações de consumo, via indústria, comércio e prestação de serviços.

> A vigilância sanitária é um conjunto de ações legais, técnicas, educacionais, de pesquisa e de fiscalização que exerce o controle sanitário de serviços e produtos para o consumo que apresentam potencial de risco à saúde e ao meio ambiente, visando à proteção e à promoção da saúde da população. (Brasil, 2009a, p. 390)

Segundo a Lei n. 8.080/1990, a vigilância sanitária abrange: "I – o controle de bens de consumo que, direta ou indiretamente, se relacionem com a saúde, compreendidas todas as etapas e processos, da produção ao consumo; e II – o controle da prestação de serviços que se relacionam direta ou indiretamente com a saúde" (Brasil, 1990b).

O órgão nacional de referência nessa área é a Agência Nacional de Vigilância Sanitária – Anvisa. Órgãos similares estão presentes em todos os estados brasileiros e em muitos municípios. Estes desenvolvem protocolos de verificação, com os critérios básicos a serem contemplados para que os produtos, serviços ou ambientes sejam considerados adequados para a saúde (Brasil, 2009a).

Fazem parte dos produtos, serviços e ambientes que demandam fiscalização e aprovação da vigilância sanitária:

- medicamentos e insumos;
- alimentos e bebidas;
- cosméticos, produtos de higiene pessoal e perfumes;
- saneantes;

- equipamentos e materiais médico-odonto-hospitalares;
- hemoterápicos, vacinas, sangue e hemoderivados;
- órgãos e tecidos humanos para uso em transplantes;
- serviços de saúde;
- portos, aeroportos e fronteiras; etc.

Estão compreendidos não apenas os produtos e serviços, mas também todos os processos a eles inerentes, como produção, armazenamento, transporte e distribuição (Brasil, 2009a, 1990b, 1999b).

O controle em vigilância sanitária compreende a formulação e atualização constante de protocolos e referências técnicas acerca dos objetos submetidos à sua apreciação. Há, portanto, uma grande vinculação da área com os estudos relacionados ao desenvolvimento, à incorporação e à avaliação de tecnologias em saúde. Trata-se, portanto, de ação dinâmica, em constante evolução.

5.4.2 Vigilância epidemiológica

A vigilância epidemiológica é composta por estudos contínuos acerca do perfil de saúde do povo brasileiro e, em cada um de seus subgrupos populacionais, como os perfis de saúde da mulher brasileira, do adolescente brasileiro, da população nordestina ou das populações metropolitanas. São diversas as combinações possíveis que permitem a composição de indicadores que vão orientar a tomada de decisão nos momentos de planejamento em saúde. Consideram-se os fatores: território (abrangência geográfica); população (perfil por território, por segmento, por tipo de tratamento ou outro); incidência de doenças e riscos para a saúde; e cobertura de serviços, programas, projetos; benefícios e estabelecimentos de saúde. É delineado um mapeamento, identificando as áreas que devem receber mais atenção dos gestores e operadores da política de saúde.

> Entende-se por vigilância epidemiológica um conjunto de ações que proporcionam o conhecimento, a detecção ou prevenção de qualquer mudança nos fatores determinantes e condicionantes de saúde

individual ou coletiva, com a finalidade de recomendar e adotar as medidas de prevenção e controle das doenças ou agravos. (Brasil, 1990b)

A legislação mais recente no Brasil adota o conceito de vigilância em saúde, que pretende assegurar maior amplitude às ações da vigilância epidemiológica.

> A vigilância em saúde abrange as seguintes atividades: a vigilância das doenças transmissíveis, a vigilância das doenças e agravos não--transmissíveis e dos seus fatores de risco, a vigilância ambiental em saúde e a vigilância da situação de saúde. (Brasil, 2009a, p. 389)

Um bom trabalho de vigilância epidemiológica propicia também o investimento racional de recursos. As demandas em saúde nos estados e nos municípios brasileiros são diferentes, portanto, é importante conhecê-las antecipadamente para que as previsões orçamentárias estejam alinhadas às reais necessidades. Assim, o recurso público retorna com qualidade para a população.

Esses estudos dependem de equipes técnicas qualificadas para organização, tratamento e análise de dados, bem como contam com todos os trabalhadores do SUS cooperando com o registro de seus atendimentos nos sistemas de monitoramento. Cooperam nesse processo os diversos sistemas de informação em saúde, permitindo o lançamento de dados e a socialização de informações mediante sua organização e divulgação. Destaque-se, nesse caso, que toda divulgação pública de informações em saúde respeita os critérios do direito à privacidade individual de cada paciente.

Síntese

Neste capítulo, demonstramos que o SUS não é estático, mas objeto de constante aprimoramento e evolução. A forma de organização as ações da política de saúde no SUS podem ser qualificadas e alteradas, desde que sejam respeitados seus objetivos, seus princípios, suas diretrizes e sua legislação fundamental. As ações das políticas públicas podem ser classificadas em serviços, programas, projetos e benefícios e são desenvolvidas em unidades de atendimento. No SUS, as ações são classificadas em níveis de complexidade (básica, média complexidade ou alta complexidade) ou níveis de atenção (atenção primária, secundária ou terciária). Uma estratégia de organização dessas ações ocorre na articulação de iniciativas dos diferentes níveis de atenção por meio das RAS, as redes de atenção em saúde. Para sustentar a efetividade das ações por nível de atenção e mesmo das RAS, são coordenadas atividades em conjunto com as áreas da vigilância sanitária e da vigilância epidemiológica. A vigilância sanitária compreende o controle de produtos, serviços e ambientes, a fim de que sejam considerados aptos para a saúde humana. A vigilância epidemiológica, mais recentemente denominada *vigilância em saúde*, compreende estudos constantes sobre o perfil de vulnerabilidades e riscos para doenças, em cada território ou tipo de população. Portanto, entende-se que a efetividade do SUS não é prática simples, mas a coordenação de diferentes estratégias e ações.

Questões para revisão

1. Uma das classificações das ações do SUS baseia-se em níveis de atenção. Assinale a alternativa que apresenta a correta classificação do serviço de acordo com seu nível de atenção:
   a) A vacinação é um serviço da atenção terciária.
   b) O atendimento de urgência é um serviço de atenção secundária.
   c) O internamento hospitalar é um serviço de atenção primária.
   d) A cirurgia cardíaca é um serviço de atenção primária.
   e) As consultas regulares com pediatra são serviços de atenção terciária.

2. A gestão da atenção primária em saúde – APS exige um investimento em qualidade operacional, metodológica e ética. Para tanto, deve contar com atributos indispensáveis, em todas as suas ações e processos, quais sejam:
   a) longitudinalidade, integralidade e elitização.
   b) integralidade, focalização na família e indenização.
   c) longitudinalidade, integralidade e competência cultural.

d) competência cultural, elitização e indenização.
e) complexidade, distributividade e solidariedade.

3. Serviços de apoio diagnóstico e terapêutico estão caracterizados na atenção secundária. Assinale a alternativa que apresenta corretamente exemplos de serviços de apoio diagnóstico e terapêutico:
   a) Terapia ocupacional, diálise e endoscopia.
   b) Vacinação, pesagem, acompanhamento do aleitamento materno.
   c) Internação, intervenção cirúrgica, UTI.
   d) Atendimento à urgência, procedimentos cirúrgicos e atendimento médico especializado.
   e) Consultas médicas, atendimento psicológico e internação.

4. O que são programas e projetos? Explique, diferenciando-os dos serviços.

5. Conceitue as redes de atenção em saúde – RAS.

Questões para reflexão

1. Desde a aprovação da Declaração de Alma-Ata em 1978, verifica-se o valor central do atendimento na atenção primária em saúde. Contudo, a prática histórica na saúde pública brasileira e os conceitos atuais de saúde privada levam ao entendimento de que o melhor atendimento é realizado no hospital (atenção terciária). Como você observa essa realidade em seu município? Há uma adesão da população e da gestão ao fortalecimento da APS? Existe ainda mais reconhecimento do hospital como espaço de saúde, em detrimento das unidades básicas?

2. As ações da vigilância sanitária e da vigilância epidemiológica são amplas e voltadas à totalidade da população brasileira. Você já conhecia essas ações e sabia que elas também integram o SUS? Você acredita que beneficiários da assistência médica particular reconhecem-se como usuários do SUS na condição de beneficiários dos serviços da vigilância sanitária e vigilância epidemiológica?

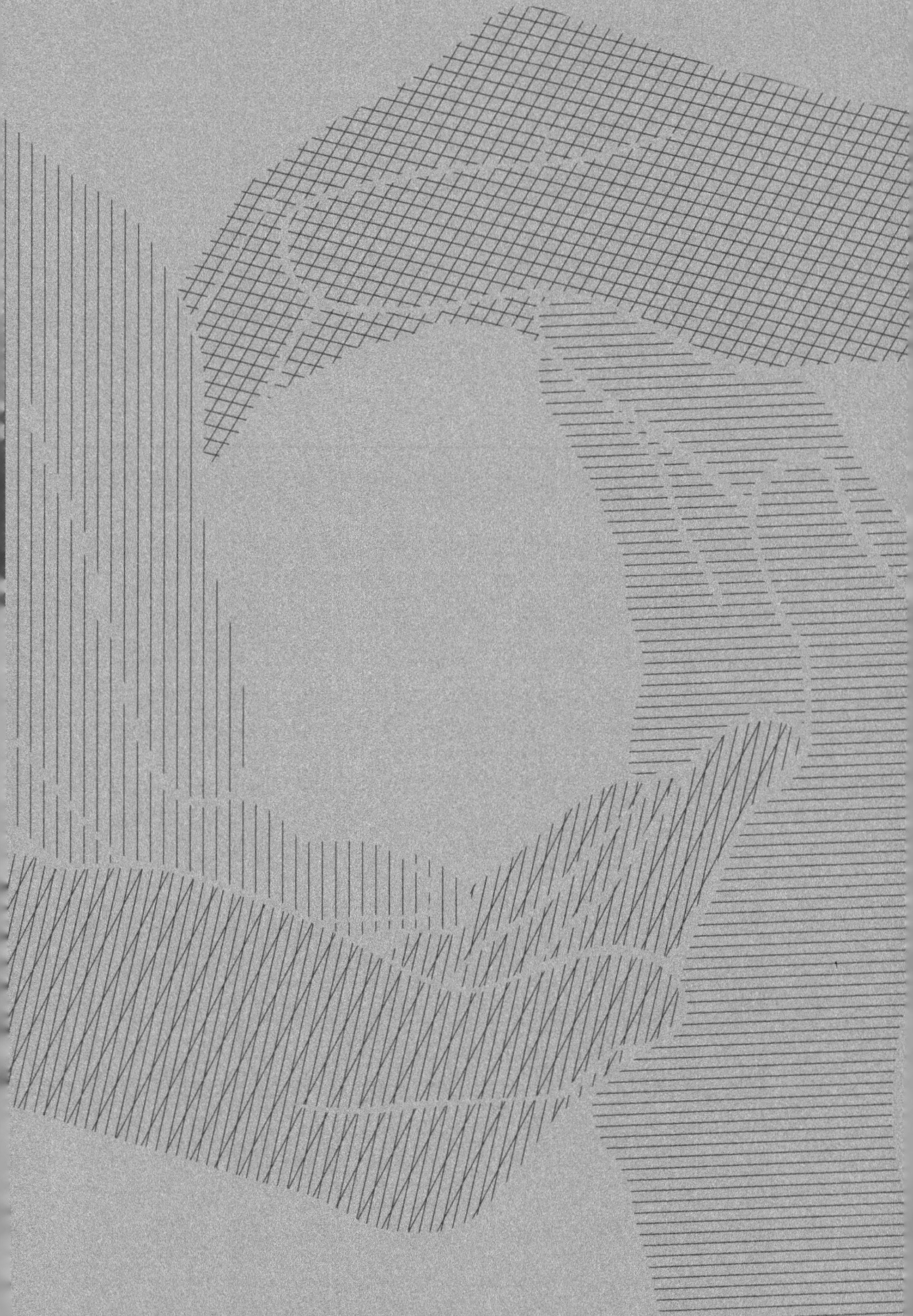

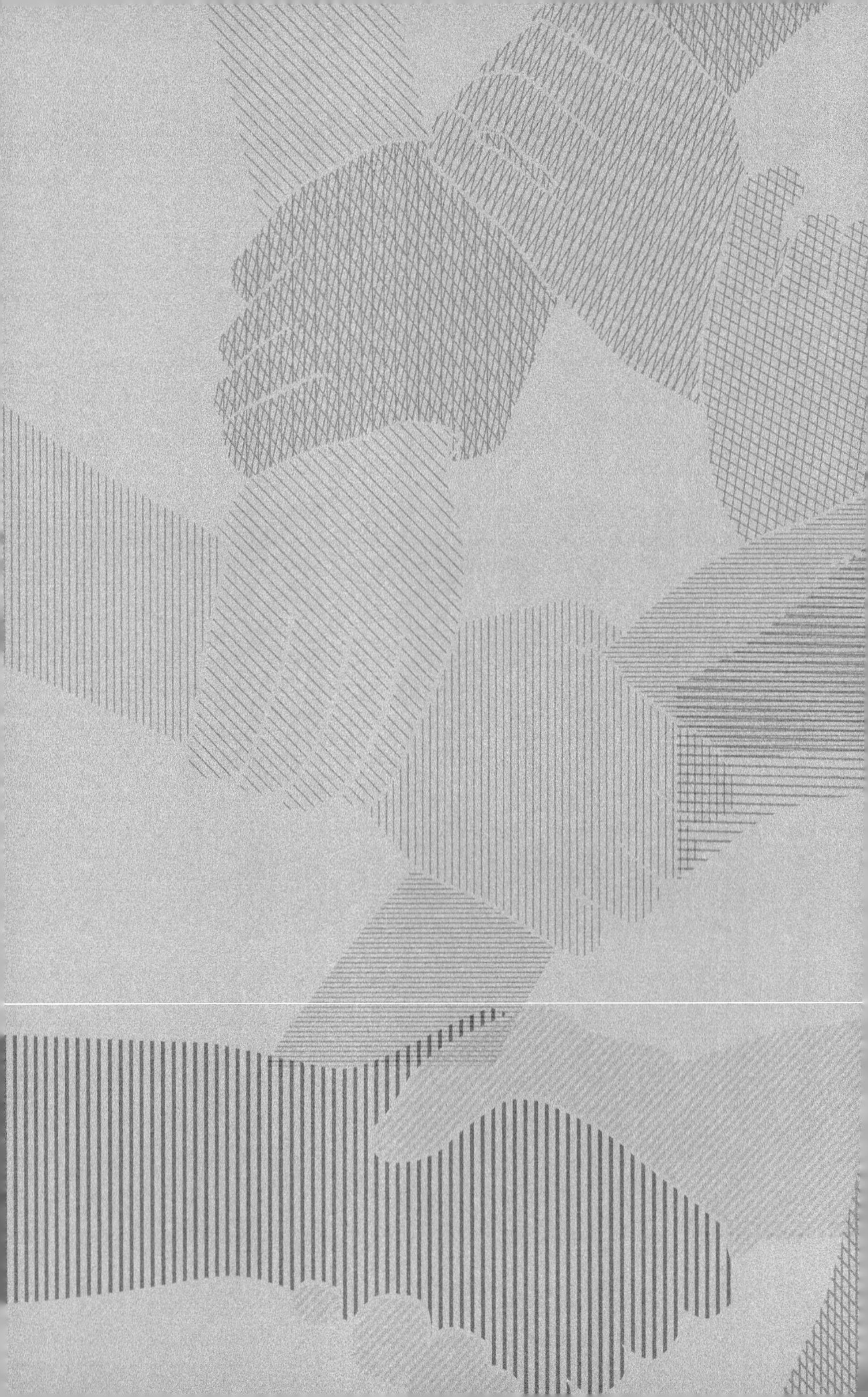

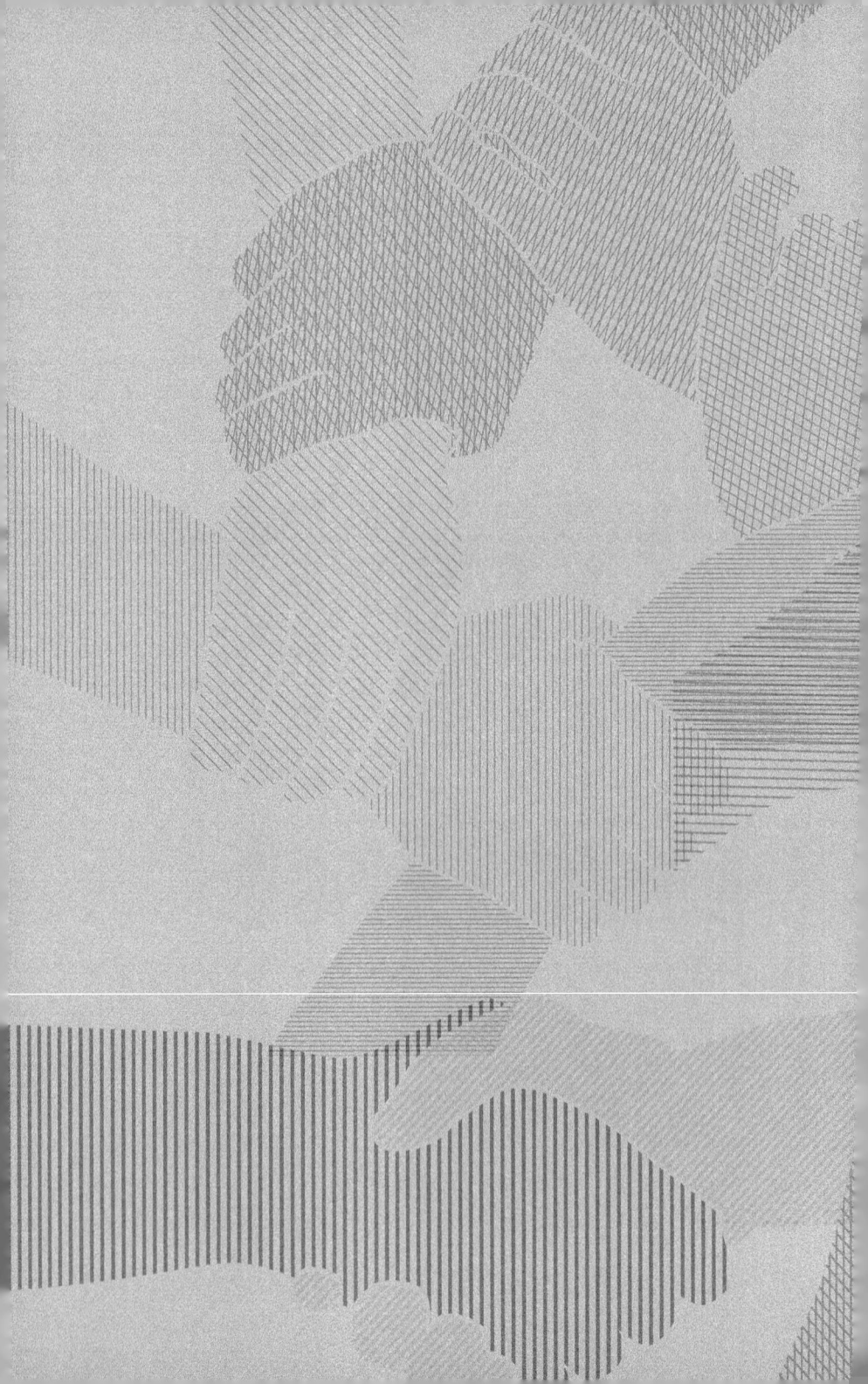

CAPÍTULO 6

Políticas de saúde

Conteúdos do capítulo:
- Políticas de saúde para públicos específicos (população indígena, mulher, homem, criança, pessoa idosa).
- Políticas de saúde por área de atendimento (saúde mental, saúde bucal e atenção farmacêutica).
- Política de humanização.

Após o estudo deste capítulo, você será capaz de:
1. identificar as diferentes políticas de saúde em desenvolvimento no Brasil;
2. relacionar os princípios do SUS à prestação de serviços em saúde nas diferentes áreas e para populações diversas.

Embora possamos tratar, de forma global, a saúde como uma política pública (no singular), também podemos considerar que o direito à saúde e o próprio SUS compreendem um conjunto integrado de diferentes políticas públicas específicas que têm como objetivo comum a promoção da saúde.

Assim, existem as políticas públicas destinadas a públicos específicos, cujas características peculiares demandam especial atenção. E há, ainda, distintas políticas, caracterizadas de acordo com a área de atendimento por elas compreendidas.

Tratamos, portanto, de um conjunto amplo de políticas públicas de saúde, que serão a temática do presente capítulo.

6.1 Políticas de saúde para públicos específicos

Na organização das ações de saúde, outro fator importante é considerado: as especificidades dos diferentes públicos que devem ser alcançados pelo Sistema Único de Saúde – SUS. Assim, são desenvolvidas políticas de saúde dedicadas a diferentes grupos populacionais.

A dupla perspectiva: "universalidade + equidade" impõe ao SUS a necessidade de ofertar atendimento em saúde a todos, mas não da mesma forma, e sim considerando as diferenças. Diferentes grupos populacionais, por suas características biológicas e genéticas, culturais e territoriais, demandam prestações distintas de serviços de saúde. Diferem as necessidade e o perfil epidemiológico, além das estratégias de abordagem a serem adotadas para cada grupo.

À medida que essa diversidade vai sendo reconhecida, a legislação vai enriquecendo, de modo a impulsionar a gestão a avançar para novas formas de abordagem e proteção.

Vamos tratar, aqui, de alguns desses grupos e das políticas voltadas para seu atendimento, considerando sempre que outras políticas e ações específicas podem se unir a essa lista conforme aprofundamos a análise sobre o SUS, bem como que os próprios segmentos vão ganhando reconhecimento no âmbito da saúde.

6.1.1 Saúde indígena

A população indígena compreende raízes e práticas culturais próprias, que devem ser respeitadas e valorizadas. A Constituição Federal (CF) de 1988 protege essa população e reconhece suas singularidades, a exemplo do teor do *caput* de seu art. 231: "São reconhecidos aos índios sua organização social, costumes, línguas, crenças e tradições, e os direitos originários sobre as terras que tradicionalmente ocupam, competindo à União demarcá-las, proteger e fazer respeitar todos os seus bens" (Brasil, 1988).
As especificidades de atendimento em saúde para essa população estão compreendidas no texto da Lei n. 8.080 de 19 de setembro de 1990 (Brasil, 1990b), em seu art. 19, que trata do "subsistema de atenção à saúde indígena". No ano de 1999, com a aprovação da Lei n. 9.836, de 23 de setembro de 1999 (Brasil, 1999c) que ficou conhecida como *Lei Arouca* –, esse dispositivo foi alterado e desdobrado em oito artigos de identificação alfanumérica, que ampliam e detalham as previsões legais referentes à proteção em saúde para índios e índias.
Vejamos o texto da Lei n. 8.080/1990 após a alteração de 1999:

> Art. 19-A. As ações e serviços de saúde voltados para o atendimento das populações indígenas, em todo o território nacional, coletiva ou individualmente, obedecerão ao disposto nesta Lei.
>
> Art. 19-B. É instituído um Subsistema de Atenção à Saúde Indígena, componente do Sistema Único de Saúde – SUS, criado e definido por esta Lei, e pela Lei nº 8.142, de 28 de dezembro de 1990, com o qual funcionará em perfeita integração.
>
> Art. 19-C. Caberá à União, com seus recursos próprios, financiar o Subsistema de Atenção à Saúde Indígena.

Art. 19-D. O SUS promoverá a articulação do Subsistema instituído por esta Lei com os órgãos responsáveis pela Política Indígena do País.

Art. 19-E. Os Estados, Municípios, outras instituições governamentais e não-governamentais poderão atuar complementarmente no custeio e execução das ações.

Art. 19-F. Dever-se-á obrigatoriamente levar em consideração a realidade local e as especificidades da cultura dos povos indígenas e o modelo a ser adotado para a atenção à saúde indígena, que se deve pautar por uma abordagem diferenciada e global, contemplando os aspectos de assistência à saúde, saneamento básico, nutrição, habitação, meio ambiente, demarcação de terras, educação sanitária e integração institucional.

Art. 19-G. O Subsistema de Atenção à Saúde Indígena deverá ser, como o SUS, descentralizado, hierarquizado e regionalizado.

§ 1º O Subsistema de que trata o caput deste artigo terá como base os Distritos Sanitários Especiais Indígenas.

§ 2º O SUS servirá de retaguarda e referência ao Subsistema de Atenção à Saúde Indígena, devendo, para isso, ocorrer adaptações na estrutura e organização do SUS nas regiões onde residem as populações indígenas, para propiciar essa integração e o atendimento necessário em todos os níveis, sem discriminações.

§ 3º As populações indígenas devem ter acesso garantido ao SUS, em âmbito local, regional e de centros especializados, de acordo com suas necessidades, compreendendo a atenção primária, secundária e terciária à saúde.

Art. 19-H. As populações indígenas terão direito a participar dos organismos colegiados de formulação, acompanhamento e avaliação das políticas de saúde, tais como o Conselho Nacional de Saúde e os Conselhos Estaduais e Municipais de Saúde, quando for o caso. (Brasil, 1990b, 1999c)

Em 27 de agosto de 1999, foi aprovado o Decreto n. 3.156 (Brasil, 1999a), que dispõe sobre as condições para a prestação de assistência à saúde dos povos indígenas, no âmbito do SUS. Em 31 de janeiro de 2002, foi aprovada a Política Nacional de Atenção à Saúde dos Povos Indígenas, por meio da Portaria n. 254 do Ministério da Saúde (Brasil, 2002a).

Os serviços de saúde para a população indígena consolidaram-se com base nos mesmos princípios e diretrizes do SUS, tendo reconhecidas suas especificidades culturais, comunitárias e epidemiológicas.

O Quadro 6.1 traz as diretrizes específicas da atenção em saúde para os povos indígenas, segundo as normativas legais anteriormente mencionadas:

Quadro 6.1 – Diretrizes da atenção em saúde para os povos indígenas

Decreto n. 3.156/1999	Política Nacional
▪ Desenvolvimento de esforços que contribuam para o equilíbrio da vida econômica, política e social das comunidades indígenas. ▪ Redução da mortalidade, em especial a materna e a infantil. ▪ Interrupção do ciclo de doenças transmissíveis. ▪ Controle da desnutrição, da cárie dental e da doença periodontal. ▪ Restauração das condições ambientais, cuja violação se relacione diretamente com o surgimento de doenças e de outros agravos da saúde. ▪ Assistência médica e odontológica integral, prestada por instituições públicas em parceria com organizações indígenas e outras da sociedade civil. ▪ Garantia aos índios e às comunidades indígenas de acesso às ações de nível primário, secundário e terciário do SUS. ▪ Participação das comunidades indígenas envolvidas na elaboração da política de saúde indígena, de seus programas e projetos de implementação. ▪ Reconhecimento da organização social e política, dos costumes, das línguas, das crenças e das tradições dos índios.	▪ Organização dos serviços de atenção à saúde dos povos indígenas na forma de Distritos Sanitários Especiais e Pólos-Base, no nível local, onde a atenção primária e os serviços de referência se situam. ▪ Preparação de recursos humanos para atuação em contexto intercultural. ▪ Monitoramento das ações de saúde dirigidas aos povos indígenas. ▪ Articulação dos sistemas tradicionais indígenas de saúde. ▪ Promoção do uso adequado e racional de medicamentos. ▪ Promoção de ações específicas em situações especiais. ▪ Promoção da ética na pesquisa e nas ações de atenção à saúde envolvendo comunidades indígenas. ▪ Promoção de ambientes saudáveis e proteção da saúde indígena. ▪ Controle social.

Fontes: Elaborado com base em Brasil, 1999a, 2002a.

É importante frisar que, embora exista uma política nacional de saúde, voltada a toda a população indígena, ela é composta por diferentes comunidades, cujas particularidades devem ser conhecidas, reconhecidas e respeitadas. A organização dos serviços de saúde, nessa política, ocorre por meio dos distritos sanitários especiais, que constituem os espaços de referência em cada diferente comunidade. Cada distrito sanitário especial deve compreender um território geograficamente bem delimitado, dividido segundo características culturais e perfil epidemiológico da população, compreendendo cobertura de serviços de atenção primária em saúde – APS, dentro de seus limites, e integração com as redes de atenção em saúde da região a qual pertencem (Brasil, 1999a, 2002a).

A oferta de saúde a esses povos deve respeitar e integrar-se com suas práticas tradicionais de saúde, cuja constituição histórica é distinta e cumula diferentes saberes.

> Os sistemas tradicionais indígenas de saúde são baseados em uma abordagem holística de saúde, cujo princípio é a harmonia de indivíduos, famílias e comunidades com o universo que os rodeia. As práticas de cura respondem a uma lógica interna de cada comunidade indígena e são o produto de sua relação particular com o mundo espiritual e os seres do ambiente em que vivem. Essas práticas e concepções são, geralmente, recursos de saúde de eficácias empírica e simbólica, de acordo com a definição mais recente de saúde da Organização Mundial de Saúde.
>
> Portanto, a melhoria do estado de saúde dos povos indígenas não ocorre pela simples transferência para eles de conhecimentos e tecnologias da biomedicina, considerando-os como receptores passivos, despossuídos de saberes e práticas ligadas ao processo saúde-doença. (Brasil, 2002a, p. 17)

Tamanhas especificidades exigem capacitação especial das equipes, de maneira a promover a integração intercultural e assegurar o acesso das comunidades indígenas à integralidade do direito à saúde. A questão indígena se desdobra em desafios de gestão e operacionalização relacionados, ainda, ao isolamento geográfico e distanciamento das demais estruturas de proteção à saúde no âmbito do SUS; às relações internacionais demandadas pela atuação em comunidades fronteiriças; às implicações de caráter ambiental; e outras. Esses e outros desafios devem estar compreendidos no conjunto de pactuações definidas nos âmbitos regionais e estaduais aos quais pertencem.

Nas diretrizes apontadas para essa política, há um reforço da necessária participação popular. Essa reafirmação indica a importância e a imprescindibilidade da participação dos povos indígenas no planejamento e na avaliação dos serviços de saúde que lhes são prestados, por meio de instâncias democráticas. O controle social, nesse caso, é exercido oficialmente por meio dos conselhos distritais de saúde e de sua representação nos conselhos municipais de saúde, ambos de composição paritária.

Toda operacionalização da saúde à população indígena deve ocorrer no âmbito do SUS, estando compreendidas dentro de redes e regiões de saúde, que assegurem a cobertura plena e universal, em igualdade com os demais cidadãos e grupos populacionais.

6.1.2 Saúde da mulher

A saúde da mulher também é um campo com bastante especificidades. À mulher estão relacionadas situações de saúde referentes à maternidade (fertilidade, contracepção, gestação, parto, pós-parto, puerpério, amamentação); riscos de doenças com maior incidência e agravo junto ao público feminino; condições culturais e sociais vivenciadas por mulheres, como o maior risco para a violência doméstica e violência sexual.

Na Lei n. 8.080/1990, essa especificidade está diretamente relacionada à questão do parto, quando é definido o "Subsistema de acompanhamento durante o trabalho de parto, parto e pós-parto imediato", previsto no art. 19 alterado pela Lei n. 11.108, de 7 de abril de 2005 (Brasil, 2005a), incorporando o art. 19-J, cujo texto transcrevemos a seguir:

> Art. 19-J. Os serviços de saúde do Sistema Único de Saúde – SUS, da rede própria ou conveniada, ficam obrigados a permitir a presença,

junto à parturiente, de 1 (um) acompanhante durante todo o período de trabalho de parto, parto e pós-parto imediato.

§ 1º O acompanhante de que trata o caput deste artigo será indicado pela parturiente.

§ 2º As ações destinadas a viabilizar o pleno exercício dos direitos de que trata este artigo constarão do regulamento da lei, a ser elaborado pelo órgão competente do Poder Executivo.

§ 3º Ficam os hospitais de todo o País obrigados a manter, em local visível de suas dependências, aviso informando sobre o direito estabelecido no caput deste artigo. (Brasil, 1990b)

Portanto, esse direito está diretamente relacionado à possibilidade de que a mulher conte com a presença de um acompanhante na sala de parto conforme sua escolha. Assim, as especificidades da saúde da mulher na Lei n. 8.080/1990 estão voltadas à questão da maternidade e do parto. Contudo, a gestão e operacionalização da atenção à saúde das mulheres abrange um conjunto maior de normas que definem as demandas dessa parcela da população. Podemos destacar as seguintes:

Quadro 6.2 – Legislação de proteção e atendimento em saúde para a mulher

Lei	Assunto
Lei n. 11.664, de 29 de abril de 2008	Ações de saúde que assegurem a prevenção, a detecção, o tratamento e o seguimento dos cânceres do colo uterino e de mama, no âmbito do SUS (Brasil, 2008a).
Lei n. 11.634, de 27 de dezembro de 2007	Direito da gestante ao conhecimento e à vinculação à maternidade onde receberá assistência no âmbito do SUS (Brasil, 2007a).
Lei n. 11.340, de 7 de agosto de 2006 (Lei Maria da Penha)	Mecanismos para coibir a violência doméstica e familiar contra a mulher (Brasil, 2006a).

(continua)

(Quadro 6.2 – conclusão)

Lei	Assunto
Lei n. 11.108, de 7 de abril de 2005	Altera a Lei n. 8.080, de 19 de setembro de 1990, para garantir às parturientes o direito à presença de acompanhante durante o trabalho de parto, parto e pós-parto imediato, no âmbito do SUS (Brasil, 2005a).
Lei n. 10.778, de 24 de novembro de 2003	Estabelece a notificação compulsória, no território nacional, do caso de violência contra a mulher que for atendida em serviços de saúde públicos ou privados (Brasil, 2003b).
Lei n. 9.263, de 12 de janeiro de 1996	Regula o § 7º do art. 226 da Constituição Federal, que trata do planejamento familiar, estabelece penalidades e dá outras providências (Brasil, 1996a).

Em 2004, o Ministério da Saúde desenvolveu um documento norteador para ações relativas a essa população denominado *Política Nacional de Atenção à Saúde Integral da Mulher: princípios e diretrizes*. Foram apontadas necessidades e riscos de saúde relacionados ao público feminino e foi reforçada a necessidade de uma atenção especial quanto às seguintes questões: mortalidade materna; precariedade na atenção obstétrica; abortamento em condições de risco; precariedade da assistência em anticoncepção; incidência de IST/HIV/Aids[1]; saúde mental e gênero; violência doméstica e sexual; doenças crônico degenerativas e câncer ginecológico. Também foram previstos entre o grupo populacional feminino, subgrupos que apresentavam demandas ainda mais específicas, como saúde das mulheres adolescentes; saúde da mulher no climatério/menopausa; saúde das mulheres lésbicas;

---

[1] Confira os conceitos de IST/HIV/Aids, disponíveis no Portal do Ministério da Saúde: **IST**: "A terminologia Infecções Sexualmente Transmissíveis (IST) passa a ser adotada em substituição à expressão Doenças Sexualmente Transmissíveis (DST), porque destaca a possibilidade de uma pessoa ter e transmitir uma infecção, mesmo sem sinais e sintomas". **HIV**: "HIV é a sigla em inglês do vírus da imunodeficiência humana. Causador da Aids, ataca o sistema imunológico, responsável por defender o organismo de doenças". **Aids**: "Ter o HIV não é a mesma coisa que ter aids. Há muitos soropositivos que vivem anos sem apresentar sintomas e sem desenvolver a doença". Saiba mais acessando o *link*: <http://www.aids.gov.br>.

saúde das mulheres negras; saúde das mulheres indígenas; saúde das mulheres residentes e trabalhadoras na área rural; saúde das mulheres presidiárias (Brasil, 2004c).

Esse mesmo documento propõe a humanização e a qualidade como princípios que devem nortear a Política Nacional de Atenção às Saúde Integral da Mulher, sob o ponto de vista da superação de uma trajetória que foi permeada por discriminações, despreparo e falta de acesso. Quanto às diretrizes, as de caráter mais específico apontam como indispensáveis: o atendimento qualificado em saúde, considerando as patologias prevalentes das mulheres; a atenção a todos os ciclos de vida, ponderando as especificidades dos subgrupos populacionais femininos (ex.: mulheres negras, mulheres presidiárias etc.); a superação dos limites da saúde reprodutiva e sexual, buscando a promoção da saúde da mulher (Brasil, 2004c).

6.1.3 Saúde do homem

Assim como as mulheres, também os homens têm particularidades quanto a suas demandas de saúde, com diferentes características relacionadas às doenças de maior incidência, às principais causas de morte e às formas de reprodução cultural da relação do homem com os serviços de saúde.

Em 27 de agosto de 2009, foi aprovada a Portaria n. 1.944 (Brasil, 2009d), que institui a Política Nacional de Atenção Integrada à Saúde do Homem. Entre as principais necessidades para construção de uma política de saúde voltada para o público masculino destacou-se a questão cultural da menor procura de serviços de saúde pelos homens, reforçada por ideários machistas de afirmação de sua força e negação das vulnerabilidades; bem como evidenciou-se um vazio de proteção em saúde ao público masculino adulto, uma vez que a prática de atenção a populações específicas privilegiava a atenção às mulheres, às crianças e aos idosos. Dessa forma, a política que trata da saúde do homem é voltada, prioritariamente, àqueles compreendidos na faixa dos 20 aos 59 anos (Brasil, 2008b, 2009d).

São demandas de especial atenção junto à população masculina a maior incidência de doenças crônicas; o maior desenvolvimento de doenças que poderiam ser evitadas com a prevenção em APS; a exposição e o envolvimento em práticas de violência; e os indicadores que apontam menor expectativa de vida dos homens em relação às mulheres.

A seguir, o diagnóstico da saúde masculina que fundamentou o desenvolvimento da política de saúde voltada para esse público:

> Os desafios a superar são imensos, a começar pelas causas externas de mortalidade, onde o predomínio dos óbitos do sexo masculino é devastador. A violência, por exemplo, vítima no geral o dobro de homens em relação às mulheres, e ao triplo, se considerarmos a faixa de 20 a 39 anos. Enquanto isso, de cada cem óbitos em acidentes de transporte terrestre, oitenta e dois são de homens, em geral jovens. Os homens são responsáveis por pelo menos seis de cada dez óbitos por doenças do aparelho circulatório e, no conjunto, esta é uma faixa etária em que a mortalidade masculina é pelo menos o dobro da feminina. No Brasil, a esperança de vida ao nascer já atingiu a média de 76,71 anos para as mulheres e 69,11 para os homens –, um indicador cuja melhoria está ligada fundamentalmente à elevação da expectativa de vida dos homens. (Brasil, 2008b, p. 8)

Um dos fundamentos da política de saúde para os homens é a integração com as políticas para mulheres, adolescentes e idosos. Outro aspecto essencial está relacionado ao investimento em ações de promoção e prevenção em saúde, com foco ao atendimento do homem na APS. Para tanto, são necessárias tanto ações de gestão e intervenção coerentes com essas premissas quanto devem ser ampliadas as vias de educação em saúde voltadas ao público masculino, a fim de promover a esse público o compromisso com o (auto) cuidado, esfera que tradicionalmente se atribui à mulher, e o reconhecimento da importância da busca pelos serviços de saúde já na APS, evitando seu agravamento, que obriga intervenções em nível secundário ou terciário (Brasil, 2008b, 2009d).

6.1.4 Saúde da criança

A saúde da criança é um direito inerente à perspectiva da universalidade do direito à saúde e reafirmado pelo Estatuto da Criança e do Adolescente – ECA, Lei n. 8.069, de 13 de julho de 1990 (Brasil, 1990a).

O ECA é, no Brasil, a legislação que define os direitos da população de até 18 anos, reconhecendo como crianças aqueles entre 0 e 11 anos e, como adolescentes, os entre 12 e 18 anos incompletos. Essa lei define cinco direitos fundamentais: à vida e saúde; à liberdade, respeito e dignidade; à convivência familiar e comunitária; à educação, cultura, esporte e lazer; e à profissionalização e proteção no trabalho (Brasil, 1990a).

A respeito do direito à vida e saúde, é reafirmado o papel essencial do SUS na promoção, proteção e recuperação da saúde, desde a gestação. Outro aspecto inerente ao ECA e que impacta na atenção de saúde a esse público é a aplicação do princípio da prioridade absoluta, segundo o qual crianças e adolescentes detêm direito à prioridade nos atendimentos de que necessitem. Preservadas as classificações de risco, a criança e o adolescente devem ser atendidos prioritariamente. Por exemplo: se duas pessoas estão esperando por serviços de atendimento de urgências em uma unidade de pronto atendimento, com semelhante quadro de risco, e uma delas é uma criança e a outra é um adulto, a criança será atendida primeiro, ainda que tenha sido trazida à unidade depois do adulto (Brasil, 1990a).

A integralidade do direito à saúde para a criança exige também atendimento de qualidade para sua mãe, principalmente durante os períodos gestacional, do parto e dos primeiros meses de vida. Estão compreendidas ações transversais de saúde da criança e de saúde da mulher relacionadas a essas temáticas.

Para saber mais

Uma forma de compreender de maneira mais completa o direito à saúde para crianças e adolescentes é a reflexão sobre os arts. 7º ao 14 do ECA, que tratam especificamente do direito fundamental à vida e saúde. Recomendamos a leitura e reforçamos que será fundamental para a melhor compreensão do tema aqui discutido.

BRASIL. Lei n. 8.069, de 13 de julho de 1990. Estatuto da Criança e do Adolescente. **Diário Oficial da União**, Poder Legislativo, Brasília, DF, 16 jul. 1990. Disponível em: <http://www.planalto.gov.br/ccivil_03/LEIS/L8069.htm>. Acesso em 15 fev. 2019.

As demandas de atenção à saúde na infância são diversas. Com vistas à adequada organização dos serviços de saúde voltados a esse público, em 5 de agosto de 2015, foi aprovada a Portaria n. 1.130 (Brasil, 2015e), que institui a Política Nacional de Atenção Integral à Saúde da Criança – PNAISC.

A PNAISC tem por objetivo promover e proteger a saúde da criança e o aleitamento materno, por meio de cuidados integrais e integrados da gestação aos 9 anos de vida, com especial atenção à primeira infância e às populações de maior vulnerabilidade, visando à redução da morbimortalidade e a um ambiente facilitador à vida, com condições dignas de existência e pleno desenvolvimento (Brasil, 2015e). A PNAISC está estruturada em sete eixos estratégicos:

1. atenção humanizada e qualificada à gestação, ao parto, ao nascimento e ao recém-nascido;
2. aleitamento materno e alimentação complementar saudável;
3. promoção e acompanhamento do crescimento e do desenvolvimento integral;

4. atenção integral a crianças com agravos prevalentes na infância e com doenças crônicas;
5. atenção integral à criança em situação de violências, prevenção de acidentes e promoção da cultura de paz;
6. atenção à saúde de crianças com deficiência ou em situações específicas e de vulnerabilidade;
7. vigilância e prevenção do óbito infantil, fetal e materno. (Brasil, 2015e)

Um aspecto relevante no atendimento a esse público é a proteção diante de situações de violência. Os trabalhadores da área da saúde, atuantes no SUS e na rede conveniada, são capacitados e orientados para identificar sinais de violência entre os sintomas e comportamentos apresentados pelas crianças. Além das doenças que afetam crianças e adolescentes, as diferentes formas de violência expressam-se como importante fator de risco para a saúde, o bem-estar e a vida dessa população.

A Portaria n. 1.968, de 25 de outubro de 2001 (Brasil, 2001c), dispõe sobre a obrigatoriedade de notificação ao Conselho Tutelar sobre casos de identificação (ou suspeita) de violências contra crianças e adolescentes. Os responsáveis técnicos – de todas as entidades de saúde integrantes ou participantes, a qualquer título, do SUS – deverão notificar ao Conselho Tutelar da localidade todo caso de maus-tratos contra crianças e adolescentes (Brasil, 2001c).

O Ministério da Saúde estabelece diretrizes para notificação, acolhimento, encaminhamento e articulação com demais serviços da rede de proteção, a fim de que seja dado o melhor atendimento a crianças e adolescentes vítimas de violência, em um compromisso que ultrapassa os limites cotidianos dos serviços de saúde e materializa as concepções de uma saúde ampliada, comprometida com o pleno bem-estar do usuário, em seus aspectos físico, mental e social (Brasil, 2014a).

6.1.5 Saúde da pessoa idosa

A política de saúde voltada à população idosa compreende características bastante singulares. Uma delas é que há maior necessidade de atendimentos em saúde para essa população, em razão das fragilidades próprias desse ciclo de vida. Outra é que a saúde na velhice está relacionada à atenção à saúde durante todo o curso de vida. No Brasil, o indicador referente à expectativa de vida vem apresentando evolução contínua. A população brasileira tem vivido mais, o que é um dado bastante favorável. Contudo, expressa um novo desafio: o envelhecimento saudável e ativo. Assim, há um conjunto de demandas que perpassa a promoção da saúde ao longo da vida; a prevenção das doenças de maior incidência entre a população idosa; o acompanhamento de doenças crônicas; e o tratamento de doenças relacionadas ou não à senilidade, mas que atingem esse grupo.

O investimento em políticas públicas para a pessoa idosa, contudo, caracteriza um desafio diante de uma cultura que revela preconceito e desrespeita a velhice. Para enfrentar esse panorama, as políticas de saúde para a pessoa idosa devem compreender a valorização dessa etapa da vida (Brasil, 2006c).

Um dos referenciais para consolidação de uma política de saúde para a pessoa idosa é o Plano de Madri, que definiu metas e estratégias para o envelhecimento, de maneira que sejam asseguradas e promovidas a saúde, o protagonismo e os demais direitos humanos. Segundo esse plano, a velhice deve ser considerada sob a ótica de sua contribuição para a sociedade.

> Reconhecemos que é necessária uma ação acordada para transformar as oportunidades e a qualidade de vida de homens e mulheres, à medida que envelhecem e para assegurar o sustento de seus sistemas de ajuda, construindo assim o fundamento de uma sociedade para todas as idades. Quando o envelhecimento é aceito como um fim, é o recurso a competências, experiências e recursos humanos dos grupos idosos é assumido com naturalidade como vantagem para o crescimento de sociedades humanas maduras, plenamente integradas. (ONU, 2003, p. 20)

Outra referência é a Lei n. 10.741, de 1º de outubro de 2003 (Brasil, 2003a), conhecida como *Estatuto do Idoso*, que define a saúde como um direito fundamental da pessoa idosa, além de reforçar que deve ser prestada com qualidade, de forma gratuita, universal e integral, pelo SUS.

> Art. 15. É assegurada a atenção integral à saúde do idoso, por intermédio do Sistema Único de Saúde – SUS, garantindo-lhe o acesso universal e igualitário, em conjunto articulado e contínuo das ações e serviços, para a prevenção, promoção, proteção e recuperação da saúde, incluindo a atenção especial às doenças que afetam preferencialmente os idosos. (Brasil, 2003a)

Em 19 de outubro de 2006, foi publicada a Portaria n. 2.528 (Brasil, 2006c), que aprova a Política Nacional de Saúde da Pessoa Idosa. Observemos, a seguir, a concepção de saúde e as diretrizes estabelecidas nessa política.

Concepção de saúde

> Envelhecer, portanto, deve ser com saúde, de forma ativa, livre de qualquer tipo de dependência funcional, o que exige promoção da saúde em todas as idades. Importante acrescentar que muitos idosos brasileiros envelheceram e envelhecem apesar da falta de recursos e da falta de cuidados específicos de promoção e de prevenção em saúde. Entre esses estão os idosos que vivem abaixo da linha de pobreza, analfabetos, os sequelados de acidentes de trabalho, os amputados por arteriopatias, os hemiplégicos, os idosos com síndromes demenciais, e para eles também é preciso achar respostas e ter ações específicas. (Brasil, 2006c)

Diretrizes

São apresentadas abaixo as diretrizes da Política Nacional de Saúde da Pessoa Idosa:

a) promoção do envelhecimento ativo e saudável;

b) atenção integral, integrada à saúde da pessoa idosa;

c) estímulo às ações intersetoriais, visando à integralidade da atenção;

d) provimento de recursos capazes de assegurar qualidade da atenção à saúde da pessoa idosa;
e) estímulo à participação e fortalecimento do controle social;
f) formação e educação permanente dos profissionais de saúde do SUS na área de saúde da pessoa idosa;
g) divulgação e informação sobre a Política Nacional de Saúde da Pessoa Idosa para profissionais de saúde, gestores e usuários do SUS;
h) promoção de cooperação nacional e internacional das experiências na atenção à saúde da pessoa idosa; e
i) apoio ao desenvolvimento de estudos e pesquisas. (Brasil, 2006c)

A preocupação com o envelhecimento populacional brasileiro e as crescentes demandas de saúde da pessoa idosa definiram esse público como um dos grupos prioritários na implementação das RAS. Foi, então, constituída a Rede de Atenção à Saúde da Pessoa Idosa.

Além das políticas para os grupos populacionais aqui apresentados, existem também outras, para grupos que tiveram suas especificidades reconhecidas no campo da saúde, entre os quais podemos citar:

- jovens e adolescentes;
- pessoas com deficiência;
- pessoas no sistema prisional;
- população negra;
- população do campo e da floresta.

Além destes, também outros grupos podem ser incorporados a essa lista à medida que sejam identificadas características que demandem por uma atenção em saúde mais consciente sobre suas diferenças (físicas, culturais, territoriais etc.).

6.2 Políticas de saúde por área de atendimento

Também são desenvolvidas políticas de saúde que não visam atender às distinções por grupo populacional, mas que se dedicam às especificidades da atenção ofertada, conforme suas necessidades. Destacamos, nesse grupo, as políticas de saúde mental, saúde bucal e atenção farmacêutica, as quais abordaremos na sequência. Contudo, várias outras políticas relacionadas aos tipos de demanda e de procedimentos adotados compõem o SUS, passando por etapas da atenção primária até a atenção terciária, voltadas a doenças crônicas ou episódios agudos. As políticas escolhidas para aprofundamento, contudo, expressam-se por sua ampla demanda, presente nos mais distintos grupos populacionais e em todas as regiões de saúde.

6.2.1 Saúde mental

Ao rememorar a história da saúde no Brasil, constatamos que a saúde mental era tratada na perspectiva da exceção e da segregação. Desde o Império até 2001, a prática de tratamento em saúde mental privilegiava o internamento hospitalar, não tinha critérios precisos de participação do paciente no aceite e na condução do tratamento, bem como não estavam claras as vias de promoção da alta hospitalar e manutenção da vivência familiar e comunitária. O modelo de atenção psicossocial mudou com a aprovação da Lei n. 10.216, de 06 de abril de 2001 (Brasil, 2001b), que "dispõe sobre a proteção e os direitos das pessoas portadoras de transtornos mentais e redireciona o modelo assistencial em saúde mental". Essa lei proporciona uma reorganização radical dos serviços de atenção à saúde mental, alinhada a princípios de direitos humanos, superação de preconceitos e reconhecimento da identidade, autonomia e participação do usuário. Se, antes, as pessoas identificadas como doentes mentais eram separadas da sociedade, chegando a ser internadas permanentemente em instituições psiquiátricas sob a alegação de incapacidade para o convívio social e potencial oferta de risco a si e/ou a outrem, agora, pessoas com diagnóstico de doença mental são sujeitos de direitos (Brasil, 2001b):

> Art. 2º Nos atendimentos em saúde mental, de qualquer natureza, a pessoa e seus familiares ou responsáveis serão formalmente cientificados dos direitos enumerados no parágrafo único deste artigo.
>
> Parágrafo único. São direitos da pessoa portadora de transtorno mental:
>
> I – ter acesso ao melhor tratamento do sistema de saúde, consentâneo às suas necessidades;
>
> II – ser tratada com humanidade e respeito e no interesse exclusivo de beneficiar sua saúde, visando alcançar sua recuperação pela inserção na família, no trabalho e na comunidade;
>
> III – ser protegida contra qualquer forma de abuso e exploração;
>
> IV – ter garantia de sigilo nas informações prestadas;
>
> V – ter direito à presença médica, em qualquer tempo, para esclarecer a necessidade ou não de sua hospitalização involuntária;
>
> VI – ter livre acesso aos meios de comunicação disponíveis;
>
> VII – receber o maior número de informações a respeito de sua doença e de seu tratamento;
>
> VIII – ser tratada em ambiente terapêutico pelos meios menos invasivos possíveis;
>
> IX – ser tratada, preferencialmente, em serviços comunitários de saúde mental. (Brasil, 2001b)

Além dos direitos supracitados, a Lei n. 10.216/2001 também reestabelece o modelo de atendimento com base nos seguintes aspectos:

- oferta de serviços em saúde mental, em estabelecimentos de saúde mental, de responsabilidade do Estado, com a participação da família e da sociedade;
- internação hospitalar como medida extraordinária a ser tomada quando esgotadas outras possibilidades de atendimento;

- internação permitida somente em unidades capazes de oferecer assistência integral para recuperação da saúde mental e cujo programa terapêutico compreende a reinserção social do paciente;
- desenvolvimento de programas e políticas voltados à reinserção social dos pacientes que se encontravam internados sob os moldes de atendimento do modelo antigo;
- exigência de laudo médico circunstanciado que justifique a necessidade da internação;
- classificação dos tipos de internação psiquiátrica em internação voluntária, com consentimento do paciente; internação involuntária, feita a pedido de terceiros (sem o consentimento do paciente, mas devidamente justificada por laudo médico e comunicada ao Ministério Público estadual); e internação compulsória, determinada pela Justiça;
- todos os tipos de internação classificados compreendem previsão de tratamento, alta e reinserção social. (Brasil, 2001b)

Essa lei redefine, portanto, todo o modelo de atenção em saúde mental, que até então era focado no atendimento hospitalar, dando agora um destaque para a reinserção social e o direito à convivência familiar e comunitária. A maior exigência de planos terapêuticos comprometidos com a alta, bem como de laudos e documentos que atestem e justifiquem a real necessidade da internação, democratiza esse espaço de atendimento em saúde e inibe que seja utilizado como uma forma de controle, ameaça ou opressão. Agora, ainda que haja internação, tal procedimento está diretamente alinhado a um plano de tratamento e à necessária alta, com consequente retorno para o convívio de origem. Dessa forma, enfrenta-se o problema das pessoas que, uma vez hospitalizadas, eram privadas de liberdade definitivamente, expostas a um regime semelhante ao de uma prisão perpétua, sem terem sido julgadas nem condenadas, e sem direito à defesa.

Evidentemente, a força da lei por si não redefine imediatamente práticas, costumes e modelos. O novo formato de atendimento foi sendo incorporado gradativamente, a partir de ações sistemáticas de condução de alta hospitalar a todos os internos das instituições psiquiátricas, bem como do estabelecimento de novos espaços de atendimento, como os hospitais dia (regime ambulatorial) e os centros de atenção psicossocial – Caps. Essas mudanças não ocorreram sem impacto, uma vez que se tratava do rompimento de um modelo consolidado e praticado desde o período do Império. Muitos dos pacientes que deveriam receber alta já tinham perdido completamente seus vínculos familiares, bem como não haviam sido preparados para o convívio social, o trabalho/emprego e a organização autônoma de suas atividades diárias. A mudança foi orientada por diferentes frentes de ação, normatizadas em leis ou portarias específicas. O conjunto de mudanças que foi consolidando a transformação no atendimento em saúde mental no Brasil ficou conhecido como *Reforma Psiquiátrica*.

> A práxis da reforma psiquiátrica faz parte do cotidiano de um bom número de profissionais de saúde mental. Tem como uma das vertentes principais a desinstitucionalização com consequente desconstrução do manicômio e dos paradigmas que o sustentam. A substituição progressiva dos manicômios por outras práticas terapêuticas e a cidadania do doente mental vêm sendo objeto de discussão não só entre os profissionais de saúde, mas também em toda a sociedade. (Gonçalves; Sena, 2001, p. 49-50)

A Reforma Psiquiátrica tinha em sua base a crítica ao modelo manicomial, que fora originado na intenção de ofertar cuidados, porém se materializava como forma de controle das diferenças e espaço de sucessivos maus-tratos. As primeiras iniciativas de questionamento a esse modelo foram evidenciadas, na Europa, no período pós-guerra. A sensibilidade do povo europeu, após a experiência dos campos de concentração nazistas durante a Guerra, levou a interpretar esses espaços como danosos à dignidade humana. Uma primeira proposta de modelo alternativo surgiu na Itália, em Trieste. No Brasil, a nova forma de atendimento passou a ganhar evidência nas discussões acerca da saúde mental após a implementação e a vigência do SUS. Antes mesmo da aprovação da Lei da Reforma Psiquiátrica, houve intervenções em hospitais psiquiátricos brasileiros com o intuito de transformar a forma de atenção hospitalar/asilar convencional em iniciativas de maior respeito ao indivíduo, a seus direitos e à sua cidadania. (Lancetti; Amarante, 2017)

Destacamos aqui três importantes frentes no curso da Reforma Psiquiátrica:

1. Reorganização dos hospitais e leitos psiquiátricos, orientada pela Portaria n. 251, de 31 de janeiro de 2002, que "Estabelece diretrizes e normas para a assistência hospitalar em psiquiatria, reclassifica os hospitais psiquiátricos, define e estrutura, a porta de entrada para as internações psiquiátricas na rede do SUS e dá outras providências" (Brasil, 2002c).
2. Implementação do Programa De Volta pra Casa, que foi uma iniciativa de subsídio para a reintegração social de doentes que estavam internados há muito tempo e, por isso, encontravam-se sem vínculos ou com grande fragilidade nas relações familiares e sociais, além de não disporem de condições materiais para sustentar o retorno à família (Brasil, 2003g).
3. Implementação de novos espaços de saúde básica e ambulatoriais para atendimento específico em saúde mental. Foram, então, instituídos os Caps e as residências terapêuticas. Existem diferentes tipos de Caps, voltados para o público adulto e para o público infantil; diferenciados para o tratamento de transtornos mentais e para o tratamento de doenças relacionadas à dependência de álcool ou outras drogas; e também classificados segundo o potencial de atendimento, desde unidades mais simples até aquelas instrumentalizadas para atendimentos de caráter mais severo, inclusive com acolhimento noturno (Brasil, 2002d).

Atualmente, o atendimento em saúde mental baseia-se na perspectiva das redes, compondo a Rede de Atenção Psicossocial (RAPS), formalizada pela Portaria n. 3.088, de 23 de dezembro de 2011 (Brasil, 2011e).

A operacionalização da Reforma Psiquiátrica transcende os aspectos de remodelagem estruturais da prestação de serviços, que transforma as bases de atendimento hospitalares em centros de atenção. No entanto, pressupõe a chamada *reinvenção da cidadania*, em que os indivíduos a serem atendidos são compreendidos como sujeitos sociais e políticos e onde há maior centralidade no papel da família e da comunidade. O atendimento nos Caps deve considerar a aplicação de estratégias menos hierarquizadas na prática do cuidado, bem como promover essa nova cidadania (Lancetti; Amarante, 2017; Vasconcelos, 2010).

Amarante (2012, p. 652) destaca a Reforma Psiquiátrica como um processo complexo que, em seu curso, compreende e exige transformações em diferentes dimensões, como a epistemológica e todo o processo de "repensar, desconstruir e reconstruir" conceitos; a dimensão técnico-assistencial, no que se refere à organização e às práticas do cuidado; a dimensão jurídico-política, que envolve toda a normatização da compreensão social acerca da "loucura" e precisa avançar das concepções mais moralizantes, com vistas à defesa da cidadania desses sujeitos; e a dimensão sociocultural, que abrange toda a sociedade e se materializa à medida que conquistas vão sendo obtidas nas dimensões anteriores.

Destaque-se, ainda, que no Brasil, o advento da Reforma Psiquiátrica não se trata apenas de uma opção estratégica de gestão, mas é o resultado de intensa participação e mobilização popular. Evidências dessa participação localizam-se na realização das conferências de saúde mental e nas mais diversas expressões de movimentos sociais, que consolidam um corpo que ficou conhecido como *movimento nacional de luta antimanicomial* (Amarante, 2012).

A implementação do novo modelo de atenção psicossocial ainda não está plenamente consolidada. Existem resistências e fragilidades no novo modelo, que exigem contínua discussão e renovação de estratégias. O foco, contudo, é que sejam mantidos e concretizados os direitos dos pacientes nessa área.

6.2.2 Saúde bucal

Um componente fundamental na saúde integral é a saúde bucal. No Brasil, o atendimento odontológico está presente em todas as UBS, com equipes que trabalham não apenas com o tratamento dentário, mas com toda uma gama de ações de promoção e prevenção. Existem, também, ainda que em proporções menores, procedimentos odontológicos especializados, realizados em nível secundário ou terciário de atenção.

No ano de 2003, foi lançada pelo Ministério da Saúde a Política Nacional de Saúde Bucal, que compreende diretrizes e orientações para adequação dos serviços de saúde bucal ao funcionamento e princípios do SUS. Estabelece a atenção odontológica sob a perspectiva do conceito ampliado de saúde e orienta as ações de saúde bucal nas dimensões de promoção, proteção e recuperação em saúde (Brasil, 2019g, 2004b).

São consideradas **ações de promoção e proteção** à saúde bucal aquelas mais abrangentes, não restritas ao campo da saúde, mas que estão relacionadas a determinantes socioeconômicos de acesso a informação, água tratada (e fluoretada), condições de higiene, alimentação saudável, entre outros. Nesse campo, a Política Nacional de Saúde Bucal especifica as seguintes: fluoretação das águas; educação em saúde; higiene bucal supervisionada; e aplicação tópica de flúor. Na perspectiva da **recuperação** em saúde bucal, duas ações são fundamentais: o diagnóstico precoce e o tratamento iniciado logo em seguida à realização do diagnóstico, para evitar que se agravem os problemas de saúde identificados. Ainda são desenvolvidas ações relacionadas à recuperação, mas que, na lógica da Política Nacional, recebem uma classificação especial: a **reabilitação**. Nesse caso, são compreendidas ações de recuperação integral ou parcial de capacidades que haviam sido perdidas como consequência da situação de doença, envolvendo retorno às atividades de vida diária e ao convívio social (Brasil, 2004b).

Quanto aos níveis de atenção, a Política Nacional de Saúde Bucal determina o comprometimento com o desenvolvimento de suas ações nos três níveis. Reconhece-se que o campo prioritário do atendimento é a APS e destaca-se a participação dos profissionais especializados da área nas equipes de atenção básica e de saúde da família. A saúde é orientada a atender às demandas específicas de cada faixa etária, reconhecendo especificidade da primeira infância; da infância e adolescência; dos adultos; das pessoas idosas; e das gestantes. Ainda, é estabelecida a necessidade de investimentos para a consolidação de centros de referência de especialidades odontológicas – Creos, que devem oportunizar o acesso dos cidadãos aos serviços de nível secundário ou terciário de atenção, podendo ser organizados de forma regionalizada para prestar serviços como "tratamentos cirúrgicos periodontais, endodontias, dentística de maior complexidade, e procedimentos cirúrgicos compatíveis com esse nível de atenção" (Brasil, 2004b).

Assim como nas demais políticas de saúde, no âmbito do SUS, está preservada a gratuidade e a integralidade das ações de saúde bucal, compreendendo, inclusive, a disponibilização de órteses e próteses, a realização dos exames diagnósticos, bem como o acesso aos medicamentos necessários ao tratamento.

6.2.3 Atenção farmacêutica

A atenção farmacêutica prevista pelo SUS precisa ser mais divulgada para que se promova o efetivo acesso dos usuários à integralidade do atendimento em saúde. Mesmo após de 20 anos de aprovação da CF de 1988, que contempla a saúde com direito, ainda é muito comum que se acredite que o SUS dispõe apenas dos medicamentos mais simples e baratos e que os mais caros devem ser providenciados na rede privada, sob as custas do próprio usuário.

O conhecimento da história da política de saúde no Brasil, bem como dos aspectos referentes ao princípio da integralidade e do potencial de exigibilidade da saúde como direito, permite identificar que essa percepção foi construída historicamente e reproduzida, já que, mesmo na atualidade, não são devidamente implementadas as previsões legais do SUS.

Todo cidadão tem direito à medicação completa necessária a seu tratamento e à sua recuperação em saúde. Por sua vez, isso não significa que o Poder Público tenha de subsidiar o acesso a todo e qualquer medicamento disponível em razão de livre escolha do paciente ou indicação de seu médico. Existe uma regulamentação acerca dos tipos de medicamentos disponíveis pelo SUS e indicados para as diferentes formas de tratamento, nos diferentes níveis de atenção. Para compreender esse processo, é necessário entender o percurso histórico e a legislação de referência dessa política bastante específica e fundamental no campo da saúde.

A atenção farmacêutica no Brasil compõe ações organizadas da política de saúde, desde antes da aprovação do SUS. Um marco histórico importante ocorreu em 1971, com a criação da Central de Medicamentos – Ceme, órgão vinculado ao Ministério da Previdência e Assistência Social e, posteriormente, atrelado ao Ministério da Saúde. A Ceme chegou a ser reconhecida pelo desenvolvimento de pesquisas na área farmacêutica, mas teve como foco principal as ações de distribuição de medicamentos. Tinha características de uma gestão centralizada pelo Governo federal, que se responsabilizava pela disponibilização padronizada de medicamentos para todo território nacional. Uma das fragilidades desse modelo era a falta de adequação às necessidades regionais/locais e o consequente desperdício com investimento exagerado em certos tipos de medicamentos, que acabavam não sendo utilizados, ao passo que outros eram demandados e não disponibilizados. Em geral, a lacuna de oferta de medicamentos era relacionada àqueles de alto custo. Constavam, ainda, fragilidades na administração dos convênios para realização de pesquisas, que culminavam na ausência de demonstrativos de resultados, bem como, problemas de logística e distribuição, que decorriam no vencimento do prazo de validade dos medicamentos antes que chegassem à população. A Ceme vigorou mesmo durante o período de implantação do SUS, mas já se mostrava em descompasso

com as novas formas de entendimento e de gestão das políticas de saúde. Foi extinta em 24 de julho de 1997, por meio do Decreto n. 2.283 (Brasil, 1997a). A partir de então, passou a vigorar um novo formato para a política de atenção farmacêutica no Brasil, em convergência com o SUS (Brasil, 2003d, 2002b, 1997a).
No âmbito do SUS, a legislação fundamental acerca da atenção farmacêutica é composta pela Política Nacional de Medicamentos e pela Política Nacional de Assistência Farmacêutica, de 2004. Além destas, constam normativas relacionadas ao cofinanciamento das ações de assistência farmacêutica, que acompanham o desenvolvimento da política pública de saúde no Brasil e, por suas especificidades, são continuamente avaliadas e atualizadas.
A Política Nacional de Medicamentos foi regulamentada pela Portaria n. 3.916, de 30 de outubro de 1998 (Brasil, 1998). Foi construída segundo a lógica de funcionamento do SUS e orientava os gestores de todas as esferas de governo a revisarem planos, programas e atividades sob as novas diretrizes, prioridades e responsabilidades (Brasil, 1998). Segundo essa política, todos os gestores devem cooperar para que sejam assegurados à população medicamentos seguros, eficazes e de qualidade e, ainda, sob o menor custo possível. Para tanto, as ações relacionadas a essa dimensão da saúde púbica devem estar alinhadas às seguintes diretrizes:

- adoção de relação de medicamentos essenciais;
- regulamentação sanitária de medicamentos;
- reorientação da assistência farmacêutica;
- promoção do uso racional de medicamentos;
- desenvolvimento científico e tecnológico;
- promoção da produção de medicamentos;
- garantia da segurança, eficácia e qualidade dos medicamentos;
- desenvolvimento e capacitação de recursos humanos. (Brasil, 1998)

Um dos destaques dado pela Política Nacional de Medicamentos é a revisão constante da Relação Nacional de Medicamentos Essenciais – Rename. Trata-se de uma lista oficial de medicamentos disponibilizados pela saúde pública. Desde 1964 já havia listas como essas no Brasil, que vieram a ser atualizadas pela Ceme e receberam o nome de *Rename* no ano de 1975. Apesar da extinção da Ceme e da adoção de novas estratégias de gestão dos medicamentos, a permanência e constante atualização da Rename foi reafirmada (Brasil, 2015d, 2002b, 1998).

Avançando na implementação de uma política de atenção farmacêutica na lógica do SUS, foi aprovada, em 2004, a Política Nacional de Assistência Farmacêutica, sob a Resolução do Conselho Nacional nº 338, de 6 de maio de 2004 (Brasil, 2004a). Essa foi uma conquista resultante dos trabalhos da I Conferência Nacional de Medicamentos e Assistência Farmacêutica, realizada no ano anterior (Brasil, 2004a), e foi estabelecida com base nos seguintes princípios:

I. a Política Nacional de Assistência Farmacêutica é parte integrante da Política Nacional de Saúde, envolvendo um conjunto de ações voltadas à promoção, proteção e recuperação da saúde e garantindo os princípios da universalidade, integralidade e equidade;

II. a Assistência Farmacêutica deve ser compreendida como política pública norteadora para a formulação de políticas setoriais, entre as quais destacam-se as políticas de medicamentos, de ciência e tecnologia, de desenvolvimento industrial e de formação de recursos humanos, dentre outras, garantindo a intersetorialidade inerente ao sistema de saúde do país (SUS) e cuja implantação envolve tanto o setor público como privado de atenção à saúde;

III. a Assistência Farmacêutica trata de um conjunto de ações voltadas à promoção, proteção e recuperação da saúde, tanto individual como coletivo, tendo o medicamento como insumo essencial e visando o acesso e ao seu uso racional. Este conjunto envolve a pesquisa, o desenvolvimento e a produção de medicamentos e insumos, bem como a sua seleção, programação, aquisição, distribuição, dispensação, garantia da qualidade dos produtos e serviços, acompanhamento e avaliação de sua utilização, na perspectiva da obtenção de resultados concretos e da melhoria da qualidade de vida da população;

IV. as ações de Assistência Farmacêutica envolvem aquelas referentes à Atenção Farmacêutica, considerada como um modelo de prática farmacêutica, desenvolvida no contexto da Assistência Farmacêutica e compreendendo atitudes, valores éticos, comportamentos, habilidades, compromissos e co-responsabilidades na prevenção de doenças, promoção e recuperação da saúde, de forma integrada à equipe de saúde. É a interação direta do farmacêutico com o usuário, visando uma farmacoterapia racional e a obtenção de resultados definidos e mensuráveis, voltados para a melhoria da qualidade de vida. Esta interação também deve envolver as concepções dos seus sujeitos, respeitadas as suas especificidades bio-psico-sociais, sob a ótica da integralidade das ações de saúde. (Brasil, 2004a)

A Política Nacional de Assistência Farmacêutica aprovada em 2004 também referenda a Rename e, em 2005, foi criada a Comissão Técnica e Multidisciplinar de Atualização da Rename – Comare, que passa a revisar e publicar a Rename a partir de 2006 (Brasil, 2015f).

Esse documento é atualizado periodicamente. Em 2017, foi publicada a atualização e substituição da versão de 2014, por meio da Portaria n. 1.897, de 26 de julho de 2017 (Brasil, 2017d). Qualquer cidadão pode ter acesso à Rename acessando o *site* do Ministério da Saúde. A Rename 2017 apresenta a distinção de classificação dos medicamentos por níveis de complexidade, por ordem alfabética e, ainda, no formato recomendado pelo Organização Mundial de Saúde – OMS: o Sistema de Classificação Anatômica Terapêutica Química (Anatomical Therapeutic Chemical – ATC) Classification System, recomendado pela OMS (Brasil, 2017d).

A responsabilidade referente a custeio, aquisição ou produção e armazenamento e distribuição dos medicamentos são compartilhadas entre os três entes federados (municípios, estados e Governo federal). A organização dessas atribuições segue lógica semelhante à da classificação dos serviços e unidades: em níveis de atenção ou complexidade. Assim, a assistência farmacêutica compreende três importantes grupos: componente básico; componente estratégico e componente especializado. A Rename contém, ainda, os grupos de insumos e medicamentos de uso hospitalar. Vamos conhecer um pouco mais sobre cada um deles de acordo com a Rename 2017 (Brasil, 2017d):

- **Componente básico da atenção farmacêutica – Cbaf**: compreende insumos e medicamentos relacionados aos serviços de atenção básica. Seu financiamento é de responsabilidade das três esferas de gestão, cabendo aos municípios a aquisição e a distribuição.
- **Componente estratégico da assistência farmacêutica – Cesaf**: abrange insumos e medicamentos relacionados principalmente ao combate de endemias, inclusive aquelas relacionadas à pobreza e à vulnerabilidade social. Seu financiamento e sua aquisição ocorre por meio do Governo federal, e sua distribuição é mediada pelos estados, até chegar aos municípios e usuários finais. A respectiva disponibilização está relacionada à implementação de programas estratégicos de saúde, que compreendem:

> o atendimento de pessoas acometidas por tuberculose, hanseníase, malária, leishmanioses, doença de Chagas, cólera, esquistossomose, filariose, meningite, tracoma, micoses sistêmicas, bem como outras doenças decorrentes e perpetuadoras da pobreza. Também são garantidos antivirais para o combate à influenza, antirretrovirais para tratamento de pessoas vivendo com HIV/aids, hemoderivados e pró-coagulantes para pessoas com doenças hematológicas, vacinas, soros e imunoglobulinas, além de medicamentos e insumos destinados ao combate do tabagismo e ao programa de alimentação e nutrição. (Brasil, 2017d)

- **componente especializado da atenção farmacêutica – Ceaf**: está relacionado aos insumos e medicamentos para tratamento em nível ambulatorial. Tem a função de assegurar a dimensão farmacêutica da integralidade do atendimento. Seu financiamento e sua distribuição seguem critérios de complexidade e custo, em que a responsabilidade é mais descentralizada quanto menor for o custo e a complexidade, e mais centralizada à medida que se tornam mais caros ou complexos.
- **Insumos**: estão relacionados aos produtos de saúde necessários aos componentes básico e estratégicos.

※ **Medicamentos de uso hospitalar:** diferenciam-se dos demais no aspecto de gestão e cofinanciamento, uma vez que entram no rol de despesas/investimentos inerentes aos serviços hospitalares (Brasil, 2017d).

> **Compreenda a responsabilidade dos entes federados em assegurar a integralidade da atenção farmacêutica por meio do componente especializado da atenção farmacêutica:** o cofinanciamento do componente especializado da atenção farmacêutica cabe às três esferas de governo e é orientado pela Portaria n. 1.554, de 30 de julho de 2013 (Brasil, 2013c). Os medicamentos desse grupo devem estar alinhados a protocolos específicos de linhas de cuidado referentes às demandas em saúde que atendem. Para orientar a participação e responsabilidade de cada ente federado, os medicamentos são classificados em três grandes grupos. Segue transcrição dos art. 3º ao 7º da supracitada portaria:
>
>> Art. 3º Os medicamentos que fazem parte das linhas de cuidado para as doenças contempladas neste Componente estão divididos em três grupos conforme características, responsabilidades e formas de organização distintas:
>> I – Grupo 1: medicamentos sob responsabilidade de financiamento pelo Ministério da Saúde, sendo dividido em:
>> a) Grupo 1A: medicamentos com aquisição centralizada pelo Ministério da Saúde e fornecidos às Secretarias de Saúde dos Estados e Distrito Federal, sendo delas a responsabilidade pela programação, armazenamento, distribuição e dispensação para tratamento das doenças contempladas no âmbito do Componente Especializado da Assistência Farmacêutica; e
>> b) Grupo 1B: medicamentos financiados pelo Ministério da Saúde mediante transferência de recursos financeiros para aquisição pelas Secretarias de Saúde dos Estados e Distrito Federal sendo delas a responsabilidade pela programação, armazenamento, distribuição e dispensação para tratamento

das doenças contempladas no âmbito do Componente Especializado da Assistência Farmacêutica;

III – Grupo 2: medicamentos sob responsabilidade das Secretarias de Saúde dos Estados e do Distrito Federal pelo financiamento, aquisição, programação, armazenamento, distribuição e dispensação para tratamento das doenças contempladas no âmbito do Componente Especializado da Assistência Farmacêutica; e

IV – Grupo 3: medicamentos sob responsabilidade das Secretarias de Saúde do Distrito Federal e dos Municípios para aquisição, programação, armazenamento, distribuição e dispensação e que está estabelecida em ato normativo específico que regulamenta o Componente Básico da Assistência Farmacêutica.

Art. 4º Os grupos de que trata o art. 3º são definidos de acordo com os seguintes critérios gerais:

I – complexidade do tratamento da doença;

II – garantia da integralidade do tratamento da doença no âmbito da linha de cuidado; e

III – manutenção do equilíbrio financeiro entre as esferas de gestão do SUS.

Art. 5º O Grupo 1 é definido de acordo com os seguintes critérios específicos:

I – maior complexidade do tratamento da doença;

II – refratariedade ou intolerância a primeira e/ou a segunda linha de tratamento;

III – medicamentos que representam elevado impacto financeiro para o Componente Especializado da Assistência Farmacêutica; e

IV – medicamentos incluídos em ações de desenvolvimento produtivo no complexo industrial da saúde.

Art. 6º O Grupo 2 é definido de acordo com os seguintes critérios específicos:

menor complexidade do tratamento da doença em relação ao Grupo 1; e

refratariedade ou intolerância a primeira linha de tratamento.

Art. 7º O Grupo 3 é definido de acordo com os medicamentos constantes no Componente Básico da Assistência Farmacêutica e indicados pelos Protocolos Clínicos e Diretrizes

> Terapêuticas, publicados na versão final pelo Ministério da Saúde como a primeira linha de cuidado para o tratamento das doenças contempladas pelo Componente Especializado da Assistência Farmacêutica.

Fonte: Brasil, 2013c.

Ressaltamos que, embora a portaria seja dedicada a regular o componente especializado, um dos grupos por ela definidos (o Grupo 3) refere-se ao componente básico da assistência farmacêutica, permitindo uma compreensão global acerca do financiamento e das responsabilidades de oferta dos medicamentos à população.

Discutir atenção farmacêutica está diretamente relacionado ao debate da integralidade, da exigibilidade e do desenvolvimento tecnológico no SUS. Integralidade, porque não se pode contar com uma assistência em saúde adequada, sem o suporte dos medicamentos necessários para tanto. Exigibilidade porque a realidade de não acesso ao direito, se confrontada com as previsões e conquistas legais, permite ao usuário recorrer às instâncias cabíveis para que seja atendido e tenham efetivados seus direitos de cidadania. E desenvolvimento tecnológico, que compreende também o desenvolvimento de medicamentos, porque deve acompanhar a lógica do direito do cidadão, no mesmo tempo em que demanda por uma regulação adequada para que seja assegurado o acesso a atendimentos de qualidade, com menor incidência possível de complicações e efeitos colaterais e, ainda, com custos compatíveis à gestão e ao financiamento do sistema no Brasil.

Portanto, a trajetória histórica de consolidação da política de assistência farmacêutica acompanha o processo de conquista, implementação e avanços do SUS. Nesse sentido, também a assistência farmacêutica é impactada pelas contradições inerentes ao próprio sistema e à gestão pública. Embora sua fundamentação legal aponte para uma cobertura universal, integral e com qualidade, a vivência cotidiana dos usuários nem sempre é alcançada com tamanho comprometimento. A reprodução de culturas e práticas históricas, restritivas à disponibilização de medicamentos básicos e de baixo custo, bem como o conjunto de interesses que direciona a gestão da saúde nas três esferas de governo ensejam dificuldades no acesso e, até mesmo, a negação do direito. Conhecer os aspectos de gestão da assistência farmacêutica orientam, inclusive, os procedimentos a serem tomados quando identificado o não acesso aos medicamentos e insumos necessários ao tratamento integral. Assim, é possível identificar qual ou quais gestores (municipais, estaduais ou federal) estão se omitindo de suas responsabilidades, a fim de que se possa exigir deles o exercício de sua função. E, por tratar-se de direito, segundo a perspectiva da exigibilidade, o acesso aos medicamentos pode ser solicitado também mediante ação judicial. Considere-se, contudo, como já foi tratado no Capítulo 2, que a própria judicialização das demandas em saúde vem se tornando uma prática estratégia de gestão inerente às contradições próprias do SUS.

Fique atento

- Todo cidadão brasileiro tem direito aos medicamentos necessários a seu tratamento de saúde.
- Os medicamentos disponibilizados pelo SUS são organizados em grupos de acordo com o nível de complexidade, custo e objetivo na prevenção ou recuperação da saúde.
- Esses medicamentos compõem uma relação, que é constantemente avaliada e atualizada, denominada *Rename*.
- Os medicamentos que compõem a Rename devem estar vinculados a planos, programas estratégicos ou linhas de cuidado que incorporam o tratamento medicamentoso a outras terapias e formas de atenção à saúde.
- A responsabilidade pelo financiamento dos medicamentos e insumos é compartilhada pelas três esferas de governo, logo, existem medicamentos que, de fato, não são adquiridos e custeados pelos municípios, mas sim pelos governos estaduais ou federal.

6.3 Política de humanização

A Política Nacional de Humanização – PNH não está delineada pelo perfil do público atendido nem pela demanda de saúde ofertada. É, na verdade, uma política transversal, abrangente, que pretende qualificar os atendimentos no SUS, em todas as suas diferentes políticas.

A PNH foi proposta em 2003, com vistas a humanizar processos de gestão e de assistência à saúde. Não está determinada em um decreto ou uma portaria, mas é legitimada nas relações entre gestores, trabalhadores e usuários, na micropolítica. O Ministério da Saúde desenvolve importante papel de orientar sobre as lógicas da humanização do SUS e fomentá-las (Garcia, 2014).

A PNH não se propõe a humanizar o humano. O elemento humano inerente à política de saúde, representado em seus gestores, trabalhadores e usuários, já é humanizado por sua própria essência. A humanização pretendida pela PNH é direcionada aos processos que estão mediados por pessoas, mas podem tender a excessiva carga burocrática, economicista ou tecnicista. O foco da humanização, então, está relacionado à promoção de novos processos de trabalho e modos de gestão. Considerando que o SUS é um sistema organizativo da política de saúde, composto por serviços, projetos e unidades, estabelecidos e (em maior ou menor proporção) integrados por processos de operacionalização e de gestão, é possível dizer que o alvo a ser humanizado é o próprio SUS.

A necessidade dessa política surgiu de subsequentes avaliações da política de saúde, que evidenciaram fragilidades na implementação do SUS relacionadas aos aspectos de humanização (Garcia, 2014; Brasil, 2011d).

> Especialmente em um país como o Brasil, com profundas desigualdades socioeconômicas, permanecem vários desafios na saúde, como a ampliação do acesso com qualidade aos serviços e aos bens de saúde e a ampliação do processo de corresponsabilização entre trabalhadores, gestores e usuários nos processos de gerir e de cuidar.
>
> A esses problemas acrescentam-se a desvalorização dos trabalhadores de saúde, a precarização das relações de trabalho, o baixo investimento em processos de educação permanente em saúde desses trabalhadores, a pouca participação na gestão dos serviços e o frágil vínculo com os usuários.
>
> Um dos aspectos que mais tem chamado a atenção, quando da avaliação dos serviços, é o despreparo dos profissionais e demais trabalhadores para lidar com a dimensão subjetiva que toda prática de saúde supõe. Ligado a esse aspecto, um outro que se destaca é a presença de modelos de gestão centralizados e verticais, desapropriando o trabalhador de seu próprio processo de trabalho. (Brasil, 2011d, p. 3)

A adoção da humanização pressupõe a incorporação dos saberes e o fomento da comunicação entre os componentes humanos da política: usuários, trabalhadores e gestores. O funcionamento de todas as demais políticas deve considerar a experiência desses atores para incorporar melhorias a seus processos. É a vivência cotidiana alimentando o planejamento e aproximando a racionalidade das políticas de seus atores e ambientes de execução.

Para sua implementação, é fundamental a compreensão dos respectivos princípios, métodos, diretrizes e dispositivos. Os princípios são a base teórico-política em que está fundamentada a PNH; os métodos são as formas escolhidas de operacionalizar os princípios; as diretrizes estabelecem as orientações básicas a serem seguidas na condução do processo de humanização; e os dispositivos são meios práticos de colocar os princípios em ação, a partir dos métodos escolhidos e de acordo com as diretrizes estabelecidas.

Quadro 6.3 – Política Nacional de Humanização: princípios, métodos, diretrizes e dispositivos

Princípios	- transversalidade; - indissociabilidade entre atenção e gestão; - protagonismo, corresponsabilidade e autonomia dos sujeitos e dos coletivos.
Métodos	- "Método de tríplice inclusão" - inclusão dos diferentes sujeitos (gestores, trabalhadores e usuários); - inclusão dos analisadores sociais (análise coletiva dos conflitos e crises que propiciam a mudança); - inclusão do coletivo (movimento organizado e percepções dos trabalhadores).
Diretrizes	- clínica ampliada; - cogestão; - acolhimento; - valorização do trabalho e do trabalhador; - defesa dos direitos do usuário; - fomento das grupalidades, coletivos e redes; - construção da memória do SUS que dá certo.
Dispositivos	- Grupo de Trabalho de Humanização – GTH e Câmara Técnica de Humanização – CTH; - colegiado gestor; - contrato de gestão; - sistemas de escuta qualificada para usuários e trabalhadores da saúde: gerência de "porta aberta"; ouvidorias; grupos focais e pesquisas de satisfação etc.; - visita aberta e direito a acompanhante; - programa de Formação em Saúde do Trabalhador – PFST e Comunidade Ampliada de Pesquisa – CAP; - equipe transdisciplinar de referência e de apoio matricial; - projetos cogeridos de ambiência; - acolhimento com classificação de riscos; - projeto terapêutico singular e projeto de saúde coletiva; - projeto memória do SUS que dá certo.

Fonte: Elaborado com base em Brasil, 2011d.

O princípio da **transversalidade** indica que a PNH é destinada ao SUS como um todo, perpassando todas as políticas de saúde. Está relacionado ao fomento dos processos de comunicação e integração internas nas equipes e entre as equipes de diferentes políticas e/ou unidades. Compreende que o saber construído em conjunto, a partir de uma cooperação interdisciplinar pode produzir uma saúde ampliada, efetiva e responsável. A **indissociabilidade** aponta para a necessária correlação entre a prática da assistência em saúde e os processos de construção, desenvolvimento e avaliação das políticas de saúde. A vivência da assistência na condição de usuário ou trabalhador não isenta, pelo contrário, exige a compreensão e a coparticipação nos processos de gestão. O **protagonismo** dos sujeitos pressupõe a participação de todos os atores no estabelecimento das práticas de humanização, não se tratando de uma política "de cima para baixo", mas de uma construção coletiva e democrática (Brasil, 2011d, 2015d).

> Qualquer mudança na gestão e atenção é mais concreta se construída com a ampliação da autonomia e vontade das pessoas envolvidas, que compartilham responsabilidades. Os usuários não são só pacientes, os trabalhadores não só cumprem ordens: as mudanças acontecem com o reconhecimento do papel de cada um. Um SUS humanizado reconhece cada pessoa como legítima cidadã de direitos e valoriza e incentiva sua atuação na produção de saúde. (Brasil, 2015d, p. 7)

Os **métodos e diretrizes** apontam para o fomento de espaços coletivos de trocas de conhecimentos e experiências e consequente produção de novos saberes. A ideia da tríplice inclusão incorpora os diferentes sujeitos da política e suas diversas percepções sobre o SUS, bem como os reconhece como sujeitos ativos do processo de mudança. As diretrizes da PNH alinham-se aos princípios e às diretrizes do próprio SUS, fortalecendo as dimensões da participação social, do reconhecimento da saúde como direito e da necessidade de investimento nos recursos humanos, físicos metodológicos para assegurar a qualidade dos serviços prestados (Brasil, 2011d, 2019i).

Os **dispositivos** são articulações práticas para efetivação da PNH. Um dispositivo "é um arranjo de elementos, que podem ser concretos (ex.: uma reforma arquitetônica, uma decoração, um manual de instruções) e/ou imateriais (ex.: conceitos, valores, atitudes) mediante o qual se faz funcionar, se catalisa ou se potencializa um processo" (Brasil, 2019i).

Além dos dispositivos apresentados no Quadro 6.3, outros já foram desenvolvidos, como os Programas de Qualidade de Vida e Saúde para os Trabalhadores da Saúde. Outros ainda podem ser implementados, seguindo a lógica de efetivação dos princípios e diretrizes da PNH e do próprio SUS (Brasil, 2019i).

Os resultados pretendidos na apropriação da PNH estão diretamente relacionados à qualidade dos serviços prestados, na relação entre seus diferentes atores, o que pode ser visualizado na diminuição de filas e de tempo de espera para o atendimento; no conhecimento da equipe de saúde pelo usuário, com acesso às informações necessárias sobre seu tratamento; maior resolubilidade; valorização da prática e saberes dos trabalhadores da saúde; melhores condições de trabalho e acesso à capacitação permanente pelos trabalhadores; garantia de direitos; construção de vínculos de apoio; desenvolvimento da autonomia e responsabilização; entre outros (Brasil, 2019i, 2011d).

Todas as ações da PNH são orientadas com vistas a alcançar os seguintes objetivos:

- Ampliar o diálogo entre os trabalhadores, entre os trabalhadores e a população e entre os trabalhadores e a administração, promovendo a gestão participativa, colegiada e a gestão compartilhada dos cuidados/atenção;
- Implantar, estimular e fortalecer os Grupos de Trabalho e Câmaras Técnicas de Humanização com plano de trabalho definido;
- Estimular práticas de atenção compartilhadas e resolutivas, racionalizar e adequar o uso dos recursos e insumos, em especial o uso de medicamentos, eliminando ações intervencionistas desnecessárias;
- Reforçar o conceito de clínica ampliada: compromisso com o sujeito e seu coletivo, estímulo a diferentes práticas terapêuticas

e corresponsabilidade de gestores, trabalhadores e usuários no processo de produção de saúde;

- Sensibilizar as equipes de saúde para o problema da violência em todos os seus âmbitos de manifestação, especialmente a violência intrafamiliar (criança, mulher e idoso), a violência realizada por agentes do Estado (populações pobres e marginalizadas), a violência urbana e para a questão dos preconceitos (racial, religioso, sexual, de origem e outros) nos processos de recepção/acolhida e encaminhamentos;
- Adequar os serviços ao ambiente e à cultura dos usuários, respeitando a privacidade e promovendo a ambiência acolhedora e confortável;
- Viabilizar a participação ativa dos trabalhadores nas unidades de saúde, por meio de colegiados gestores e processos interativos de planejamento e de tomada de decisão;
- Implementar sistemas e mecanismos de comunicação e informação que promovam o desenvolvimento, a autonomia e o protagonismo das equipes e da população, ampliando o compromisso social e a corresponsabilização de todos os envolvidos no processo de produção da saúde;
- Promover ações de incentivo e valorização da jornada de trabalho integral no SUS, do trabalho em equipe e da participação do trabalhador em processos de educação permanente em saúde que qualifiquem sua ação e sua inserção na rede SUS;
- Promover atividades de valorização e de cuidados aos trabalhadores da saúde, contemplando ações voltadas para a promoção da saúde e qualidade de vida no trabalho. (Brasil, 2011d, p. 12)

A PNH consolida-se pela incorporação de novas práticas no atendimento, ampliando o diálogo e a participação. Passa por novos meios de acolhimento e suporte às demandas dos usuários de forma interdisciplinar. Compreende a valorização dos trabalhadores e seus saberes. Amplia espaços de gestão participativa, com maior contribuição dos usuários e trabalhadores, e visa à defesa de direitos dos usuários. Não se concretiza em um protocolo rígido, até porque sua proposta é justamente de romper com certos engessamentos dos processos e incorporar elementos que melhor correspondam às necessidades dos usuários e à manutenção da qualidade de vida no trabalho (Brasil, 2015d).

Síntese

Neste capítulo, analisaremos as diferentes políticas de saúde vigentes no Brasil, pois foram expostas aquelas de maior abrangência ou mais consolidadas ao longo da história do SUS. Tratamos das políticas de saúde destinadas a grupos populacionais específicos, cujo perfil epidemiológico se distingue dos demais, demandando por intervenções também diferenciadas, como as populações indígena, da mulher, do homem, da criança e da pessoa idosa. Apresentamos outras políticas destinadas à atenção de demandas de saúde específicas, independentemente do perfil populacional daqueles que as necessitam, a exemplo das políticas de saúde mental, de saúde bucal e atenção farmacêutica. Ainda, abordaremos a política de humanização, que é uma política transversal, que pretende atingir todas as demais, com a implementação de novos valores e atitudes. A política de humanização pretende incorporar com mais intensidade o saber das relações humanas na definição e execução dos processos, procedimentos e protocolos em saúde. A humanização está fundamentada em aprimorar as relações entre gestores, trabalhadores e usuários, valorizando a contribuição dos "elementos humanos" do SUS e qualificando, assim, suas ações.

Questões para revisão

1. As políticas de saúde no SUS podem ser orientadas a atender grupos populacionais específicos, segundo o tipo da demanda em saúde. Assinale a alternativa que apresenta um exemplo desse tipo de política:
   a) saúde mental.
   b) atenção farmacêutica.
   c) saúde da criança.
   d) saúde bucal.
   e) humanização.

2. O público prioritário da política de saúde do homem tem idade entre:
   a) 0 e 59 anos.
   b) 18 e 59 anos.
   c) 20 e 59 anos.
   d) 20 e 74 anos.
   e) 0 e 64 anos.

3. Assinale a alternativa que indica o ano e a legislação relativos à aprovação dos direitos dos pacientes da área de saúde mental, redefinido o modelo de atenção em saúde mental no Brasil:
   a) 1988, com a Constituição Federal.
   b) 1990, com a Lei n. 8.080.
   c) 1990, com a Lei n. 8.142.
   d) 2001, com a Lei n. 10.216.
   e) 2011, com o Decreto n. 7.508.

4. Qual a concepção de saúde que orienta a Política Nacional de Saúde da Pessoa Idosa?

5. O que é a Rename?

Questões para reflexão

1. No que se refere à saúde mental, faça um comparativo do modelo antigo e do modelo adotado após a Reforma Psiquiátrica. Quais são os ganhos da adoção do novo modelo? Quais são os desafios para sua implementação? Quais são os maiores desafios e as principais conquistas do novo modelo de atenção em saúde mental em seu município?

2. Com relação à atenção farmacêutica, você já conhecia as atribuições de cada ente federado (municípios, estados e União) no processo de efetivação do direito de acesso aos medicamentos necessários? Você tem conhecimento dos fluxos de atendimento da política de atenção farmacêutica em seu município e em seu estado? Você sabe se, na região onde você mora, a população conhece seus direitos nessa área?

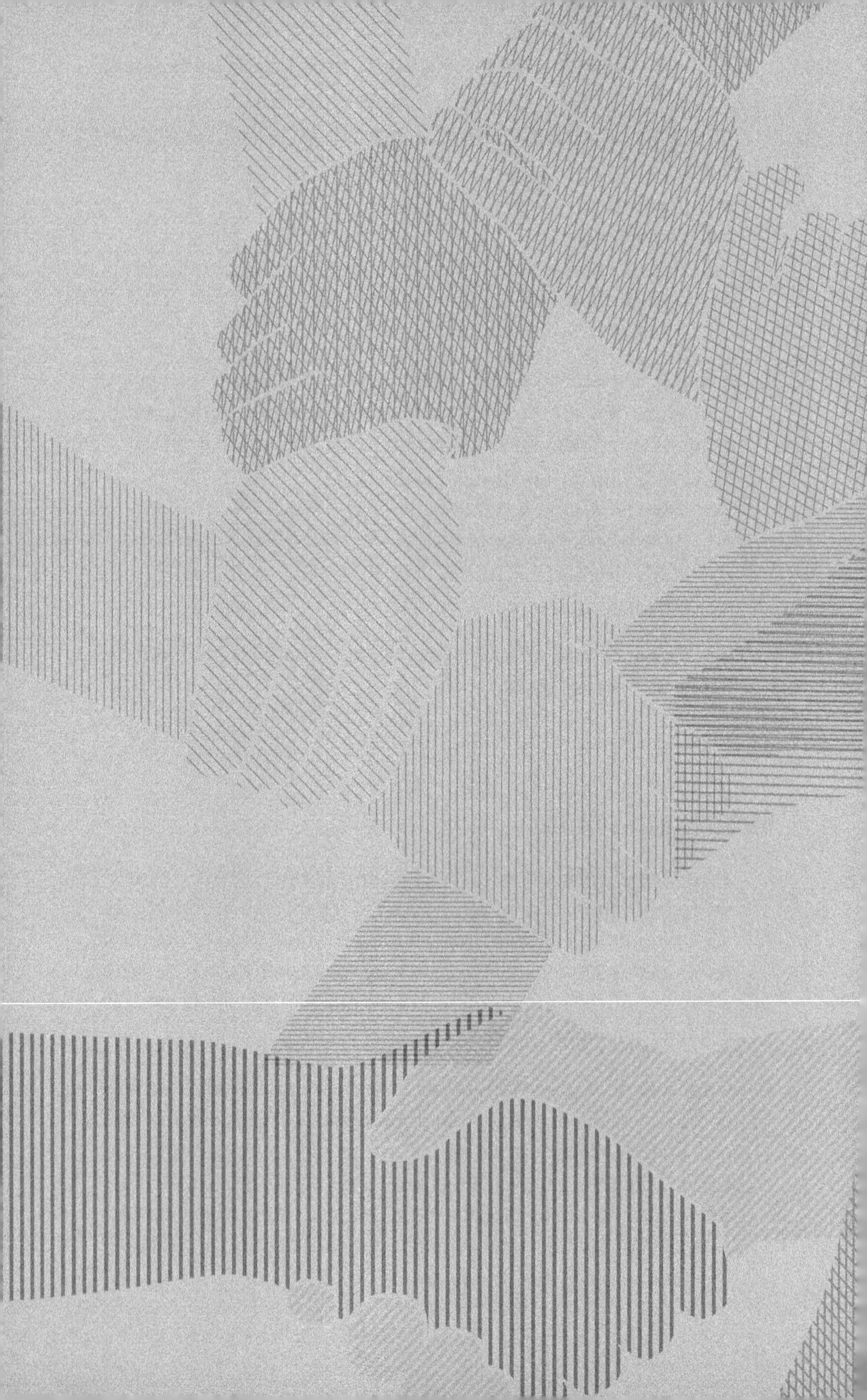

CAPÍTULO 7

Controle social e participação no SUS

Conteúdos do capítulo:
- Conselhos de saúde.
- Conferências de saúde.
- A participação como "ouvinte" nos conselhos e conferências.

Após o estudo deste capítulo, você será capaz de:
1. compreender o significado e a aplicabilidade do controle social na saúde;
2. reconhecer formas de exercer e incentivar a participação popular na saúde.

Certamente, ao ler os capítulos deste livro que versam sobre o Sistema Único de Saúde – SUS e sua gestão, você ampliou seus conhecimentos sobre essa política pública, mas, possivelmente, também se pôs a questionar se, de fato, ela é efetivada no cotidiano do cidadão brasileiro. Talvez, você conheça experiências que evidenciam a falta de aplicação concreta das premissas legais referentes ao SUS. E, diante dessas reflexões, não podemos dizer que há um equívoco. A conjuntura de implementação do SUS é permeada por interesses distintos e constantemente conflitantes, que se materializam em maior ou menor adesão à sua proposta. E é sob essa lente que vamos discutir o controle social e a participação no SUS.

A saúde pública, como qualquer outra política pública, por ser ação de governo, custeada com recursos públicos, é um tema político e, como tal, é palco das mais diversas disputas. Segundo Kauchakje (2012, p. 25), "políticas públicas são instrumentos de ação do governo a serem desenvolvidos em programas, projetos e serviços nas áreas social, econômica, tecnológica, ambiental, entre outras de interesse social ou público."

Para saber mais

É importante frisar que o tema política pública é bastante complexo e seu entendimento ultrapassa o conhecimento de seu conceito. É preciso também aprender as diferentes perspectivas que o compõem, sua formação sócio-histórica e seus desdobramentos no cotidiano. Assim, recomendamos algumas obras que podem contribuir para o aprendizado dessa temática:

BONETI, L. W. **Políticas públicas por dentro**. Ijuí: Ed. da Unijuí, 2006.

HOWLETT, M.; RAMESH, M.; PERL, A. **Política pública**: seus ciclos e subsistemas – uma abordagem integral. Rio de Janeiro: Elsevier, 2013.

SECCHI, L. **Políticas públicas**: conceitos, esquemas de análise, casos práticos. São Paulo: Cengage Learning, 2013.

SOUZA, C. Política públicas: uma revisão da literatura. **Sociologias**, Porto Alegre, n. 16, p. 20-45, jun./dez. 2006.

A saúde em seu conceito amplo, entendida como direito de todos, não é um dado natural, mas uma conquista social (OMS, 1946; Brasil, 1990b). Existe um grupo (ou melhor, vários grupos) de atores políticos que defendem esse conceito como o melhor modelo de atenção aos cidadãos em razão de suas concepções de homem e de sociedade. Contudo, esse olhar não é hegemônico nem sempre predominante. Outros grupos lutam por propostas distintas acerca da forma de gestão/intervenção governamental e do entendimento de saúde como direito ou como "produto de mercado".

Historicamente, a disputa por distintos modelos de atenção à saúde pelo Estado esteve evidenciada nas pautas do movimento de Reforma Sanitária, com vistas a alcançar o reconhecimento da saúde como direito. O texto aprovado na Constituição Federal (CF) de 1988 representa "uma" vitória na defesa de direitos, mas não "a" vitória definitiva. Em política nada é definitivo, tudo é constantemente debatido, consolidado ou superado (Bravo; Matos, 2012).

Os programas de governo de caráter neoliberal defendem um Estado mínimo, portanto, nesse contexto, o acesso à saúde é mediado pelo mercado, como mais um entre tantos serviços. Cada cidadão seria responsável pelas despesas com seu tratamento de saúde, podendo negociar junto à iniciativa privada as formas de pagamento e cobertura dos seguros de saúde. Esse modelo já é parcialmente vigente no Brasil, quanto se trata de "planos de saúde" privados, "convênios" ou atendimento particular em saúde. Contudo, sob a perspectiva do Estado mínimo, somente a iniciativa privada seria o suficiente, cabendo ao Estado apenas as demandas não compreendidas pelo mercado. Existem países que adotam essa proposta, como é hoje o caso dos Estados Unidos (Bravo; Matos, 2012; Vasconcelos, 2002; Merhy; Onocko, 2002).

Ressaltamos, então, que a saúde brasileira se desenvolve com dois projetos paralelos: a saúde pública operacionalizada pelo SUS como direito social; e a prestação de serviços de saúde pela iniciativa privada (exploração da saúde como bem de consumo). Esses dois modelos se complementam e ao mesmo tempo se opõem. São complementares na medida em que a iniciativa privada integra o SUS e presta seus serviços a ele vinculada, reconhecendo a lógica do direito à saúde e da atenção integral em saúde. Contudo, são modelos divergentes quando o sucesso da saúde pública gratuita inibe a lucratividade da rede privada, sendo estabelecida uma espécie de concorrência por "clientes" (própria do mercado), ainda que se esteja tratando de direitos e políticas públicas. E, ainda, há de se considerar que, para a iniciativa privada, a manutenção parcial da saúde prestada pelo Governo é uma estratégia interessante, pois este acaba por assumir com as custas dos tratamentos mais caros e seus desdobramentos, permitindo contratos de cobertura parcial com seus clientes (e não cobertura universal, como é o esperado do serviço público) (Bravo;Matos, 2012).

Estão postos, portanto, diferentes interesses no processo de efetivação do SUS, e não é por acaso que ele enfrenta tantos desafios para a concretização daquilo que é previsto em lei. Essa percepção distinta acerca da condução da saúde estará, então, presente em todos os espaços políticos a ele relacionados: na elaboração, modificação ou aprovação das leis de regulamentação da área; na escolha dos gestores; na destinação do orçamento; na priorização (ou não) diante de outras demandas, na gestão de recursos; na maior ou menor socialização de informações. Assim, as conquistas obtidas a partir de 1988 avançam ou retrocedem segundo o panorama de forças e organização política presentes (Bravo; Matos, 2012; Vasconcelos, 2002; Merhy; Onocko, 2002).

Neste momento, vale destacar que o êxito obtido na CF de 1988 não diz respeito apenas ao reconhecimento da saúde como direito do cidadão e dever do Estado, mas também à toda a sua dimensão democrática ampliada, que preconiza a participação da população na condução política do país. Tal participação democrática está presente no conjunto dos direitos políticos estabelecidos nos arts. 14 ao 16, entre os quais se destacam a participação pelo voto, avançando para instrumentos de democracia participativa, como a iniciativa popular, o plebiscito e o referendo. No que se refere à gestão das políticas públicas, a CF de 1988 incorpora a participação popular (e o controle social) como uma das diretrizes fundamentais (Brasil, 1988).

Quando se alude ao controle social de políticas públicas pós-CF de 1988, trata-se de uma nova relação entre o povo e o governo. "A categoria controle social significa a participação da sociedade civil na elaboração, implantação e fiscalização das políticas públicas, de maneira que se compreenda que o público deve ser expressão do conjunto das necessidades apresentadas pelos diferentes segmentos da sociedade." (Bravo; Matos, 2012, p. 34)

> Antes de 1988 → repressão → controle do governo sobre a sociedade
> Pós-CF de 1988 → participação popular → controle da sociedade sobre ações do governo

Conheça o conceito de *controle social*, segundo a Controladoria-Geral da União:

> O controle social pode ser entendido como a participação do cidadão na gestão pública, na fiscalização, no monitoramento e no controle das ações da Administração Pública. Trata-se de importante mecanismo de prevenção da corrupção e de fortalecimento da cidadania.
>
> No Brasil, a preocupação em se estabelecer um controle social forte e atuante torna-se ainda maior, em razão da extensão territorial do país e da descentralização geográfica dos órgãos públicos integrantes dos diversos níveis federativos – União, estados, Distrito Federal e municípios. No caso destes, há que considerar, ainda, o seu grande número. Por isso, a fiscalização da aplicação dos recursos públicos precisa ser feita com o apoio da sociedade.
>
> O controle social é um complemento indispensável ao controle institucional realizado pelos órgãos que fiscalizam os recursos públicos.

> Essa participação é importante porque contribui para a boa e correta aplicação dos recursos públicos, fazendo com que as necessidades da sociedade sejam atendidas de forma eficiente.
>
> No entanto, para que os cidadãos possam desempenhar de maneira eficaz o controle social, é necessário que sejam mobilizados e recebam orientações sobre como podem ser fiscais dos gastos públicos. (Brasil, 2012a, p. 16-17)

Especificamente quanto à política pública de saúde, a participação popular está prevista como diretriz para o funcionamento do SUS tanto na CF de 1988 quanto na Lei n. 8.080, de 19 de setembro de 1990 (Brasil, 1990b). Ainda, é regulamentada de forma mais específica pela Lei n. 8.142, de 28 de dezembro de 1990 (Brasil, 1990c), que "Dispõe sobre a participação da comunidade na gestão do Sistema Único de Saúde (SUS) e sobre as transferências intergovernamentais de recursos financeiros na área da saúde e dá outras providências".

De acordo com a Lei n. 8.142/1990, o controle social na saúde é exercido por meio de duas principais instâncias: os conselhos e as conferências de saúde.

7.1 Conselhos de saúde

Os conselhos de saúde são espaços permanentes de discussão e tomada de decisões referentes à política pública de saúde nos municípios, estados e no Governo federal.

> O Conselho de Saúde, em caráter permanente e deliberativo, órgão colegiado composto por representantes do governo, prestadores de serviço, profissionais de saúde e usuários, atua na formulação de estratégias e no controle da execução da política de saúde na instância correspondente, inclusive nos aspectos econômicos e financeiros, cujas decisões serão homologadas pelo chefe do poder legalmente constituído em cada esfera do governo. (Brasil, 1990c)

Os conselhos de saúde são espaços legítimos e permanentes de exercício do controle social. Desenvolvem suas atividades a partir da realização de reuniões mensais de seu colegiado (pleno) e de comissões e grupos de trabalho constituídos pelos conselheiros, dedicados a conhecer, propor, discutir e deliberar sobre ações e direitos na área da saúde. "Os conselhos de saúde são uma expressão de ideias definidas desde o início do movimento pela politização da saúde, no final da década de 1970, podendo ser definidas pela participação da população nas políticas e na organização dos serviços, estabelecendo novos mecanismos de gestão" (Vasconcelos, 2002, p. 77-78).

A existência e o regular funcionamento dos conselhos de saúde são dois dos critérios para que municípios e estados recebam repasses de recursos do Governo federal. A criação dos conselhos deve ocorrer por lei municipal ou estadual, segundo sua abrangência, e seguir as orientações do Conselho Nacional de Saúde, principalmente aquelas estabelecidas na Resolução nº 333, de 4 de novembro de 2003 (Brasil, 2003e).

Embora cada conselho (nacional, estadual ou municipal) defina a quantidade de conselheiros em sua composição, há uma padronização sobre a representatividade destes. Independentemente de seu tamanho, o conselho deve ser formado por 50% de representantes dos usuários dos serviços da saúde; 25% representantes dos trabalhadores da saúde; e 25% representantes dos gestores e entidades prestadoras de serviços de saúde. Assim, fica assegurada a paridade entre governo e sociedade civil, permitindo que ambas tenho o mesmo peso no processo de tomadas de decisão desses colegiados.

Os conselhos de saúde têm caráter deliberativo, o que lhes dá autonomia para tomar decisões que deverão ser atendidas pelos gestores no que se refere à política de saúde em sua abrangência. Não há subordinação dos conselhos aos gestores públicos, contudo, por se tratar também de uma instância pública, as decisões tomadas em suas reuniões devem atender aos pressupostos da lei, não cabendo a essa instância criar orientações de ação sem fundamentação legal.

Os conselheiros de saúde têm a responsabilidade pela "proposição, discussão, acompanhamento, deliberação, avaliação e fiscalização da implementação da política de saúde, inclusive em seus aspectos econômicos e financeiros"(Brasil, 2013b). São competências dos Conselhos de Saúde, segundo a Resolução nº 333/2003 do CNS:

> I – Implementar a mobilização e articulação contínuas da sociedade, na defesa dos princípios constitucionais que fundamentam o SUS, para o controle social de Saúde.
>
> II – Elaborar o Regimento Interno do Conselho e outras normas de funcionamento.
>
> III – Discutir, elaborar e aprovar proposta de operacionalização das diretrizes aprovadas pelas Conferências de Saúde.
>
> IV – Atuar na formulação e no controle da execução da política de saúde, incluindo os seus aspectos econômicos e financeiros e propor estratégias para a sua aplicação aos setores público e privado.
>
> V – Definir diretrizes para elaboração dos planos de saúde e sobre eles deliberar, conforme as diversas situações epidemiológicas e a capacidade organizacional dos serviços.
>
> VI – Estabelecer estratégias e procedimentos de acompanhamento da gestão do SUS, articulando-se com os demais colegiados como os de seguridade, meio ambiente, justiça, educação, trabalho, agricultura, idosos, criança e adolescente e outros.
>
> VII – Proceder à revisão periódica dos planos de saúde.
>
> VIII – Deliberar sobre os programas de saúde e aprovar projetos a serem encaminhados ao Poder Legislativo, propor a adoção de critérios definidores de qualidade e resolutividade, atualizando-os face ao processo de incorporação dos avanços científicos e tecnológicos, na área da Saúde.
>
> IX – Estabelecer diretrizes e critérios operacionais relativos à localização e ao tipo de unidades prestadoras de serviços de saúde públicos e privados, no âmbito do SUS, tendo em vista o direito ao acesso universal às ações de promoção, proteção e recuperação da saúde em todos os níveis de complexidade dos serviços, sob a diretriz da hierarquização/regionalização da oferta e demanda de serviços, conforme o princípio da equidade.

X – Avaliar, explicitando os critérios utilizados, a organização e o funcionamento do Sistema Único de Saúde do SUS.

XI – Avaliar e deliberar sobre contratos e convênios, conforme as diretrizes dos Planos de Saúde Nacional, Estaduais, do Distrito Federal e Municipais.

XII – Aprovar a proposta orçamentária anual da saúde, tendo em vista as metas e prioridades estabelecidas na Lei de Diretrizes Orçamentárias (art. 195, § 2º da Constituição Federal), observado o princípio do processo de planejamento e orçamentação ascendentes (art. 36 da Lei n. 8.080/90).

XIII – Propor critérios para programação e execução financeira e orçamentária dos Fundos de Saúde e acompanhar a movimentação e destinação dos recursos.

XIV – Fiscalizar e controlar gastos e deliberar sobre critérios de movimentação de recursos da Saúde, incluindo o Fundo de Saúde e os transferidos e próprios do Município, Estado, Distrito Federal e da União.

XV – Analisar, discutir e aprovar o relatório de gestão, com a prestação de contas e informações financeiras, repassadas em tempo hábil aos conselheiros, acompanhado do devido assessoramento.

XVI – Fiscalizar e acompanhar o desenvolvimento das ações e dos serviços de saúde e encaminhar os indícios de denúncias aos respectivos órgãos, conforme legislação vigente.

XVII – Examinar propostas e denúncias de indícios de irregularidades, responder no seu âmbito a consultas sobre assuntos pertinentes às ações e aos serviços de saúde, bem como apreciar recursos a respeito de deliberações do Conselho, nas suas respectivas instâncias.

XVIII – Estabelecer critérios para a determinação de periodicidade das Conferências de Saúde, propor sua convocação, estruturar a comissão organizadora, submeter o respectivo regimento e programa ao Pleno do Conselho de Saúde correspondente, explicitando deveres e papéis dos conselheiros nas pré-conferências e conferências de saúde.

XIX – Estimular articulação e intercâmbio entre os Conselhos de Saúde e entidades governamentais e privadas, visando à promoção da Saúde.

XX – Estimular, apoiar e promover estudos e pesquisas sobre assuntos e temas na área de saúde pertinentes ao desenvolvimento do Sistema Único de Saúde - SUS.

XXI – Estabelecer ações de informação, educação e comunicação em saúde e divulgar as funções e competências do Conselho de Saúde, seus trabalhos e decisões por todos os meios de comunicação, incluindo informações sobre as agendas, datas e local das reuniões.

XXII – Apoiar e promover a educação para o controle social. Constarão do conteúdo programático os fundamentos teóricos da saúde, a situação epidemiológica, a organização do SUS, a situação real de funcionamento dos serviços do SUS, as atividades e competências do Conselho de Saúde, bem como a Legislação do SUS, suas políticas de saúde, orçamento e financiamento.

XXIII – Aprovar, encaminhar e avaliar a política para os Recursos Humanos do SUS.

XXIV – Acompanhar a implementação das deliberações constantes do relatório das plenárias dos conselhos de saúde. (Brasil, 2003e)

Com relação ao Conselho Nacional de Saúde, acrescenta-se a atribuição de articular e coordenar as comissões intersetoriais previstas na Lei n. 8.080/1990, as quais têm o objetivo de consolidar ações integradas entre as diferentes políticas setoriais. Vejamos o teor dos arts. 12 e 13 dessa lei:

Art. 12. Serão criadas comissões intersetoriais de âmbito nacional, subordinadas ao Conselho Nacional de Saúde, integradas pelos Ministérios e órgãos competentes e por entidades representativas da sociedade civil.

Parágrafo único. As comissões intersetoriais terão a finalidade de articular políticas e programas de interesse para a saúde, cuja execução envolva áreas não compreendidas no âmbito do Sistema Único de Saúde (SUS).

Art. 13. A articulação das políticas e programas, a cargo das comissões intersetoriais, abrangerá, em especial, as seguintes atividades:

I – alimentação e nutrição;

II – saneamento e meio ambiente;

III – vigilância sanitária e farmacoepidemiologia;

IV – recursos humanos;

V – ciência e tecnologia; e

VI – saúde do trabalhador. (Brasil, 1990b)

Embora os conselhos não tenham subordinação aos gestores, estão vinculados ao Poder Executivo, e este tem a responsabilidade de assegurar condições materiais e políticas para seu desenvolvimento autônomo e contínuo. As reuniões dos conselhos são abertas à participação livre da população, e nos processos deliberativos, os conselheiros têm direito a voz e voto, ao passo que os demais presentes podem recorrer apenas ao direito a voz (Brasil, 2013b, 2003d).

7.2 Conferências de saúde

Outro espaço fundamental para o exercício do controle social no SUS são as conferências, encontros ampliados que reúnem representantes governamentais e da sociedade civil para discutir temas relevantes para a condução da política pública de saúde em cada esfera de gestão.
Observe o parágrafo 1º do art. 1º da Lei n. 8.142/1990:

> Art. 1º [...]
>
> [...]
>
> § 1º A Conferência de Saúde reunir-se-á a cada quatro anos com a representação dos vários segmentos sociais, para avaliar a situação de saúde e propor as diretrizes para a formulação da política de saúde nos níveis correspondentes, convocada pelo Poder Executivo ou, extraordinariamente, por esta ou pelo Conselho de Saúde. (Brasil, 1990c)

Com uma breve constatação acerca das instâncias do controle social na saúde, podemos identificar dois pontos imediatos que diferem conferências de conselhos de saúde:

- os conselhos reúnem-se periodicamente, uma vez por mês: as conferências são realizadas de forma mais espaçada, no mínimo uma vez a cada quatro anos;

> as conferências são mais abrangentes, permitindo um quantitativo maior de participantes do que aquele que compõe os conselhos.

No mais, existem também diferenças quanto a constituição, divulgação, funcionamento e objetivos.

A convocação de cada conferência e sua organização é de responsabilidade do conselho de sua instância. São realizadas conferências nacionais, estaduais e municipais, podendo haver ainda conferências regionais, microrregionais, distritais, locais ou conforme a forma de organização própria de cada território.

Sua composição também precisa atender aos preceitos da representatividade e da paridade, fomentando a ampla participação da sociedade civil. Os representantes eleitos para essas instâncias são denominados *delegados* e participam com direito a voz e voto, representando os segmentos aos quais pertencem (usuários, trabalhadores, gestores ou prestadores de serviços). Todos os conselheiros de saúde são delegados natos para a participação nas conferências, e os demais delegados são eleitos ou indicados entre os seus pares.

As discussões presentes nessas instâncias são orientadas por um tema relevante para a condução da saúde pública em cada período, e as deliberações traçadas em cada evento contribuem com a formulação dos planos de saúde.

Embora a legislação indique a realização de conferências a cada quatro anos, muitos municípios brasileiros adotaram a realização a cada dois anos, intercalando dois diferentes modelos de organização: o primeiro é reconhecido como etapa municipal das conferências nacionais. Nesse caso, os municípios se mobilizam e articulam na discussão da temática orientada para a Conferência Nacional, e suas deliberações avançarão para a instância estadual e chegarão ao âmbito do país, assegurando a participação de todo o território nacional na discussão de um tema único e contribuindo para a elaboração do plano nacional de saúde. O segundo é caracterizado apenas como conferências municipais. Nesse caso, os municípios têm autonomia para definir a temática mais relevante para sua realidade, construindo deliberações que incidirão com mais propriedade na elaboração do plano municipal de saúde. Sobre a diferença entre os dois modelos de conferências realizadas nos municípios, observe a Figura 7.1:

Figura 7.1 – Conferência municipal de saúde × Etapa municipal da conferência nacional

Conferência Municipal de Saúde		Etapa Municipal da Conferência Nacional	
Acontece no **1º ano** do governo **municipal**	Convocada pelo **Prefeito**	Acontece no **3º ano** do governo **municipal**	Convocada pelo **Presidente da República**, mas deve ser referenciado por decreto municipal
Faz um **diagnóstico** da saúde local e levanta as necessidade de **saúde** da população	Delegados são **eleitos** nas pré-conferências	Elabora **diagnóstico** da saúde local	Delegados são **eleitos** para participarem das conferências **estadual** e **nacional**
	Levanta **propostas** para execução pelo governo local (Plano Municipal de Saúde e Plano Plurianual do município)		Levanta **propostas** para governo **estadual** e **federal** que contribuirão com os planos estaduais e nacionais de saúde

Fonte: Conasems, 2015, p. 7, grifo do original.

Como deliberação do conselho e de conferências nacionais, também são articuladas conferências temáticas, destinadas ao debate de políticas de saúde específicas ou temas de gestão, como a saúde da mulher, a saúde bucal, a saúde mental, os recursos humanos do SUS, entre outros (Brasil, 2013b). Também a realização das conferências deve ser custeada pelo Poder Executivo, precisando estar prevista no planejamento e orçamento. Considerando que tanto conselhos quanto conferências são espaços que pressupõem representatividade, seu funcionamento motiva e, de certa forma, exige o estabelecimento de espaços coletivos organizados, com a participação dos diferentes atores da sociedade civil. Para que vagas para conselheiros (nos conselhos) e delegados (nas conferências) representantes dos trabalhadores sejam ocupadas por pessoas capazes de discutir politicamente o desenvolvimento da política de saúde, é fundamental que existam organizações dos trabalhadores que lhes qualifiquem para tal participação, como: conselhos profissionais; sindicatos; fóruns de trabalhadores; associações de trabalhadores; entre outros. Da mesma forma ocorre com as representações dos usuários e das prestadoras de serviços. Logo, a existência dos conselhos e das conferências estimula as mais diversas expressões de organização e participação popular. Cabe um especial destaque ao estímulo da participação dos usuários.

Curiosidade

As conferências nacionais de saúde foram legitimadas como instâncias de controle social e participação popular na gestão do SUS desde a CF de 1988 e a aprovação das Leis n. 8.080/1990 e n. 8.142/1990. Contudo, sua realização já vinha acontecendo desde a década de 1940, transitando pelos diferentes contextos e modelos de gestão da saúde pública brasileira.

Quadro 7.1 – Resumo das pautas tratadas historicamente nas Conferências Nacionais de Saúde no Brasil

Conferências de Saúde	Temas trabalhados
1ª Conferência Nacional de Saúde – 1941 "Situação sanitária e assistencial dos estados"	- Organização sanitária estadual e municipal; - ampliação e sistematização das campanhas nacionais contra a lepra e a tuberculose; - determinação das medidas para desenvolvimento dos serviços básicos de saneamento; e - plano de desenvolvimento da obra nacional de proteção à maternidade, à infância e à adolescência
2ª Conferência Nacional de Saúde – 1950	- "Legislação referente à higiene e segurança do trabalho"
3ª Conferência Nacional de Saúde – 1963 "Descentralização na área de saúde"	- Situação sanitária da população brasileira; - distribuição e coordenação das atividades médico sanitárias nos níveis federal, estadual e municipal; - municipalização dos serviços de saúde; - fixação de um plano nacional de saúde.
4ª Conferência Nacional de Saúde – 1967	- "Recursos humanos para as atividades de saúde"
5ª Conferência Nacional de Saúde – 1975 "Constituição do Sistema Nacional de Saúde e a sua institucionalização"	- Implementação do Sistema Nacional de Saúde; - programa de Saúde Materno-Infantil; - Sistema Nacional de Vigilância Epidemiológica; - Programa de Controle das Grandes Endemias; e - Programa de Extensão das Ações de Saúde às Populações Rurais.

(continua)

(Quadro 7.1 – continuação)

Conferências de Saúde	Temas trabalhados
6ª Conferência Nacional de Saúde – 1977 "Controle das grandes endemias e interiorização dos serviços de saúde"	- Situação atual do controle das grandes endemias e interiorização dos serviços de saúde; - operacionalização dos novos diplomas legais básicos aprovados pelo governo nacional em matéria de saúde; - interiorização dos serviços de saúde; e Política Nacional de Saúde.
7ª Conferência Nacional de Saúde – 1980	- "Extensão das ações de saúde através dos serviços básicos"
8ª Conferência Nacional de Saúde – 1986 "Saúde como direito, reformulação do Sistema Nacional de Saúde e financiamento do setor"	- Explicita as diretrizes para a reorganização do Sistema Único de Saúde, que efetivamente represente a construção de um novo arcabouço institucional; - garantia de participação da sociedade na formulação da política e no planejamento, gestão, execução e avaliação das ações de saúde; - reformulação das Ações Integradas de Saúde, para possibilitar amplo e eficaz controle da sociedade organizada; - constituição de um novo Conselho Nacional de Saúde, composto por representantes dos ministérios da área social; governos estaduais e municipais; entidades civis de caráter nacional, com atribuição principal de orientar o desenvolvimento e avaliar o Sistema Único de Saúde, incluindo definição de políticas, orçamento e ações; - formação de conselhos de saúde nas esferas municipal, regional e estadual, compostos por representantes eleitos pela comunidade, com função de planejar a execução e fiscalizar os programas de saúde; e - unificação do sistema de saúde, até então fortemente segmentado em dois componentes: o Previdenciário (MPAS-INAMPS) e a Saúde Pública (Ministério da Saúde).

(Quadro 7.1 – continuação)

Conferências de Saúde	Temas trabalhados
9ª Conferência Nacional de Saúde – 1992 "Municipalização é o caminho"	• Indica o caminho da descentralização: municipalização e participação social; • propõe a criação de comissões intergestores bipartite, em nível estadual, e tripartite, em nível federal, para tomada de decisões; • delibera a realização de conferências estaduais e municipais como preparatórias à nacional; • propõe mobilização nacional para discussão do financiamento da saúde; e • propõe a extinção do Inamps.
10ª Conferência Nacional de Saúde – 1996 "Saúde, cidadania e políticas públicas; gestão e organização dos serviços de saúde; controle social na saúde; financiamento da saúde; recursos humanos para a saúde; atenção integral à saúde"	• Propõe a construção do modelo de atenção à saúde; • propõe a consolidação, expansão e ampliação do poder e autonomia dos Conselhos de Saúde. • Delibera sobre a origem, utilização, controle e fiscalização dos recursos financeiros do SUS; e • consolida novas dimensões para a atenção integral a saúde através do SUS.
11ª Conferência Nacional de Saúde – 2000 "Efetivando o SUS: acesso, qualidade e humanização na atenção à saúde com controle social"	• Delibera sobre o financiamento da atenção à saúde: fontes, critérios para repasse de recursos, gestão de recursos; • propõe o estabelecimento de um modelo assistencial e de gestão que garantisse acesso, qualidade e humanização na atenção à saúde; • propõe estudos sobre os determinantes das condições de saúde e seus problemas prioritários; • estabelece diretrizes para modelos de atenção e gestão do SUS; • estabelece a criação da política nacional de recursos humanos para o SUS; e • propõe a criação da política de informação, educação e comunicação no SUS.

(Quadro 7.1 – continuação)

Conferências de Saúde	Temas trabalhados
12ª Conferência Nacional de Saúde – 2003 "Saúde um direito de todos e um dever do Estado. A saúde que temos, o SUS que queremos"	• Delibera sobre o direito à saúde, à seguridade social e à saúde; delibera sobre a intersetorialidade das ações de saúde e o papel das três esferas do governo; • estabelece diretrizes para a organização da atenção à saúde, do controle social e da gestão participativa; • propõe ações voltadas aos trabalhadores de saúde; • propõe ações relacionadas à ciência e tecnologia e a saúde; e • delibera sobre a comunicação e a informação na saúde.
13ª Conferência Nacional de Saúde – 2007 "Políticas de Estado e Desenvolvimento"	• Avalia a situação da saúde, de acordo com os princípios e as diretrizes do Sistema Único de Saúde; • define diretrizes para a plena garantia da saúde como direito fundamental do ser humano e como política de Estado, condicionada e condicionante do desenvolvimento humano, econômico e social; e • estabelece diretrizes para o fortalecimento da participação social na perspectiva da plena garantia da implementação do SUS.
14ª Conferência Nacional de Saúde – 2011 "Todos usam o SUS! SUS na Seguridade Social – Política Pública, Patrimônio do Povo Brasileiro"	• Discute o SUS a partir dos avanços e desafios de gestão, participação e para sua consolidação: • avanços e desafios para a garantia do acesso e acolhimento com qualidade e equidade; • avanços e desafios para a participação da comunidade; • avanços e desafios para a gestão pública do SUS.

(Quadro 7.1 – conclusão)

Conferências de Saúde	Temas trabalhados
15ª Conferência Nacional de Saúde – 2015 "Saúde pública de qualidade para cuidar bem das pessoas: direito do povo brasileiro"	- Desenvolve a discussão da saúde pública a partir dos seguintes eixos: - direito à saúde, garantia de acesso e atenção de qualidade; - participação e controle social; - valorização do trabalho e da educação em saúde; - valorização do SUS e relação público-privado; - gestão do SUS e modelos de atenção à saúde; - informação, educação e política de comunicação do SUS; - ciência, tecnologia e inovação no SUS

Fonte: Brasil, 2013b.

7.3 A participação como ouvinte nos conselhos e conferências

Tanto conselhos quanto conferências são assembleias públicas, de livre participação. Qualquer cidadão pode participar desses espaços como ouvinte, ou seja, acompanhando todo o processo de discussão e tomada de decisões. Contudo, embora seja corrente o uso do termo *ouvinte* nesses casos, a participação livre ultrapassa uma condição de mera escuta ou mesmo de expectador diante de decisões tomadas por outrem. Entra em cena, então, o que se denomina *direito à voz*. Qualquer cidadão pode solicitar ao colegiado do conselho ou da conferência um espaço para expressar sua opinião, diante de um assunto de seu interesse no campo da política de saúde. Os conselheiros (nos conselhos) e os delegados (nas conferências) têm direito à voz e ao voto. Toda decisão deve ser votada pelos representantes devidamente eleitos ou indicados para tais funções. Por meio da utilização do direito à voz, pode-se influenciar os votantes e estabelecer diferentes conduções nos assuntos da política de saúde.

Nem sempre o direito à voz é exercido por não conselheiros ou não delegados, sendo até mesmo desconhecido. Pode ocorrer uma indução à limitação da participação livre, na medida em que não são divulgados com antecedência os horários e locais das reuniões dos conselhos e da realização das conferências, bem como sua realização em espçaos muito pequenos ou de difícil acesso. Porém, a própria sociedade civil representada nos conselhos e nas conferências pode exigir a efetiva viabilização da ampla participação.

Estudo de caso

Considerando o conteúdo discutido a respeito das instâncias de controle social na área da saúde, proponha uma solução para a situação delineada a seguir.

O Sr. Pedro é usuário dos serviços do SUS. Ele frequenta, de forma sistemática, a unidade de saúde de seu bairro há quase 10 anos, desde que foi diagnosticado com hipertensão e aderiu ao programa de acompanhamento específico para enfrentamento dessa patologia. O diagnóstico de hipertensão foi um grande choque para o Sr. Pedro no início, pois foi produto de atendimento após episódios de intenso mal-estar e com risco de consequências mais graves em debilidade física. Contudo, desde que ingressou no programa de acompanhamento, tem percebido melhoras globais em sua saúde. Em geral, o atendimento era feito com muito profissionalismo e qualidade, sem queixas dos usuários, até dois anos atrás. Desde então, com a entrada do novo gestor municipal, começaram a ocorrer dois fenômenos que fizeram cair muito a qualidade do programa: troca da equipe de atendimento – nos últimos dois anos, nenhuma equipe permaneceu por mais de seis meses; e diminuição de recursos na unidade de saúde, tendo se tornado comum a falta de itens básicos para o atendimento deste e de outros programas ali realizados.

Essa realidade passou a ser discutida entre os participantes do programa de acompanhamento dos hipertensos. Muitos usuários já desistiram de participar das atividades porque desanimaram e disseram que vão esperar que as coisas mudem quando entrar outro prefeito. Porém, um dos participantes comentou que, na cidade em que morava antes, havia um Conselho Municipal de Saúde e que sempre que havia reclamações sobre a qualidade dos serviços de saúde no município, elas eram reportadas ao Conselho sob forma de ofício ou por meio da fala dos cidadãos interessados. Sr. Pedro e outros três usuários gostaram muito de saber disso e ficaram interessados. Eles querem ir ao Conselho denunciar a queda da qualidade no atendimento e também porque estão se sentindo desrespeitados em seu direito à saúde.

Considere que esse cenário está ocorrendo em seu município e desenvolva uma orientação ao Sr. Pedro sobre como participar das reuniões do Conselho Municipal de Saúde e denunciar o que considera um desrespeito ao seu direito à saúde.

Dica: na sua orientação, você pode explicar o que é o Conselho e para que serve; as formas de participação como conselheiro e como ouvinte; e também (a partir de pesquisa de sua realidade), quais os dias, os horários e o local em que são realizadas as reuniões em seu município.

Síntese

Neste capítulo, tratamos de controle social. É importante registrar que a concepção de controle social após a aprovação da CF de 1988 está relacionada ao controle das ações do governo pela sociedade, rompendo com a antiga noção de controle da sociedade pelo governo. As duas principais instâncias de efetivação do controle social na área da saúde, segundo a Lei n. 8.142/1990, são os conselhos de saúde e as conferências de saúde. Os conselhos são colegiados permanentes, que se reúnem, no mínimo, uma vez por mês para deliberar sobre planejamento, desenvolvimento, avaliação e fiscalização da política pública de saúde, inclusive em suas dimensões financeiras e orçamentárias. As conferências são eventos coordenados, realizados, no mínimo, a cada quatro anos, com maior número de participantes, com o objetivo de debater temáticas relevantes à política de saúde e de construir deliberações que contribuam para o desenvolvimento dos planos de saúde. Tanto conselhos quanto conferências são paritários e exigem a participação de representantes dos usuários, dos trabalhadores da saúde e dos gestores e prestadores de serviços da área. Esses espaços devem motivar o fortalecimento da participação popular nas bases, bem como permanecer abertos à ampla participação, indo além da presença dos conselheiros e delegados eleitos. O controle social é uma expressão concreta do exercício da democracia também reafirmada na CF de 1988. É uma prática política e, como tal, uma ferramenta para o enfrentamento das questões que impedem a concretização do direito universal à saúde no Brasil.

Questões para revisão

1. Os conselhos de saúde desempenham importante papel na consolidação do controle social no SUS. Trata-se de espaço legítimo de participação da sociedade organizada, exercendo o aspecto democrático da gestão da política pública de saúde no Brasil. Assinale a alternativa que apresenta a correta composição dos conselhos de saúde:

   a) 40% de representantes dos usuários dos serviços da saúde; 30% de representantes dos trabalhadores da saúde; e 30% de representantes dos gestores e de entidades prestadoras de serviços de saúde.

   b) 25% de representantes dos usuários dos serviços da saúde; 25% de representantes dos trabalhadores da saúde; e 50% de representantes dos gestores e de entidades prestadoras de serviços de saúde.

   c) 25% de representantes dos usuários dos serviços da saúde; 50% de representantes dos trabalhadores da saúde; e 25% de representantes dos gestores e de entidades prestadoras de serviços de saúde.

d) 50% de representantes dos usuários dos serviços da saúde; 25% de representantes dos trabalhadores da saúde; e 25% de representantes dos gestores e de entidades prestadoras de serviços de saúde.
e) 35% de representantes dos usuários dos serviços da saúde; 30% de representantes dos trabalhadores da saúde; e 35% de representantes dos gestores e de entidades prestadoras de serviços de saúde.

2. A periodicidade mínima para realização das conferências de saúde é:
    a) a cada dois anos.
    b) a cada três anos.
    c) a cada quatro anos.
    d) anual.
    e) semestral.

3. Os conselhos e as conferências de saúde são espaços legítimos de participação popular, abertos para a participação de ouvintes e observadores, que podem, além de ouvir e observar como expectadores, também contribuir. Essa contribuição pode concretizar-se por meio do direito:
    a) ao voto.
    b) à voz.
    c) ao diálogo.
    d) do ouvinte.
    e) de discussão.

4. Além das atribuições comuns dos conselhos de saúde em geral (municipais, estaduais e nacional), existem atribuições específicas que competem ao Conselho Nacional de Saúde. Quais são essas atribuições de acordo com os art. 12 e 13 da Lei n. 8.080/1990?

5. Uma das mais significativas conferências para a história da saúde pública brasileira foi a VIII Conferência Nacional de Saúde, realizada em 1986. Cite quais foram os principais temas trabalhos nesse evento.

Questões para reflexão

1. Os conselhos e as conferências de saúde são espaços legítimos de participação da população na gestão da política pública de saúde no Brasil. Você já conhecia esses espaços? Considera que a população que usa os serviços de saúde está bem informada sobre como participar? Quais seriam estratégias possíveis para ampliar a participação da população nesses espaços?

2. Há uma série de contradições na área da saúde que inibem a efetivação do SUS tal como previsto na legislação. Quais são as contradições que você identifica e que acredita que atrapalham a efetivação do SUS em seu município, em seu estado e no Brasil como um todo? Quais seriam as vias de enfrentamento desses desafios pela população? Como efetivar o controle social para enfrentar esse problema?

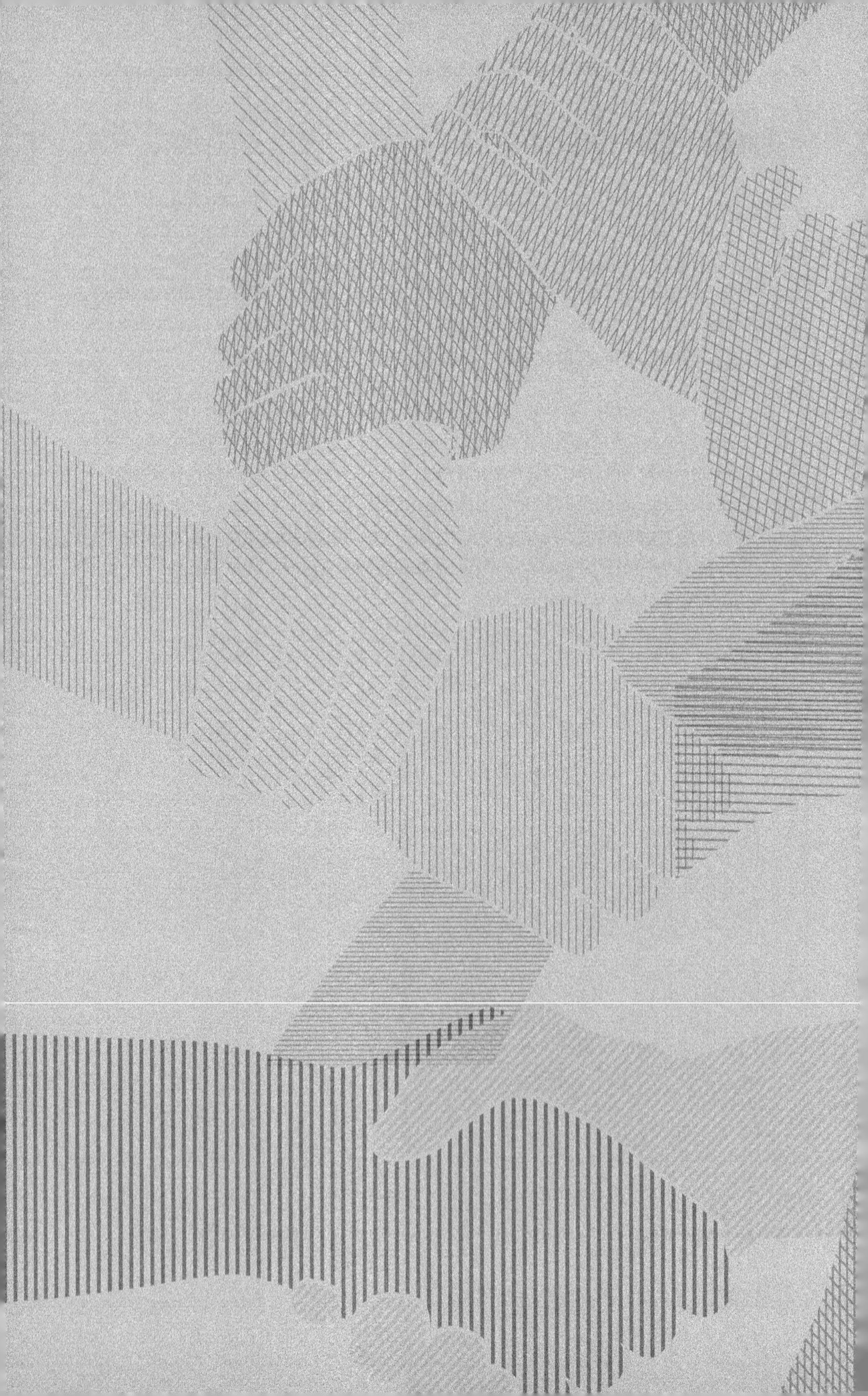

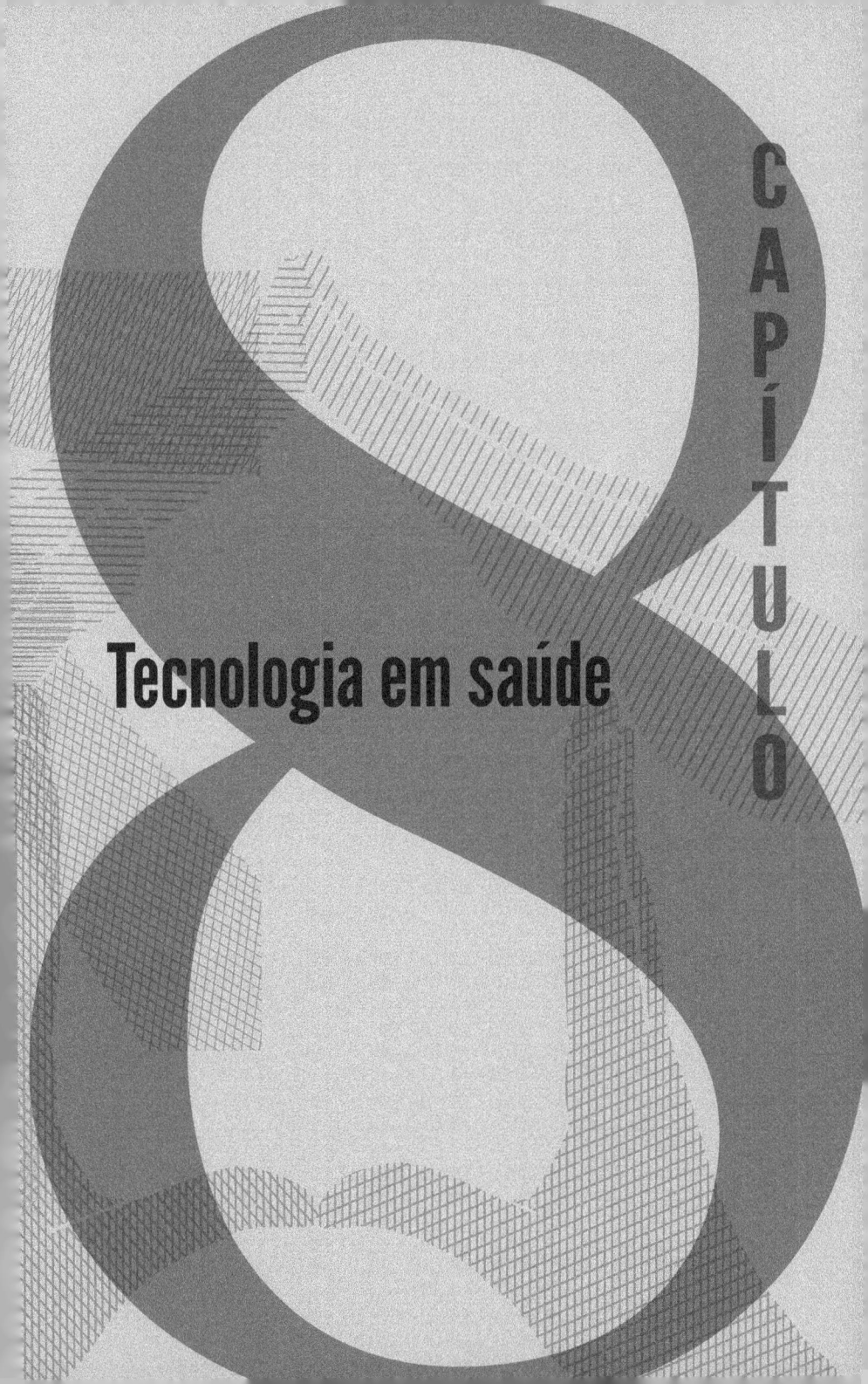

CAPÍTULO 8
Tecnologia em saúde

Conteúdos do capítulo:
- Tipos de tecnologia.
- Tecnologia em saúde no SUS.
- Gestão da informação.

Após o estudo deste capítulo, você será capaz de:
1. ampliar a concepção acerca da tecnologia e sua aplicabilidade na área da saúde;
2. consultar informações de saúde pública a partir de ferramentas informatizadas.

Para o desenvolvimento constante da qualidade dos serviços em saúde, é indispensável que o Estado dedique investimentos em tecnologia voltados a essa área.

No Brasil, essa é uma das atribuições do Sistema Único de Saúde – SUS, principalmente reafirmada após a aprovação da Emenda Constitucional n. 85/2015, que alterou o inciso V, do art. 200 da Constituição Federal (CF) de 1988, sob o texto "Art. 200. Ao sistema único de saúde compete, além de outras atribuições, nos termos da lei: [...] V – incrementar, em sua área de atuação, o desenvolvimento científico e tecnológico e a inovação" (Brasil, 1988).

Por vezes, a primeira impressão que se tem ao falar de tecnologia é de sua relação com recursos informatizados, maquinários e toda sorte de inovações. Contudo, os conceitos de tecnologia e tecnologia da saúde são muito mais abrangentes, envolvendo toda aplicação de conhecimento organizado para promoção, prevenção e recuperação de saúde. (Brasil, 2009f)

Tecnologias em saúde podem ser definidas como os medicamentos, equipamentos, procedimentos e os sistemas organizacionais e de suporte por meio dos quais os cuidados com a saúde são oferecidos (Brasil, 2009f).

8.1 Tipos de tecnologia

Entendemos, assim, que há um processo constante de investimento e desenvolvimento de novas tecnologias. Para melhor compreender essa prática na saúde, destacamos alguns trabalhos de classificação dos tipos de tecnologia, de acordo com suas principais características e aplicações. Vamos conhecer duas formas distintas de tipificação das tecnologias.

De acordo com Merhy et al. (2002, p. 121), as tecnologias em saúde podem ser classificadas em dura, leve-dura e leve, como podemos observar:

classificamos as tecnologias envolvidas no trabalho em saúde como: leve (como no caso das tecnologias de relações do tipo de produção de vínculo, autonomização, acolhimento, gestão como uma forma de governar processos de trabalho), leve-dura (como no caso de saberes bem estruturados que operam no processo de trabalho em saúde, como a clínica médica, a clínica psicanalítica, a epidemiologia, o taylorismo, o fayolismo) e dura (como no caso de equipamentos tecnológicos do tipo máquinas, normas, estruturas organizacionais)

Liaropoulos (1997, citado por Brasil, 2009f) estabelece outra forma de classificação, diferenciando tecnologia biomédica, de tecnologia médica, tecnologia de atenção à saúde e tecnologia em saúde:

- tecnologia biomédica, composta por equipamentos e medicamentos;
- tecnologia médica, que compreende os procedimentos médicos e de saúde, inclusive relacionados à adequada aplicação da tecnologia biomédica;
- tecnologia de atenção à saúde, que está relacionada a toda estrutura de apoio e suporte para as ações de saúde, como sistemas, unidades, estruturas administrativas, entre outros;
- tecnologia em saúde, a mais abrangente, compreendendo estruturas e determinantes para a saúde, que são externos ao setor da saúde, como as políticas econômicas e sociais, o saneamento básico, entre outros (Brasil, 2009f).

Um diferencial dessa forma de classificação é que os elementos devem ser ordenados nessa mesma sequência em que foram aqui expostos e sempre o elemento seguinte incorporará também o elemento anterior. Essa forma de estruturação fica mais clara ao observarmos a seguinte figura:

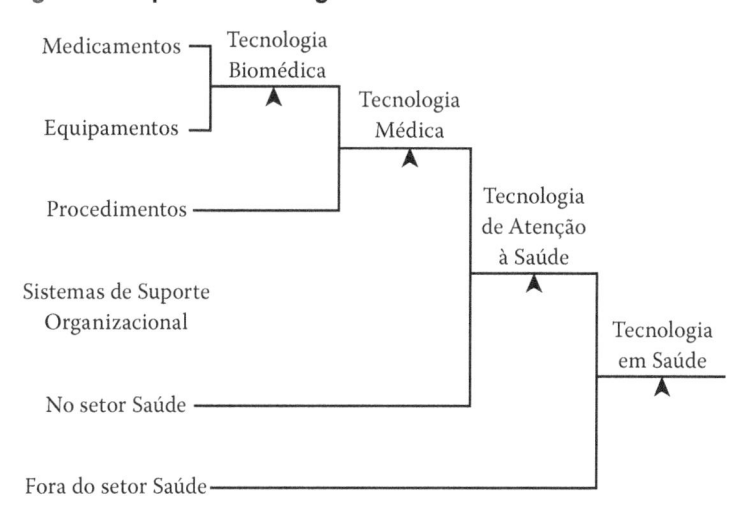

Figura 8.1 – Espectro de tecnologias em saúde

- Medicamentos ┐
- Equipamentos ┘ → Tecnologia Biomédica ↑
- Procedimentos ──→ Tecnologia Médica ↑
- Sistemas de Suporte Organizacional → Tecnologia de Atenção à Saúde ↑
- No setor Saúde ──→ Tecnologia em Saúde ↑
- Fora do setor Saúde ──

Fonte: Brasil, 2009f.

As tecnologias em saúde, independentemente de sua forma de classificação, são dinâmicas e encontram-se sempre em evolução. A pesquisa e o desenvolvimento de tecnologias permite que novas propostas sejam agregadas aos tratamentos de saúde, complementando ou superando tecnologias antigas.

> O processo de inovação tecnológica começa com a invenção de um novo produto, processo, ou prática, e se encerra por ocasião da primeira utilização prática. Entre esses dois marcos, há usualmente alguma forma de avaliação econômica (custos de produção), e testes usando voluntários são conduzidos para avaliar os benefícios e riscos da nova tecnologia. Porém as avaliações realizadas nesta etapa usualmente têm uma capacidade limitada de quantificar os impactos que serão observados após a difusão da tecnologia.
>
> Diversos fatores impactam sobre a inovação no setor Saúde, sendo os principais a persistência da doença e incapacidades, considerações de ordem econômica, pesquisas biomédicas, e legislação regulatória. Assim que a nova tecnologia atinge o mercado, ela chega ao final da fase de inovação. Neste ponto, outras forças entram em ação e governam o processo de difusão e que vão determinar o grau com que a nova tecnologia será aceita. (Brasil, 2009f, p. 22)

Assim, há um constante processo avaliativo de tecnologias em saúde para que sejam ou não incorporadas, melhoradas ou abandonadas. Na perspectiva do SUS, tal processo avaliativo deve estar alinhado aos princípios e às diretrizes desse sistema, além de observar o potencial de efetividade de gestão do país. As tecnologias em saúde precisam, portanto, atender à integralidade, à universalidade, à democratização do acesso e à avaliação pelos usuários, bem como precisam ser viáveis financeira, logística e culturalmente (Silva, 2003).

8.2 Tecnologia em saúde no SUS

Em 2011, com a aprovação da Lei n. 12.401, foi feita alteração da Lei n. 8.080, de 19 de setembro de 1990 (Brasil, 1990b) e acrescidos artigos relacionados à assistência terapêutica e à incorporação de tecnologias em saúde no SUS. O conteúdo está disposto nos arts. 19-M e 19-U, que orientam as medidas corretas para assegurar a legalidade da adoção de novas práticas tecnológicas no SUS. Nem todo equipamento, procedimento ou medicamento pode ser subsidiado pela saúde pública, mas deve, antes, passar por um processo avaliativo que definirá se está adequado para contribuir com a promoção, proteção e recuperação em saúde, seguindo os objetivos, os princípios e as diretrizes do SUS. Essa decisão é de responsabilidade do Ministério da Saúde, com base em avaliação prévia e parecer da Comissão Nacional de Incorporação de Tecnologias no SUS, que conta com representantes do Conselho Nacional de Saúde e do Conselho Federal de Medicina. Sempre que necessário, devem ser realizadas consultas públicas para contribuir no processo decisório. A decisão final considera, ainda, a pactuação realizada pela Comissão Intergestora Tripartite – CIT e, se for uma definição de âmbito estadual, pactuação pela Comissão Intergestora Bipartite – CIB e, se municipal, aprovação no Conselho Municipal de Saúde (Brasil, 1990b).

Observemos os arts. 19-M e 19-N da Lei n. 8.080/1990:

> Art. 19-M. A assistência terapêutica integral a que se refere a alínea d do inciso I do art. 6º consiste em
>
> I – dispensação de medicamentos e produtos de interesse para a saúde, cuja prescrição esteja em conformidade com as diretrizes terapêuticas definidas em protocolo clínico para a doença ou o agravo à saúde a ser tratado ou, na falta do protocolo, em conformidade com o disposto no art. 19-P;
>
> II – oferta de procedimentos terapêuticos, em regime domiciliar, ambulatorial e hospitalar, constantes de tabelas elaboradas pelo gestor federal do Sistema Único de Saúde – SUS, realizados no território nacional por serviço próprio, conveniado ou contratado.
>
> Art. 19-N. Para os efeitos do disposto no art. 19-M, são adotadas as seguintes definições:
>
> I – produtos de interesse para a saúde: órteses, próteses, bolsas coletoras e equipamentos médicos;
>
> II – protocolo clínico e diretriz terapêutica: documento que estabelece critérios para o diagnóstico da doença ou do agravo à saúde; o tratamento preconizado, com os medicamentos e demais produtos apropriados, quando couber; as posologias recomendadas; os mecanismos de controle clínico; e o acompanhamento e a verificação dos resultados terapêuticos, a serem seguidos pelos gestores do SUS. (Brasil, 1990b)

Com base nesse texto legal, fica claro que a concepção de tecnologia em saúde abrange equipamentos, medicamentos, diretrizes e protocolos. Da mesma forma em que a atenção integral exige e garante a oferta dos medicamentos, procedimentos e produtos de saúde necessários, também aponta os mais adequados para cada situação. É definido o conjunto de tecnologias a ser adotado em cada diferente processo da atenção à saúde e nas diferentes etapas do tratamento em saúde. Segue-se um protocolo básico e, se este não gerar os resultados esperados ou acarretar reações adversas (como alergia ao medicamento proposto no protocolo básico), deve ser adotado um protocolo de segunda escolha.

O parágrafo 2º do art. 19-Q define os critérios indispensáveis na avaliação para incorporação de novas tecnologias em saúde:

> Art. 19-Q [...]
>
> [...]
>
> § 2°O relatório da Comissão Nacional de Incorporação de Tecnologias no SUS levará em consideração, necessariamente:
>
> I – as evidências científicas sobre a eficácia, a acurácia, a efetividade e a segurança do medicamento, produto ou procedimento objeto do processo, acatadas pelo órgão competente para o registro ou a autorização de uso;
>
> II – a avaliação econômica comparativa dos benefícios e dos custos em relação às tecnologias já incorporadas, inclusive no que se refere aos atendimentos domiciliar, ambulatorial ou hospitalar, quando cabível. (Brasil, 1990b)

Assim, a definição dos medicamentos, procedimentos e produtos de primeira, segunda ou subsequentes escolhas deve ser feita com base em avaliação quanto a eficácia, segurança, efetividade e custo-efetividade.

8.3 Gestão da informação

No campo das tecnologias de apoio, que podem ser classificadas como tecnologias leve-duras ou tecnologias de atenção à saúde, um importante papel é desempenhado pelo setor da gestão da informação. Um fato recorrente nos mais diversos atendimentos em saúde é o registro de dados. Esses dados, armazenados, agrupados e analisados adequadamente, podem orientar com bastante eficácia o processo de tomada de decisões acerca da incorporação de novas tecnologias em saúde, bem como sobre as demais definições de gestão.

Os sistemas de informação permitem análises coletivas da conjuntura em saúde em determinados espaços, desde os mais restritos até o território nacional como um todo. Para tanto, investe-se em um serviço específico de informação dentro do SUS, que é conhecido como DataSUS – Departamento de Informática do SUS.

O DataSUS foi criado em 1991, no ano seguinte à aprovação das leis orgânicas do SUS, inaugurando um novo momento na gestão de informações em saúde no Brasil. Sua criação outorgou a esse departamento a competência de "especificar, desenvolver, implantar e operar sistemas de informações relativos às atividades finalísticas do SUS". Inicialmente compreendido na estrutura da Fundação Nacional de Saúde, foi incorporado pelo Ministério da Saúde em 1998, com adequação de suas funções às necessidades deste ministério e do SUS como um todo. Ampliou seu alcance e autonomia em 2002, com a aprovação do Decreto n. 4.194. E atualmente é regulamentado pelo Decreto n. 8.901, de 10 de novembro de 2016 (Brasil, 2016), que atualizou suas competências e estrutura (Brasil, 2017b).

Conheça as competências do DataSUS estabelecidas no Decreto n. 8.901/2016, Anexo I, art. 11:

> Art. 11. Ao Departamento de Informática do SUS compete:
>
> I – fomentar, regulamentar e avaliar as ações de informatização do SUS, direcionadas à manutenção e ao desenvolvimento do sistema de informações em saúde e dos sistemas internos de gestão do Ministério da Saúde;
>
> II – desenvolver, pesquisar e incorporar produtos e serviços de tecnologia da informação que possibilitem a implementação de sistemas e a disseminação de informações para ações de saúde, em consonância com as diretrizes da Política Nacional de Saúde;
>
> III – desenvolver, pesquisar e incorporar produtos e serviços de tecnologia da informação para atender aos sistemas internos de gestão do Ministério da Saúde;
>
> IV – manter o acervo das bases de dados necessários ao sistema de informações em saúde e aos sistemas internos de gestão institucional;
>
> V – assegurar aos gestores do SUS e aos órgãos congêneres o acesso aos serviços de tecnologia da informação e bases de dados mantidos pelo Ministério da Saúde;
>
> VI – definir programas de cooperação tecnológica com entidades de pesquisa e ensino para prospecção e transferência de tecnologia e metodologia no segmento de tecnologia da informação em saúde;

VII – apoiar os Estados, os Municípios e o Distrito Federal na informatização das atividades do SUS;

VIII – prospectar e gerenciar a Rede Lógica do Ministério da Saúde; e

IX – promover o atendimento ao usuário de informática do Ministério da Saúde. (Brasil, 2016)

O DataSUS gerencia dados dos atendimentos realizados em todo o território nacional por meio de sistemas específicos. A organização e a análise desses dados produz informações úteis para os gestores, conselheiros e sociedade em geral sobre saúde. Embora nem todos os sistemas informatizados de saúde estejam alinhados ao DataSUS, pois alguns são restritos aos âmbitos estaduais, municipais ou a órgãos e instituições específicas de saúde, existe uma gama de informações, de caráter geral, que permitem acompanhar a evolução em saúde do povo brasileiro, a partir dos cadastros realizados no SUS. Para tanto, são desenvolvidos e aprimorados sistemas padronizados, de alimentação obrigatória pelas unidades de atendimento, que permitem o adequado armazenamento e a organização dos dados. Da mesma forma, também são desenvolvidas ferramentas de processamento desses dados e disponibilização das informações para os interessados. O nível de acesso às informações é regulado de acordo com a competência de cada ator no processo de gestão e avaliação do SUS – gestores, conselheiros, unidades prestadoras de serviço, usuários, pesquisadores, entre outros.

O adequado investimento em ferramentas de disponibilização de informações qualifica o processo de controle social pela sociedade civil, bem como possibilita tomar decisões mais acertadas no processo de planejamento das ações em saúde pública. Sendo um componente da administração pública relacionada à saúde, o DataSUS é responsável por contribuir no processo de planejamento e melhoria dos processos de execução das ações do SUS.

O Departamento de Informática do SUS como unidade subordinada à Secretaria Executiva (SE-MS), segundo consta no art. 4º do Decreto nº 8.901 de 10 de novembro de 2016, é órgão setorial do Sistema de Administração dos Recursos de Tecnologia da Informação (SISP) responsável por fornecer soluções de TI para a execução de políticas públicas em saúde.

Dentre as suas atribuições estão: definição das ações de informatização do SUS; o desenvolvimento de produtos e serviços de TI para a implementação de sistemas e a disseminação de informações das ações de saúde; a manutenção de bases de dados; o apoio aos Estados, os Municípios e o Distrito Federal na informatização das atividades do SUS; e o atendimento ao usuário de informática do MS. (Brasil, 2017b, p. 11)

8.3.1 TabNet, TabWin e o acesso às informações de saúde

Entre as ferramentas disponibilizadas pelo DataSUS para acesso às informações em saúde, vamos destacar o TabNet. Por meio desse aplicativo, qualquer cidadão pode obter informações em saúde sobre o país, os estados, os municípios, as regiões e as microrregiões de saúde que tenham interesse (Brasil, 2019c).

O acesso é feito diretamente no *site* do DataSUS, no qual é possível obter informações como as seguintes:

Tipo de indicadores		Exemplos
Indicadores e dados básicos	Indicadores demográficos	População total; taxa de fecundidade; mortalidade proporcional por idade; taxa de mortalidade; esperança de vida ao nascer etc.
	Indicadores socioeconômicos	Taxa de analfabetismo; taxa de mortalidade na infância; razão de mortalidade materna; taxa de desemprego; taxa de trabalho infantil etc.
	Indicadores de mortalidade	Taxa de mortalidade infantil; mortalidade materna segundo tipo de causa; taxa de mortalidade específica por causa (diversas) etc.
	Indicadores de morbidade	Incidência de doenças transmissíveis; taxa de incidência de neoplasias malignas; taxa de incidência de acidentes e doenças de trabalho em segurados da Previdência Social; proporção de casos de aids por categoria de exposição; taxa de internação hospitalar etc.
	Indicadores de fatores de risco e proteção	Prevalência de diabete melito; prevalência de hipertensão arterial; prevalência de consumo abusivo de bebidas alcóolicos; prevalência de déficit estatural para a idade em crianças menores de cinco anos de idade; prevalência de aleitamento materno; proporção de nascidos vivos de mães adolescentes etc.
	Indicadores de recursos	Número de profissionais de saúde por habitante; número de cursos de graduação em saúde; distribuição de postos de trabalho de nível em estabelecimentos de saúde; número de leitos hospitalares por habitante; gasto com consumo de bens e serviços de saúde como percentual do Produto Interno Bruno (PIB); gasto federal com saúde como proporção do gasto federal total; valor médio pago por internação hospitalar no SUS (AIH) etc.

(continua)

(conclusão)

Tipo de indicadores		Exemplos
Indicadores e dados básicos	Indicadores de cobertura	Número de consultas médicas (SUS) por habitante; proporção da população que refere ter consultado médico nos últimos 12 meses; número de procedimentos diagnósticos por consulta médica (SUS); número de internações hospitalares (SUS) por habitante; proporção de partos hospitalares; proporção de crianças vacinadas na faixa etária recomendada; proporção da população servida por esgotamento sanitário; proporção da população servida por coleta de lixo etc.
Assistência à saúde		Produção hospitalar; produção ambulatorial; imunizações; Atenção básica – saúde da família; Vigilância alimentar e nutricional etc.
Epidemiologia e morbidade		Morbidade hospitalar do SUS (SIH/SUS); casos de AIDS; casos de hanseníase; casos de tuberculose; doenças e agravos de notificação; estado nutricional etc.
Rede assistencial		Cadastro Nacional de Estabelecimentos de Saúde (CNES) – Estabelecimentos; CNES – Recursos Físicos; CNES – Recursos Humanos etc.
Estatísticas vitais		Nascidos vivos; mortalidade; monitoramento de eventos prioritários de mortalidade etc.
Demográficos e socioeconômicos		População residente; educação; trabalho e renda; Produto Interno Bruto (PIB); Saneamento etc.
Saúde suplementar		Dados sobre operadoras de planos privados de saúde.

Fonte: Elaborado com base em Brasil, 2019c.

O TabNet pode, ainda, ser baixado como um programa e ser utilizado como ferramenta de tabulação e correlação das informações disponíveis. Apresenta como principais características a viabilização de conjuntos amplos de informação processados de maneira rápida e interface simples, permitindo amplo acesso e transparência (Brasil, 2019f).

Outra ferramenta útil para gestores e população na gestão da informação em saúde é o TabWin (Tab for Windows). Trata-se de um tabulador de informações que permite gerar gráficos e tabelas a partir dos dados disponíveis no TabNet. É um programa disponibilizado pelo DataSUS para qualificar a organização e a análise de dados pelos usuários finais. O TabWin permite a correlação de dados de diferentes fontes e a interação dos dados com mapas, viabilizando a construção de processos de georreferenciamento das informações (Brasil, 2018d, 2019f).

Sobre o TabWin:

O programa **TAB para Windows – TabWin** – foi desenvolvido pelo **Datasus – Departamento de Informática do SUS**, com a finalidade de permitir às equipes técnicas do Ministério da Saúde, das Secretarias Estaduais de Saúde e das Secretarias Municipais de Saúde a realização de tabulações rápidas sobre os arquivos DBF que se constituem nos componentes básicos dos sistemas de informações do SUS – Sistema Único de Saúde.

A criação desse programa só se tornou possível porque os sistemas de informações do SUS dispõem de definição nacional, permitindo assim a geração imediata das tabulações mais comuns a partir de arquivos pré-definidos.

As bases do programa são as necessidades de tabulação do **SIH/SUS** (Sistema de Informações Hospitalares), do **SIA/SUS** (Sistema de Informações Ambulatoriais), do **SIM** (Sistema de Informações de Mortalidade), do **SINASC** (Sistema de Informações de Nascidos Vivos) e do **SIGAB** (Sistema de Gerenciamento de Ambulatórios Básicos).

O **TAB para Windows** é um aplicativo integrador de informações porque permite tabular informações de diferentes tipos (por exemplo, dados de internação hospitalar, de mortalidade, de população etc.) em um mesmo ambiente.

O **TabWin**, entre outras funcionalidades, permite ao usuário:

- Importar tabulações efetuadas na Internet (geradas pelo aplicativo **TabNet**, também desenvolvido pelo **Datasus**);
- Realizar operações aritméticas e estatísticas nos dados da tabela;
- Elaborar gráficos de vários tipos, inclusive mapas, a partir dos dados da tabela;
- Efetuar outras operações na tabela, ajustando-a às suas necessidades.

Para o usuário do setor Saúde, em especial, o **TAB para Windows** facilita:

- A construção e aplicação de índices e indicadores de produção de serviços, de características epidemiológicas (incidência de doenças, agravos e mortalidade) e de aspectos demográficos de interesse (educação, saneamento, renda etc.) – por estado e por município;
- A programação e o planejamento de serviços;
- A avaliação e tomada de decisões relativas à alocação e distribuição de recursos;
- A avaliação do impacto de intervenções realizadas nas condições de saúde.

O **TabWin** está disponível – **gratuitamente** – a todo e qualquer interessado, seja pessoa física ou jurídica.

Fonte: Brasil, 2019d, p. 7, grifo do original.

8.3.2 Sistemas de notificações

Considerando as ferramentas de disponibilização de dados e informações, é possível constatar que suas fontes estão relacionadas à alimentação contínua de sistemas de informática padronizados, vigentes em todo o território nacional, acompanhando as principais ações do SUS.

Entre eles, destacamos os seguintes:

- Cadastro Nacional de Estabelecimentos de Saúde – CNES;
- Central Nacional de Regulação de Alta Complexidade – CNRAC;
- E-SUS Samu (captura de dados do Serviço de Atendimento Móvel às Urgências);
- Relação de Doadores não aparentados de Medula Óssea – RedomeNet;
- SISConferencia (Sistema de apoio para a consolidação e votação de propostas nas conferências de saúde);
- Sistema de Cadastramento de Usuários do SUS – CadSUS;
- Sistema de Cadastramento e Acompanhamento de Hipertensos e Diabéticos – HiperDia;
- Sistema de Comunicação de Informação Hospitalar – CIH;
- Sistema de Comunicação de Informação Hospitalar e Ambulatorial – CIHA;
- Sistema de Informação de Atenção Básica – SIAB;
- Sistema de Informações Ambulatoriais – SIA/SUS;
- Sistema de Informações de Mortalidade – SIM;
- Sistema de Informações de Nascidos Vivos – Sinasc;
- Sistema de Informações do Colo do Útero e Sistema de Informações do Câncer de Mama – SISColo/SISMama;
- Sistema de Informações do Programa Nacional de Imunizações – SI-PNI;
- Sistema de Informações Hospitalares – SIH/SUS;
- Sistema de Monitoramento e Avaliação do Pré-Natal, Parto, Puerpério e Criança – SISPrenatal;
- Sistema do Programa Nacional de Avaliação de Serviços de Saúde – SIPNASS;
- Sistema Nacional de Transplantes – SNT;
- Sistemas de Centrais de Regulação – SISReg. (Brasil, 2019e)

Esses e outros sistemas são de caráter nacional e complementados em cada território com sistemas de menor abrangência. A proposta é de que seu desenvolvimento esteja alinhado a um processo sistêmico que contribua para a consolidação de um Sistema Nacional de Informações em Saúde – SNIS.

Para saber mais

Além das ferramentas e sistemas já apresentados, o DataSUS disponibiliza também os *Cadernos de informação em Saúde*. Para acessá-los, consulte o endereço eletrônico a seguir:

MINISTÉRIO DA SAÚDE. **Cadernos de Informação de Saúde**. Disponível em:<http://tabnet.datasus.gov.br/tabdata/cadernos/cadernosmap.htm.>. Acesso em: 18 fev. 2019.

Então, você poderá escolher o local sobre o qual deseja obter informações de saúde, como, por exemplo, seu município. Em seguida, o sistema gera a informação por meio de uma planilha de excel. A primeira aba informará todas as opções de dados disponíveis, e as abas seguintes apresentarão em detalhes cada conjunto de informações.

Faça você também a sua pesquisa e conheça os indicadores de saúde de seu município!

Síntese

Neste capítulo, abordamos a tecnologia em saúde e a classificação dos tipos de tecnologia em saúde, que podem ser subdivididas: em tecnologias leves, leve-duras ou duras; e também em: tecnologias biomédicas, médicas, de atenção em saúde e tecnologias em saúde. Essas formas de classificação permitem compreender que tecnologia na área da saúde vai muito além dos equipamentos e de estruturas informatizadas. Medicamentos, procedimentos, protocolos, relações, suportes e políticas públicas externas podem compor o conjunto de tecnologias dedicadas à promoção, à proteção e à recuperação da saúde. Entre as atribuições do SUS está compreendido o investimento em tecnologia e inovação, desenvolvendo, implementando, avaliando e qualificando processos, com vistas a ampliar a efetividade da política pública de saúde. O investimento em tecnologia no campo da gestão da informação permite um olhar ampliado e consistente sobre a realidade da saúde no Brasil. Um dos órgãos de referência nessa área é o DataSUS, que desenvolve sistemas de apoio e registro das diversas práticas de atendimento do SUS em todo o território nacional, consolida os dados alimentados nas mais diversas unidades e devolvendo-os como informações para gestores, trabalhadores e cidadãos em geral. Duas ferramentas de acesso a informações em saúde disponibilizadas pelo DataSUS são o TabNet e o TabWin, que permitem conhecer e cruzar dados referentes a diversas realidades de saúde em abrangências nacional, estaduais ou municipais. A alimentação adequada dos sistemas, bem como o acesso às informações por eles geradas permitem maior clareza nas tomadas de decisões dos gestores e conselheiros, ampliando a qualidade e efetividade do SUS.

Questões para revisão

1. De acordo com Merhy et al. (2002), as tecnologias em saúde podem ser classificas em:
   a) leves, leve-duras e duras.
   b) leves e duras.
   c) biomédicas, médicas e de atenção em saúde.
   d) médicas e de atenção em saúde.
   e) tecnologias de *software* e de *hardware*.

2. Assinale a alternativa correta acerca da definição do tipo de tecnologia:
   a) Tecnologia leve-dura está relacionada às máquinas e equipamentos como recursos materiais e produtos finais e acabados de investimentos anteriores em pesquisa e desenvolvimento.
   b) Tecnologia leve está mais voltada para as relações estabelecidas durante os processos de atendimento em saúde; são mais subjetivas, mas capazes de humanizar o atendimento, promover autonomia, vínculo e responsabilização.
   c) Tecnologia biomédica compreende os procedimentos médicos e de saúde, inclusive relacionados à adequada aplicação da tecnologia médica.

d) Tecnologia de atenção em saúde é mais abrangente, compreendendo as estruturas e determinantes para a saúde, que são externos ao setor da saúde, como as políticas econômicas e sociais, o saneamento básico, entre outros.
   e) Tecnologia leve está relacionada às máquinas e equipamentos como recursos materiais e produtos finais e acabados de investimentos anteriores em pesquisa e desenvolvimento.
3. O DataSUS é:
   a) o órgão que gerencia dados dos atendimentos realizados em todo o território nacional por meio de sistemas específicos.
   b) um sistema informatizado que organiza os dados obtidos nos atendimentos realizados pelo SUS e transforma em informações.
   c) uma instância vinculada à vigilância sanitária, que desenvolve programas específicos para o controle de medicamentos, bebidas e alimentos.
   d) o órgão responsável pela gestão financeira do SUS, aplicando tecnologias para otimizar a aplicação de recursos públicos no campo da saúde.
   e) um conjunto de dados composto pelos registros lançados nos prontuários de saúde.
4. Apresente uma definição de tecnologia em saúde.
5. O que é o TabWin?

Questões para reflexão

1. Você conhecia os diferentes tipos de tecnologia? Considerando o conceito de tecnologia em saúde de uma forma mais ampla, você consegue identificar os possíveis recursos tecnológicos a serem desenvolvidos e utilizados pelo Serviço Social em sua prática cotidiana na área da saúde?

2. O DataSUS oferece à população uma série de informações acerca da realidade de saúde da população brasileira, de suas demandas, da cobertura do SUS e das diferentes iniciativas da política pública na área. Você conhecia as ferramentas de acesso a essas informações? Considera que a população sabe de sua existência e como acessá-las? Quais seriam estratégias para maior divulgação desse recurso e mais socialização das informações em saúde?

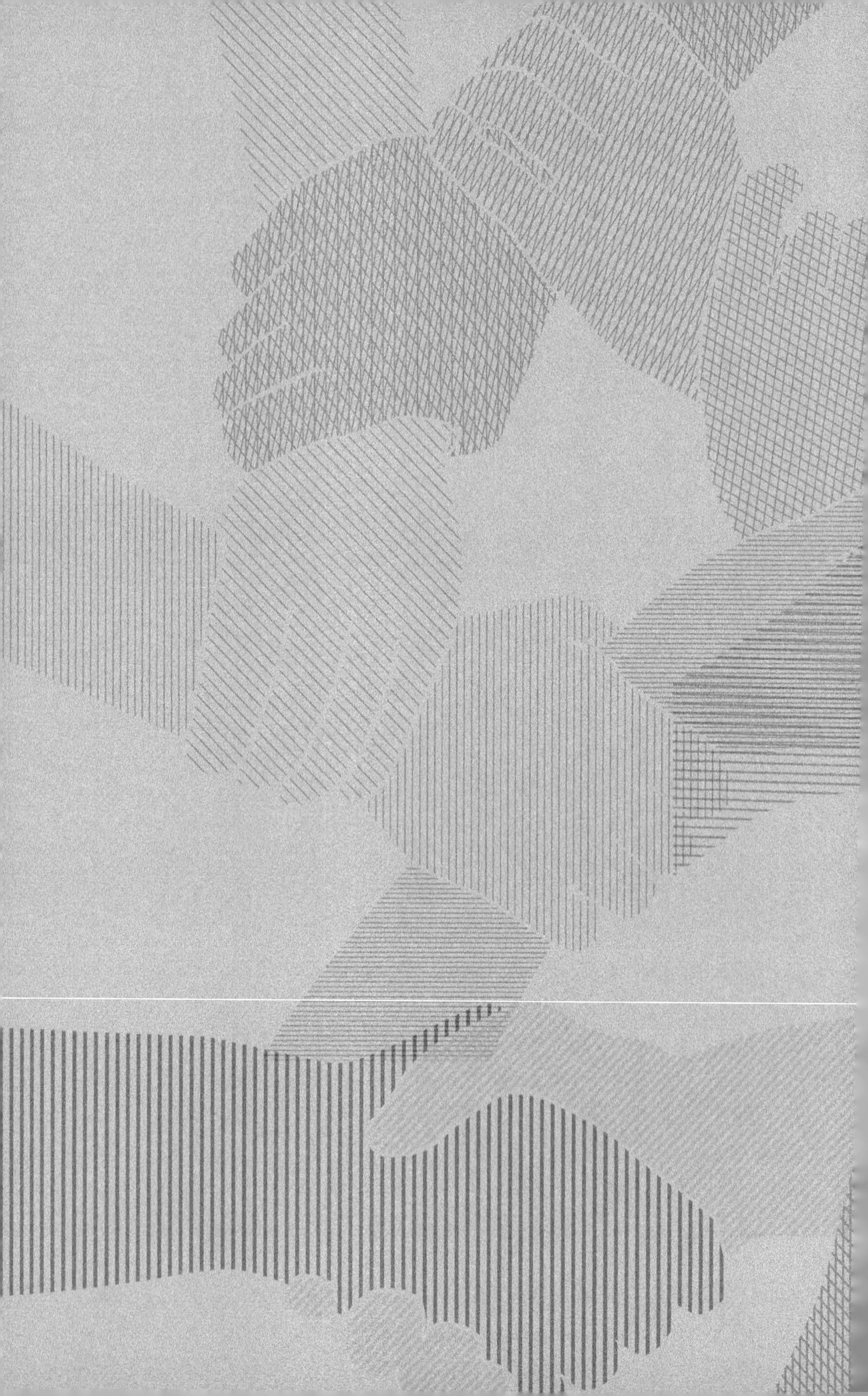

CAPÍTULO 9

Serviço Social e saúde

Conteúdos do capítulo:
- O assistente social como um profissional da saúde.
- Parâmetros para a atuação dos assistentes sociais na política de saúde.
- SUS e o Código de Ética do/a assistente social.

Após o estudo deste capítulo, você será capaz de:
1. identificar as possibilidades de contribuição profissional do serviço social no campo da saúde pública;
2. relacionar a atuação do assistente social na saúde com os princípios de seu projeto ético-político profissional e do SUS.

Neste último capítulo e, de forma nenhuma, menos importante que os anteriores, tratamos da relação da profissão do serviço social com a temática e a área da saúde.

A diversidade de frentes de atuação da política de saúde oportuniza a participação do assistente social em diferentes espaços profissionais nessa área, principalmente à medida que o modelo médico vai sendo superado, pois amplia-se o conjunto de profissionais atuantes na área. Se antes o foco era no cuidado, com evidência na intervenção médica e de enfermagem, agora, sob a perspectiva de saúde abrangente e integral, são necessárias diferentes contribuições na área bio-psico-social.

A participação do serviço social na política de saúde acompanha seu percurso histórico, principalmente porque a saúde desenvolveu-se, no Brasil, em uma intensa correlação com as ações de proteção social. Os atendimentos de saúde em instituições de internação permanente (hospitais colônia e manicômios, por exemplo); a atenção em saúde praticada por instituições na perspectiva da caridade e do assistencialismo (a exemplo das Santas Casas de Misericórdia); a necessidade do Estado de compor equipes profissionais, em suas políticas sociais, que fossem capazes de cooperar com a ordem e o desenvolvimentismo; e a oferta de serviços de saúde vinculados à cobertura previdenciária caracterizam uma trajetória percorrida concomitantemente pelas políticas de saúde, previdência e assistência social, bem como pela profissão do serviço social.

Da mesma forma, tanto no campo da política de saúde quanto na profissão do serviço social houve intensa resistência durante o período da ditadura militar, com o fortalecimento de movimentos sociais que propunham um novo olhar sobre a sociedade brasileira. O movimento da Reforma Sanitária, na saúde, e o Movimento de Reconceituação, no serviço social, questionavam o modelo de Estado vigente, a repressão e culpabilização dos sujeitos por sua condição social, bem como a seletividade e residualidade das políticas públicas brasileiras. Resultado disso, no período pós-redemocratização (a partir do fim do regime militar, em 1985), foi o reconhecimento e a conquista da saúde como direito universal em 1988, no texto constitucional, e também a construção de novo projeto ético-político profissional do serviço social, firmado na defesa de direitos, da igualdade, da liberdade e da democracia.

Esse projeto é materializado na aprovação dos novos textos do Código de Ética Profissional, em 13 de março de 1993; da Lei de Regulamentação da Profissão, em 7 de junho de 1993; e das Diretrizes Curriculares para os cursos de Serviço Social, em 26 de fevereiro de 1999 (Brasil, 1988, 1993a, 1999d).

A luta pela consolidação de um serviço social crítico está alinhada com a luta da Reforma Sanitária. Tendo a saúde pública conquistado a aprovação legal do Sistema Único de Saúde – SUS na Constituição Federal (CF) de 1988, a profissão do serviço social desenvolve sua contribuição comprometida com a efetividade de seus princípios.

Trata-se, contudo, de um espaço permeado de contradições que desafiam a práxis do serviço social. Como vimos, a política de saúde no Brasil opera sob a influência e as tensões de dois projetos societários distintos: um, de caráter universalista e democrático – o projeto originado na Reforma Sanitária; outro, orientado pelos princípios do Estado mínimo, em uma perspectiva neoliberal de condução do Estado – o projeto privatista (Bravo, 2011). Esse contexto na área da saúde está, ainda, relacionado com o conflito de projetos societários e de classe distintos – em que a hegemonia tem sido do projeto do capital – diante da hegemonia de um projeto profissional crítico da profissão (Netto, 2009).

Assim, atuar como assistente social na área da saúde pressupõe reconhecer as contradições e desenvolver uma instrumentalidade capaz de intervir de maneira crítica e conforme os pressupostos do projeto ético-político profissional (Guerra, 2014).

Essa tensão entre projetos distintos permeia todo o percurso de lutas, conquistas e processos de implementação e consolidação do SUS e é, ainda, muito presente na conjuntura política brasileira. As transições de governos, desde a aprovação da CF de 1988, indicam uma trajetória de ganhos e perdas para o projeto da saúde como direito, com oscilação entre governos que adotaram uma postura neoliberal mais radical – como os governos de Fernando Collor de Mello e de Fernando Henrique

Cardoso – e outros que, sem prescindir totalmente da orientação neoliberal, posicionaram-se em apoio às políticas sociais e agiram para seu fortalecimento – como é o caso dos governos de Luiz Inácio Lula da Silva e de Dilma Rousseff. Mais recentemente, desde o início do governo Michel Temer, as práticas de gestão adotadas vêm sendo orientadas por estratégias neoliberais radicais, focadas no Estado mínimo, altamente privatizantes, deslocando as políticas públicas do campo dos direitos para a esfera do mercado e do consumo. Notas dessa estratégia de governo são observadas no novo regime fiscal[1], aprovado em 2016, que restringe os gastos públicos e, com isso, não apenas refreia o avanço das políticas sociais, como lhes ameaça um desmonte e a perda de direitos e acessos já conquistados (Bravo, 2011; Matos, 2014; Merhy; Onocko, 2002; Salvador, 2017).

Essa conjuntura desafia os profissionais do serviço social a ultrapassar as perspectivas técnicas e operacionais e avançar em seu compromisso ético-político, expresso concretamente em sua prática.

Para uma análise mais detalhada sobre as possibilidades e os desafios da atuação do assistente social no campo da saúde, apresentaremos, neste capítulo, orientações à práxis, fundamentadas no projeto ético-político profissional e no acúmulo teórico da categoria, no campo de sua inserção na área da saúde.

---

1 "O atual governo brasileiro volta com carga a ortodoxia neoliberal com brutal corte de direitos sociais, sobretudo do financiamento público, como denota o Novo Regime Fiscal (NRF), aprovado pela EC n. 95. O NRF inviabiliza a vinculação dos recursos para as políticas sociais nos moldes desenhado na CF de 1988, ao congelar as chamadas despesas primárias do governo (exceto as despesas financeiras com o pagamento de juros da dívida) por vinte anos, limitando-se a correção pela inflação. Conforme Theodoro (2016), a EC n. 95 enfatiza o ajuste na redução dos gastos correntes, com consequências relevantes sobre as políticas sociais e a própria capacidade do Estado em regular e implementar programas e ações em prol do desenvolvimento, sendo que o pagamento de juros da dívida pública não ficará restrito a nenhum teto orçamentário." (Salvador, 2017, p. 429-430)

9.1 Assistente social: um profissional da saúde

O reconhecimento do assistente social como profissional da saúde ocorreu, oficialmente, com a aprovação da Resolução do Conselho Nacional de Saúde – CNS n. 218, de 6 de março de 1997 (Brasil, 1997b), e da Resolução do Conselho Federal de Serviço Social – CFESS n. 383, de 29 de março de 1999 (CFESS, 1999).

A Resolução CNS n. 218/1997 apresentou o rol de profissionais de nível superior reconhecidos como profissionais de saúde, entre os quais, além dos assistentes sociais, estão compreendidos biólogos, profissionais de educação física, enfermeiros, farmacêuticos, fisioterapeutas, fonoaudiólogos, médicos, médicos veterinários, nutricionistas, odontólogos, psicólogos e terapeutas ocupacionais (Brasil, 1997b).

A Resolução CFESS n. 383/1999 afirma o assistente social como profissional da área da saúde, embora não exclusivo desta:

> Considerando a aprovação da presente Resolução pelo Plenário do Conselho Federal de Serviço Social, em reunião ordinária realizada em 27 e 28 de março de 1999;
>
> Resolve:
>
> Art. 1º Caracterizar o assistente social como profissional de saúde.
>
> Art. 2º O assistente social atua no âmbito das políticas sociais e, nesta medida, não é um profissional exclusivamente da área da saúde, podendo estar inserido em outras áreas, dependendo do local onde atua e da natureza de suas funções. (CFESS, 1999)

As bases do reconhecimento pelo CFESS do serviço social como profissional de saúde foram orientadas pelos princípios do projeto ético-político profissional do serviço social. Elas ficam evidentes quando são analisados os "considerandos" que fundamentam a Resolução n. 383/1999 (CFESS, 1999).

Nesse contexto, destacamos os

- **Reconhecimento da saúde como direito**: a defesa dos direitos sociais e do pleno exercício da cidadania é um dos fundamentos do projeto ético-político do serviço social, e a categoria identifica-se com essa conquista e com o conjunto de lutas e práticas necessárias à sua efetividade. Ser profissional da saúde, para o serviço social, é defender a saúde como direito de todo cidadão e trabalhar pela concretização das previsões legais. Trata-se de superar as lógicas da saúde como produto de mercado, em que a medida do acesso e da qualidade é definida pelo potencial de riqueza acumulada de cada indivíduo ou grupo social, bem como ultrapassar conceitos e práticas de saúde relacionados com ações de caridade e cuidado com os mais fracos, desenvolvidas por pessoas bem-intencionadas, mas desprovida de padronização, diretrizes de qualidade ou mecanismos de exigibilidade (CFESS, 1999; Bravo, 2011).
- **Conceito ampliado de saúde**: a superação do entendimento de que saúde é a ausência de doença, pela compreensão de que a vivência plena da saúde abrange aspectos físicos, mentais e sociais, bem como a apreensão de que sua promoção é decorrente de ações articuladas de diferentes setores da sociedade, implica a demanda por profissionais habilitados para ler as diferentes conjunturas sociais. A saúde passa a ser entendida como resultante de construções sociais, lutas políticas e disputas de interesses. Fatores ambientais passam a ser reconhecidos em seu impacto na melhora ou piora das condições de saúde dos indivíduos e populações. Nesse contexto, o serviço social pode acrescentar significativa contribuição às equipes de saúde por ter, em sua formação e em seus princípios éticos profissionais, os elementos de análises material e histórica de constituição das sociedades e, nesse campo, por estar habilitado a avaliar e intervir em diferentes condicionantes de promoção, proteção e recuperação em saúde (CFESS, 1999; Vasconcelos, 2009).
- **Consolidação do SUS em seus princípios e objetivos**: os princípios do SUS estão relacionados a promoção da descentralização, universalidade, participação, integralidade, autonomia, igualdade,

acesso à informação e atendimentos orientados por análises de dados epidemiológicos e, com especial atenção, às vítimas de violência. Seus objetivos são voltados a intervir com ações de promoção, proteção e recuperação em saúde; formulação de políticas de saúde com amplitude social e econômica; e identificação e divulgação de fatores condicionantes e determinantes de saúde. Assim, o reconhecimento desses princípios e objetivos do SUS alinha-se aos pressupostos do projeto ético-político da profissão e constitui base para a aplicação da instrumentalidade na intervenção profissional. A mediação feita pela instrumentalidade dos assistentes sociais permite a realização de ações de execução ou de gestão, capazes de contribuir na consolidação de aspectos teóricos e políticos, como o ideário do SUS aqui apresentado (CFESS, 1999; Guerra, 2014; Netto, 2009).

- **Atenção em saúde na perspectiva interdisciplinar**: a adoção de um conceito ampliado de saúde e do SUS, como sistema organizativo da política de saúde no Brasil, induz à adoção de práticas interdisciplinares pelas equipes de saúde. Vai além das composições multidisciplinares, em que profissionais de diferentes especializações trabalham de forma paralela junto a um mesmo indivíduo ou instituição. A interdisciplinaridade pressupõe a construção coletiva de novos saberes a partir da contribuição de diferentes especialidades. Nesse conjunto, o serviço social tem contribuições singulares, capazes de enriquecer a produção de conhecimento, bem como de colaborar e participar de planos integrados de ação para efetivação do direito à saúde, por usuários, individualmente, ou por grupos populacionais (CFESS, 1999; Vasconcelos, 2010).

- **Intervenção do assistente social nos fenômenos socioculturais e econômicos que afetam as condições de saúde**: o assistente social apresenta-se como profissional capaz de reconhecer e problematizar fatores ambientais que interferem no desenvolvimento de uma saúde global, intervindo quando necessário. O olhar técnico desse profissional, capaz de compreender relações sociais, tensionamentos políticos e reproduções culturais, contribui na identificação de fatores que implicam a não efetividade do acesso à saúde em sua integralidade. A práxis profissional do serviço social lhe permite intervir de maneira articulada com um conjunto de conhecimentos e comprometimento ético-políticos e teórico-metodológicos, que contribuirá na promoção da saúde. Essa intervenção pode ocorrer de maneira direta, junto ao usuário, e também por meio de contribuições técnicas no exercício de gestão, pesquisa ou assessoria (CFESS, 1999; Vasconcelos, 2009).

- **Atendimento direto, informativo e educativo do serviço social aos usuários**: embora já se tenha superado, há muito tempo, o entendimento da profissão do serviço social como exclusivamente interventiva, não se pode negar que a atuação direta junto aos usuários é uma das práticas mais recorrentes da profissão, cujo instrumental técnico operativo é subsidiado para que seja executada com qualidade e compromisso ético. Nessa perspectiva, valoriza-se o papel do assistente social na socialização de informações aos cidadãos sobre o direito à saúde, bem como a respeito dos caminhos e procedimentos para efetivá-lo. O atendimento do serviço social pressupõe compromisso com a cidadania, ou seja, com a promoção do acesso e do exercício dos direitos sociais, civis e políticos. Assim, um dos grandes potenciais de contribuição da categoria está relacionado ao processo informativo e educativo para os usuários, comprometido com a democracia. Trata-se de ir além do imediato e do esclarecimento ao usuário sobre critérios e processos, envolve a sensibilização e mobilização do usuário para que se reconheça como sujeito político ativo, busque seus direitos e lute coletivamente (CFESS, 1999; Vasconcelos, 2009).
- **Colaboração na efetividade do controle social**: o comprometimento da profissão do serviço social com a participação social, a democracia e a consolidação de políticas públicas universais torna o assistente social um agente de promoção do controle social. A orientação legal da participação popular como diretriz essencial ao funcionamento do SUS não assegura completamente que o controle social ocorra da maneira mais democrática. Ainda que existam critérios que tornam obrigatórias a realização de reuniões dos conselhos de saúde e das conferências, como aquelas que vinculam essas iniciativas à habilitação para o recebimento de recursos federais, são necessárias ações que qualifiquem a participação. Nesse campo, o assistente social pode contribuir

fomentando a participação em espaços coletivos, apropriando-se das instâncias do controle social pela sociedade civil e promovendo a capacitação para qualificação da participação. Não é, contudo, um campo restrito de responsabilidade e intervenção do serviço social, mas espaço que converge com as intencionalidades da categoria para a consolidação de um novo projeto societário (CFESS, 1999; Netto, 2009; Vasconcelos, 2009).

- **Atuação do assistente social nas diferentes expressões da questão social**: entre os quesitos que imprimem ao serviço social excelente potencial de contribuição na área da saúde está o reconhecimento de sua formação generalista, que não é focada na saúde, mas é capaz de contribuir com ela, bem como com outras políticas sociais e outros campos de intervenção. O foco da atuação do assistente social está relacionado às expressões da questão social, às consequências no cotidiano social decorrentes do conflito capital *versus* trabalho. Nesse sentido, o profissional do serviço social não considera ser do usuário toda a responsabilidade por sua condição social e de saúde, mas reconhece que ele é sujeito de uma sociedade em contradição, que produz riquezas e reproduz desigualdades. Não há como negar que a saúde pública é um espaço de expressão dessas desigualdades. Embora se tenha um avanço na perspectiva legal, a consolidação do acesso igualitário e universal à saúde integral ainda não é fato na sociedade brasileira. Avanços e retrocessos no direito à saúde fazem parte de uma luta cotidiana por diferentes projetos societários, que estão relacionados, em maior ou menor medida, aos interesses do capital e sua reprodução (Bravo, 2011; CFESS, 1999; Vasconcelos, 2009).

Esses aspectos podem ser ainda mais bem interpretados à luz da reflexão de Ana Maria de Vasconcelos (2009, p. 256-257) sobre a contribuição do assistente social na área da saúde fundamentada nas referências do projeto ético-político da profissão:

> É neste sentido que do assistente social, que toma como referência o projeto ético-político, exige-se conhecimento sobre a realidade e não só boa vontade. Um profissional que compreenda a lógica e as leis fundamentais da organização social capitalista, sua complexidade

e contradições na geração da questão social e como essa lógica impacta nas relações sociais e os indivíduos apreendendo os mecanismos de exploração e de dominação. A categoria central é trabalho e não a esfera da subjetividade.

Assim, a atuação do assistente social na área da saúde de maneira alguma se restringe a aspectos meramente operacionais. Pelo contrário, compreende um conjunto de ações planejadas e executadas de maneira comprometida com a defesa dos direitos sociais, com o enfrentamento de toda forma de preconceito e com a construção de uma sociedade igualitária.

9.2 Parâmetros para a atuação dos assistentes sociais na política de saúde

O reconhecimento do assistente social como profissional de saúde e o acúmulo de vivências profissionais na área contribuíram na constituição do grupo de trabalho Serviço Social e Saúde, no Conselho Federal de Serviço Social. Entre as produções desse grupo destaca-se a publicação, em 2010, do documento *Parâmetros para atuação dos assistentes sociais na política de saúde* (CFESS, 2010), que expõe a profunda relação entre a profissão e essa área de intervenção, principalmente quando entendida na perspectiva da saúde ampliada, integral e universal, além de apresentar traços históricos dessa relação e direções práticas sobre as possíveis contribuições da categoria.

A relação entre serviço social e política pública, conforme referida publicação e as concepções orientadas pelo conjunto CFESS/CRESS, não desconsidera que esse é um campo de intensos conflitos, contradições e relações de poder. A intervenção profissional na saúde é reconhecida em seus aspectos ético-políticos, técnico-operativos e teórico-metodológicos, assim como em quaisquer outros campos de atuação do serviço social. As orientações presentes no documento subsidiam a prática cotidiana dos assistentes sociais na área da saúde e são resultado de uma produção coletiva, mediada pelos conselhos regionais de serviço social, que contou com trabalhadores e pesquisadores da área (CFESS, 2010).

Entre as atribuições do assistente social no campo da saúde destacam-se as seguintes: "ações de atendimento direto aos usuários; ações de mobilização, participação e controle social; ações de investigação, planejamento e gestão; ações de assessoria, qualificação e formação profissional" (CFESS, 2010, p. 14).

As **ações atendimento direto aos usuários** ocorrem em diferentes espaços ocupacionais do serviço social na área da saúde, em unidades compreendidas nos três níveis de atenção (primária, secundária e terciária). Esse atendimento pode ser caracterizado por um conjunto de ações integradas que envolvem ações socioassistenciais, ações de articulação com a equipe de saúde e ações socioeducativas (CFESS, 2010).

As ações socioassistenciais estão relacionadas à atenção de demandas que explicitam a não efetivação dos direitos constitucionais, expressando-se como consequências das contradições internas ao setor de saúde e as divergências de entendimento sobre seu processo de oferta à população. Assim, as ações socioassistenciais dedicam-se ao atendimento de casos como: dificuldade de acesso aos serviços de saúde; reclamações acerca do mau atendimento e má qualidade dos serviços prestados; incompatibilidades entre o tratamento proposto e a realidade social do usuário (a exemplo de horários de atendimento que coincidem com o horário de trabalho ou exigências de cuidado que ultrapassam as possibilidades materiais da pessoa); não entendimento do usuário sobre a condução do tratamento; necessidades de deslocamento para ter acesso aos serviços; agravamento de doenças que poderiam ser evitadas com prevenção); entre outros.

Esses exemplos de demandas seriam evitados se houvesse uma adesão hegemônica ao projeto de universalização da saúde por meio do SUS, considerando seus objetivos, seus princípios e suas diretrizes, contudo são resultantes dos próprios desafios para implementação desse sistema. Outras demandas, além daquelas geradas no próprio ambiente de saúde, apresentam-se ao serviço social, agora, como expressões das contradições da sociedade como um todo e estão relacionadas às dificuldades provocadas por baixa renda, ausência de condições de moradia, exposição à violência, entre outras. Embora exteriores ao sistema de saúde, impactam diretamente no acesso e no exercício pleno da saúde em seus aspectos físico, mental e social. O atendimento dessas demandas deve ultrapassar o imediatismo e compreender a construção de um plano de ação conjunto, interdisciplinar e, sempre que necessário, intersetorial.

A relação das condições sociais com a (não) efetividade do direito à saúde demanda do assistente social a incorporação de instrumentos de trabalho que possibilitem facilitar acessos. Assim, apresentam-se como possibilidades os estudos e as avaliações socioeconômicas e as visitas domiciliares. Entretanto, é fundamental atentar à dimensão da instrumentalidade aplicada nesses processos, de modo que o uso dos instrumentos coopere para o exercício do direito, não se desdobrando em formas de legitimar a seletividade ou recobrar práticas de controle da sociedade pelo Estado (CFESS, 2010; Guerra, 2014; Vasconcelos, 2002, 2009).

As ações de articulação com a equipe de saúde, por sua vez, são caracterizadas pela contribuição dos assistentes sociais no processo interdisciplinar das equipes de saúde. Sua especialidade profissional diferencia-se de todos os outros profissionais e pode tanto contribuir quanto ser enriquecida em conhecimentos para o desenvolvimento de planos de ação integrados. A relação com outros profissionais é a de tornar claras, para os colegas, quais são as atribuições do assistente social, a fim de evitar o reforço coletivo, nos grupos de trabalho, de imaginários equivocados acerca do serviço social. É preciso transitar com clareza entre as atribuições comuns às demais profissões e que caracterizam competências dos assistentes sociais e as atribuições privativas, de realização exclusiva por esses profissionais, segundo a lei de regulamentação da profissão. Essas ações podem ocorrer no cotidiano do trabalho multi e interdisciplinar; em articulações políticas relacionadas à mobilização e defesa de direitos dos trabalhadores; na união dos trabalhadores em defesa da política de saúde como direito; e nas estruturas de gestão, por meio da liderança de equipes, da responsabilidade técnica institucional e da gestão de recursos humanos (CFESS, 2010, 2017; Brasil, 1993a; Vasconcelos, 2009, 2010).

As ações socioeducativas caracterizam-se pela abordagem de caráter informativo e de educação em saúde e em cidadania, a qual pode ser efetivada com usuários, familiares ou populações atendidas, sob estratégias de atendimento individual, grupal ou, até mesmo, como recurso a campanhas e eventos. Essas ações permitem que os usuários da saúde ampliem seus conhecimentos e as possibilidades de exercício de seus direitos, não apenas nessa área, mas principalmente nela. A lógica que deve nortear a educação em saúde deve estar alicerçada na diretriz da participação popular, tanto na valorização da construção coletiva, com base no reconhecimento e na promoção da autonomia e do protagonismo dos usuários, quanto no fomento à mobilização, organização e participação dos usuários, instrumentalizando-os para que essa prática seja feita com legitimidade e verdadeiro teor democrático (CFESS, 2010; Vasconcelos, 2009).

Sobre a atuação com os usuários, é interessante observar a crítica de Vasconcelos (2009, p. 266-267) às práticas conservadoras do serviço social e as possibilidades na adoção de um exercício profissional comprometido com a democracia:

> Os assistentes sociais, ainda que reconheçam a importância da ação coletiva, não priorizam a realização de reuniões com usuários. Reuniões catárticas, principalmente por meio de aplicação de dinâmicas de grupo, que atravessam a vida dos indivíduos, sem que eles tenham consciência e controle do que está ocorrendo, caminham na direção contrária aos interesses dos usuários. Assim como uma entrevista ou uma reunião que se resuma a uma conversa de perguntas e respostas, a relatos de histórias sem fim, a aconselhamentos ou à manipulação de comportamentos, não favorece o alcance de objetivos que incluam os interesses e necessidades dos usuários. Ao democratizar informações e possibilitar o exercício de práticas democráticas, os assistentes sociais podem contribuir na apropriação, pelos usuários, de categorias de análise do patrimônio intelectual, para que possam,

na medida do possível, se colocar criticamente frente ao seu cotidiano e participar da luta política na defesa de seus interesses.

As **ações de mobilização, participação e controle social** compreendem práticas que vão além do compromisso e da intervenção direta com o usuário e avançam para a própria participação em espaços coletivos organizados, bem como para a contribuição em mobilização e participação dos diferentes atores do campo da saúde. Envolve a participação em movimentos sociais de defesa da saúde como direito, de sua universalidade, integralidade e cobertura equitativa. Passa também pela participação em fóruns, conselhos e conferências e pelo desenvolvimento de estratégias que qualifiquem esses espaços como instâncias legítimas e efetivas do controle social. Está inerente à prática do assistente social por seu alinhamento ético e político com toda a proposta de formação e atuação da profissão (CFESS, 2010; Vasconcelos, 2009).

As **ações investigação, planejamento e gestão** referem-se à valorização da contribuição do assistente social em processos indiretos de alcance ao usuário. Uma das conquistas da história da profissão do serviço social está relacionada ao reconhecimento de sua competência para ações de planejamento e gestão, bem como para pesquisa e produção de conhecimento, ultrapassando a percepção de uma profissão meramente interventiva. A investigação, nesse sentido, diz respeito a processos consolidados de estudo e pesquisa que sustentam a prática das equipes, dando suporte à tomada de decisão pelos gestores. O planejamento compreende uma visão abrangente sobre prioridades, metas, objetivos e metodologias, alinhada a critérios financeiros e orçamentários. E a gestão abrange as concepções de liderança e responsabilidade, destacando-se, no caso do serviço social, um compromisso com as questões democráticas e participativas (CFESS, 2010).

As **ações de assessoria, qualificação e formação profissional** estão relacionadas ao ensino e à troca e construção de saberes. Assistentes sociais podem compor equipes de professores, assessores e palestrantes, visando à qualificação de profissionais que atuam na área de saúde, e devem participar de processos de enriquecimento do aprendizado, seguindo o princípio de seu

Código de Ética, que pressupõe constante aprimoramento profissional. Estão compreendidas, nesse campo, as iniciativas de capacitação permanente para equipes de saúde e de preparo de profissionais da área da saúde, abrangendo ambiente acadêmico, campos de estágio, residências, pós-graduações e, ainda, suporte de profissional especializado (assessor) para equipes técnicas e/ou gestores, com vistas a obter uma atuação qualificada (CFESS, 2010; Vasconcelos, 2009).

A partir dos grupos de ações ora apresentados, os assistentes sociais podem atuar em uma grande diversidade de espaços sócio-ocupacionais no campo da saúde, entre os quais podemos exemplificar: equipes de saúde da família, vinculadas às unidades básicas de saúde; equipes interdisciplinares dos centros de atenção psicossocial – Caps e outros estabelecimentos de atendimento em saúde mental; serviços de pronto atendimento e pronto-socorro; hospitais e maternidades; clínicas e ambulatórios; secretarias de saúde; setores de vigilância epidemiológica e vigilância sanitária; conselhos de saúde; institutos de pesquisa em saúde; entre outros. Em cada um desses espaços, o profissional do serviço social desenvolverá um conjunto de ações específicas, adequadas às suas competências profissionais, às suas atribuições privativas e aos pressupostos do projeto ético-político da categoria. O campo de contribuições é abrangente e, assim como qualquer outro espaço, requer do profissional comprometimento com a constante qualificação profissional e com uma ação de qualidade, focada na defesa da liberdade, da democracia e dos direitos (Brasil, 1993a; Netto, 2009; Vasconcelos, 2009).

Outra atividade, mais recentemente reconhecida no campo do serviço social e relacionada também às suas possibilidades de contribuição na área da saúde, é o exercício da função de responsável técnico de serviço social. Embora suas ações já estivessem, em sentido amplo, previstas nas competências e atribuições privativas do assistente social, na lei de regulamentação da profissão, desde 2017, essa função passou a ser regulamentada pela Resolução CFESS n. 792, de 9 de fevereiro de 2017 (CFESS, 2017). Segue descritivo dessa atribuição, conforme art. 6º da citada resolução:

> Entende-se como responsável técnico o/a profissional assistente social, que irá assumir, dentre outras, em parte ou integralmente, as funções e atividades, ora descritas:
>
> Direção; Planejamento, Organização, Orientação, avaliação, acompanhamento dos serviços prestados e Execução de atividades, funções, atividades do Serviço Social e/ou da entidade como todo. (CFESS, 2017)

Em seu exercício, o responsável técnico de serviço social responderá pela qualidade ética e técnica da equipe do serviço social e, até mesmo, de toda uma instituição (CFESS, 2017)[2].

Para saber mais

O documento *Parâmetros para a atuação de assistentes sociais na saúde* (CFESS, 2010) detalha as principais ações socioassistenciais a serem desenvolvidas pelos assistentes sociais e aponta também as "não atribuições" dos assistentes sociais. Assim como é importante conhecer as atribuições do assistente social no campo da saúde, é indispensável ter clareza sobre as atividades que não lhe competem, ainda que existam culturas institucionais que queiram impor essas funções a tal profissional.

Portanto, recomendamos a leitura do documento na íntegra, com bastante atenção ao detalhamento das ações socioassistenciais compreendidas como atribuições do serviço social e também à descrição das "não atribuições".

CONSELHO FEDERAL DE SERVIÇO SOCIAL. **Parâmetros para atuação de assistentes socias na política de saúde**. Brasília, 2010. Disponível em: <http://www.cfess.org.br/arquivos/Parametros_para_a_Atuacao_de_Assistentes_Sociais_na_Saude.pdf>. Acesso em: 18 fev. 2019.

---

2 Para aprofundar seu conhecimento sobre esse assunto, acesse a resolução, na íntegra, no *site* do Conselho Federal de Serviço Social, disponível em: <http://www.cfess.org.br/arquivos/Res792-2017.pdf>.

9.3 SUS e o Código de Ética do/a assistente social

Para encerrar este capítulo e o livro, analisaremos o SUS à luz dos princípios fundamentais que norteiam o Código de Ética do/a assistente social.

I. **Reconhecimento da liberdade como valor ético central e das demandas políticas a ela inerentes – autonomia, emancipação e plena expansão dos indivíduos sociais**

Um dos princípios que orientam a concepção do SUS é a promoção da autonomia dos usuários, bem como o respeito à sua integridade física e mental. Entre as diretrizes fundamentais desse sistema está a participação popular. Assim, percebe-se que o usuário, o cidadão atendido pelo SUS, não é visto mais como um objeto de intervenção, o que implica também superar a rotulação do sujeito por sua doença ou sua condição social, tais quais os estigmas de "louco", "leproso", "aidético", "pobre que precisa de ajuda", entre outros. O indivíduo passa a ser valorizado como um sujeito político, um cidadão em igualdade aos demais. Adota-se um olhar integral, que não se limita ao problema (doença) apresentado, mas compreende todos os potenciais, os interesses e os saberes.

O usuário do SUS e do serviço social não é um tutelado, mas alguém que faz parte de um processo de uma política pública, em que é protagonista, usando de seus serviços e contribuindo em sua gestão. É um cidadão, com direitos civis, políticos e sociais. Portanto, tem direito de escolha e de ter suas opiniões respeitadas.

A prática profissional, seguindo essa concepção, exige metodologias que promovam a autonomia, a emancipação e o desenvolvimento pessoal e cidadão. A intencionalidade aplicada na ação do assistente social atuante no SUS requer compromisso com o desenvolvimento dessas habilidades junto aos indivíduos e às populações atendidas. Vai muito além de resolver questões cotidianas e ofertar respostas imediatas, trata-se de uma ação verdadeiramente comprometida com novas construções políticas para uma sociedade mais justa (Brasil, 1993a; Netto, 2009).

II. **Defesa intransigente dos direitos humanos e recusa do arbítrio e do autoritarismo**

Também essa pauta é permeada de similaridades entre as lutas da categoria do serviço social e aquelas em defesa do SUS. Retoma-se a concepção de saúde como um dos direitos humanos, o que foi também foi uma conquista social. Assim, defender o direito à saúde já imprime a aplicação desse princípio ético. Mas vai além, reconhecendo ainda outros aspectos dos direitos humanos compreendidos nas relações sociais, inclusive, nas práticas inerentes às políticas públicas, como liberdade, igualdade, não discriminação, não violência, proteção legal, justiça, privacidade, convivência familiar, participação, entre outros.

Reconhecer o usuário do SUS como sujeito de direito no campo da saúde implica, ainda, reconhecê-lo no conjunto de seus direitos humanos e trabalhar para que eles sejam efetivados. Essa concepção se materializa no fomento à participação nas instâncias de controle social e/ou outras formas de associação, bem como no esclarecimento sobre os mecanismos de acesso à Justiça e de exercício da exigibilidade de seus direitos. Passa por posicionamento contrário a todo e qualquer tipo de preconceito e, também, de privilégios, que ferem a igualdade e definem "escala de valores" diante dos seres humanos, estabelecendo quem "merece mais" o atendimento que, na verdade, é direito de todos. Compreende, ainda, o enfrentamento de todas as formas de violência, em todas as suas expressões, incluindo as violências institucionais (Brasil, 1993a; Netto, 2009; Vasconcelos, 2009).

São contrárias a esse princípio as práticas históricas, porém defendidas por alguns atores, da internação permanente, em que o processo terapêutico implica privação de liberdade, sem direito à

justiça, à defesa e a todas as ações que negligenciam a integridade do sujeito, como a oferta de medicamentos ou insumos sem qualidade, práticas violentas durante procedimentos, autoritarismo dos profissionais diante dos usuários.
Aplicar esse princípio na prática cotidiana do assistente social exige competência técnica, ética e política.

III. **Ampliação e consolidação da cidadania, considerada tarefa primordial de toda sociedade, com vistas à garantia dos direitos civis, sociais e políticos das classes trabalhadoras**

A consolidação da cidadania requer o pleno exercício dos direitos civis, políticos e sociais. A saúde é um direito social, porém seu pleno acesso exige e deve promover também os direitos civis, aqueles relacionados às liberdades individuais, tais como ir e vir, firmar contratos, casar-se etc. Da mesma forma, está relacionada aos direitos políticos compreendidos pelas diferentes maneiras de os cidadãos participarem do governo. O SUS pressupõe a participação em sua gestão, que deve ser estimulada e fortalecida. E, como direito social, está diretamente relacionada a outros direitos da mesma categoria, como a previdência e a assistência social, a educação, o trabalho, o lazer, entre outros. Atribuir uma concepção de cidadania nas práticas da saúde demanda compreendê-la de maneira global, tal qual os conceitos adotados na CF de 1988 brasileira e pela Organização Mundial da Saúde – OMS. (Brasil, 1993a; Netto, 2009; Kauchakje, 2012).

As ações profissionais são orientadas pela compreensão do sujeito como cidadão. Assim, dadas as condições históricas e culturais e as contradições inerentes ao cenário político, exige esforços para a promoção da cidadania, por muitas vezes negligenciada ou mesmo negada.

IV. **Defesa do aprofundamento da democracia como socialização da participação política e da riqueza socialmente produzida**

A base legal que sustenta o SUS é a mesma que fundamenta a organização democrática do Estado brasileiro: a CF de 1988. Pressupõe participação popular, exercício do poder do povo na condução do Estado. É efetivada no direito a votar e ser votado; em ter, expressar e defender sua opinião política; na liberdade para filiar-se a um partido e/ou participar de associações; e, quanto à gestão das políticas públicas – neste caso, ao SUS – no efetivo exercício do controle social, ocupando com quantidade e qualidade os espaços legítimos de participação, como conselhos e conferências, e fomentando outras instâncias que possam lhes dar suporte (Brasil, 1993a; Netto, 2009; Vasconcelos, 2009).

Defender a participação implica socializar informações acerca do funcionamento das políticas públicas, das competências dos três Poderes, do fluxo de discussão e aprovação das leis. Esse debate exige reconhecer quem tem tomado as decisões em nome do povo e investigar quais suas representatividades; perpassa o conhecimento e a habilidade para participação ativa nos processos de formulação e aprovação dos orçamentos; compreende reconhecer as políticas sociais como ferramenta de redistribuição da riqueza produzida e enfrentar as desigualdades produzidas pelo modo de produção capitalista. No cotidiano do SUS, demanda fortalecer a compreensão de que é um conjunto de ações subsidiadas por dinheiro público e que será tão melhor consolidado quanto maior e mais qualificada for a participação popular no planejamento, no acompanhamento, na avaliação e na fiscalização (Vasconcelos, 2002).

V. **Posicionamento em favor da equidade e justiça social que assegure universalidade de acesso aos bens e serviços relativos aos programas e políticas sociais, bem como a gestão democrática**

Vemos, aqui, que universalidade não é apenas uma bandeira do SUS ou da Reforma Sanitária, mas um princípio inerente à profissão do assistente social. Da mesma forma, a equidade defendida como um dos princípios desse sistema é também uma premissa do projeto ético-político profissional do serviço social.

Todos devem, igualmente, ter acesso aos programas e às políticas sociais. "Todos" significa *não exclusão de nenhum indivíduo, grupo ou população*. E a equidade pressupõe reconhecimento das diferenças, pois ofertar o mesmo acesso a todos exige estratégias diferenciadas, segundo as necessidades e as potencialidades de cada perfil (Brasil, 1993a; Netto, 2009).

Também, nesse princípio, há o indicativo da necessária mobilização para a participação e o exercício da gestão democrática no SUS.

VI. **Empenho na eliminação de todas as formas de preconceito, incentivando o respeito à diversidade, à participação de grupos socialmente discriminados e à discussão das diferenças**

No âmbito da saúde pública, é necessário enfrentar os preconceitos e as discriminações, pois existem grupos populacionais historicamente excluídos de seus direitos, rebaixados em sua dignidade, afastados da vivência da cidadania.

Atitudes e decisões pautadas antes em aspectos morais do que na igualdade legal, ou focadas em primeira instância no desenvolvimento econômico, prescindindo dos elementos sociais, reproduzem a desigualdade nos espaços públicos. Elas precisam ser enfrentadas e repudiadas no âmbito das ações do serviço social (Brasil, 1993a; Netto, 2009).

A socialização de informações e conhecimentos é uma das ferramentas para combater o preconceito e, para tanto, requer amadurecimento teórico e técnico dos assistentes sociais e das equipes em que eles atuam.

Reforça-se, mais uma vez, o princípio da equidade.

VII. **Garantia do pluralismo pelo respeito às correntes profissionais democráticas existentes e suas expressões teóricas e compromisso com o constante aprimoramento intelectual**

Esse princípio está mais associado às relações entre colegas de profissão, mas pode ser ampliado a outros profissionais das equipes multi e interdisciplinares, fundamentais ao desenvolvimento das ações de promoção, proteção, prevenção e recuperação em saúde no SUS. Trata-se do exercício do respeito entre colegas e às suas opiniões e decisões.

Há liberdade para buscar e escolher diferentes referenciais teóricos e metodológicos, o que deve ser considerado e promovido. O erro que se pretende evitar, contudo, é o do não aprimoramento teórico e técnico. Cabe ao assistente social manter-se em constante aprendizado com vistas a assegurar a qualidade dos serviços prestados pela categoria à população. Espera-se que seja mantida a atitude investigativa, que a prática seja fundamentada em bases teóricas consolidadas, bem como que seja sistematizada e problematizada de forma a contribuir com a construção de novos conhecimentos (Brasil, 1993a; Netto, 2009).

VIII. **Opção por um projeto profissional vinculado ao processo de construção de uma nova ordem societária, sem dominação, exploração de classe, etnia e gênero**

Esse princípio leva-nos a refletir que as ações profissionais do serviço social exigem um posicionamento político para além dos objetivos do profissional, do usuário ou do gestor. Trata-se de um comprometimento com a mudança social, com a superação das mazelas que se manifestam como expressões da questão social.

O atendimento às demandas produzidas pelo capital não pode encerrar-se em si mesmo, mas precisa compreender sua problematização para sua superação. O trabalho do assistente social não está restrito à resolução do problema, ele abrange compreender e construir estratégias de superação de suas causas (Brasil, 1993a; Netto, 2009; Bravo, 2011; Vasconcelos, 2009).

IX. **Articulação com os movimentos de outras categorias profissionais que partilhem dos princípios do Código de Ética e da luta geral dos/as trabalhadores/as**

Temos um bom exemplo de aplicabilidade desse princípio ao considerar a articulação dos assistentes sociais com os demais profissionais da área da saúde, na luta pelo SUS e pela seguridade social. O movimento da Reforma Sanitária é uma expressão da união de várias categorias na defesa de um projeto democrático único (Brasil, 1993a; Netto, 2009; Bravo, 2011).

O trabalho do serviço social no SUS ocorre, predominantemente, em equipe. O conhecimento e respeito aos posicionamentos éticos das demais categorias permite consolidar um processo interdisciplinar mais consistente.

X. **Compromisso com a qualidade dos serviços prestados à população e com o aprimoramento intelectual na perspectiva da competência profissional**

Em toda a lógica que sustenta o SUS, um dos aspectos primordiais é assegurar que os serviços prestados sejam de qualidade: saúde pública gratuita, universal, integral e de qualidade. Assim também é o direcionamento ético para toda e qualquer atividade de um assistente social.

A qualidade exige constante aprimoramento teórico e técnico, atitude investigativa, capacidade de problematizar as diferentes expressões da questão social e intervir nelas (Brasil, 1993a; Netto, 2009; Vasconcelos, 2009).

No SUS, ou em qualquer espaço ocupacional, o assistente social nunca está pronto e acabado. Seu campo de trabalho é dinâmico e sua formação deve acompanhar tamanha dinamicidade, incorporando aspectos de qualidade e maturidade na oferta de serviços à população.

XI. **Exercício do serviço social sem ser discriminado/a nem discriminar por questões de inserção de classe social, gênero, etnia, religião, nacionalidade, orientação sexual, identidade de gênero, idade e condição física**

Por fim, reiteramos que o serviço social se reconhece como profissão capaz de ofertar grande contribuição na área da saúde, reafirmando sua importância como categoria, em igualdade com as demais, não sendo subalterno nem superior a outras expressões profissionais.

O assistente social tem autonomia e competência profissional para definir qual é seu campo de atuação, quais são ou não suas atribuições, quais matérias lhe são privativas e quais aspectos éticos orientam e delimitam sua prática (Brasil, 1993a; Netto, 2009).

Todo profissional deve ser reconhecido em sua contribuição e ter asseguradas as condições de trabalho fundamentais para o exercício de sua função. Assim como se defende o usuário, também aos profissionais se exige o respeito, sem discriminação, preconceitos ou privilégios.

Concluímos, assim, essa reflexão, que pode ser amplamente enriquecida no debate cotidiano dos profissionais que atuam na área da saúde. Pretendemos evidenciar, aqui, que defender a consolidação do SUS, segundo seus objetivos e princípios fundamentais, é uma ação convergente com as premissas estabelecidas no projeto ético-político da profissão e explicitadas nos princípios do Código de Ética do/a assistente social.

Síntese

Neste capítulo, estabelecemos a relação entre a profissão do Serviço Social e a área da saúde no Brasil. No ano de 1999, por meio da Resolução nº 383, o CFESS referendou que o assistente social é um profissional da área da saúde, embora não exclusivo desta. Sua contribuição na área está relacionada às suas competências profissionais, bem como ao alinhamento dos princípios de seu projeto ético profissional com aqueles defendidos para a consolidação do SUS. No ano de 2010, o CFESS publicou o documento *Parâmetros para a atuação dos assistentes sociais na política de saúde*, no qual apresenta os grupos de atribuições dos profissionais do Serviço Social nessa área, bem como aponta as "não atribuições", corrigindo equívocos recorrentes. Nesse sentido, a participação dos assistentes sociais em equipes de saúde deve ocorrer de maneira interdisciplinar, e sua contribuição está relacionada tanto ao atendimento direto aos usuários quanto à prática e incentivo ao controle social; ao planejamento e gestão; e à assessoria e qualificação profissional. O que determina a relação do Serviço Social com a política de saúde no Brasil não são, em primeira instância, os processos técnicos desempenhados pela profissão, mas a convergência das perspectivas do projeto ético-político profissional e dos princípios e das diretrizes do SUS, com vistas à defesa do acesso universal, da democracia, da cidadania, da equidade, da superação de preconceitos e privilégios e do incentivo à autonomia, à emancipação e à participação. Com base nessas premissas, os assistentes sociais desenvolvem suas estratégias de ação, recorrendo à instrumentalidade da profissão.

Questões para revisão

1. Sobre o reconhecimento do assistente social como profissional da saúde, é correto afirmar que ele:
   a) é exclusivo da área da saúde.
   b) é da área da saúde, embora não exclusivo dela.
   c) é da área da saúde apenas quando atua com pacientes em situação de pobreza ou miséria.
   d) é da área saúde somente no que se refere à gestão em saúde pública.
   e) não foi reconhecido pelo CFESS como profissional de saúde.

2. Segundo o documento *Parâmetros para a atuação dos assistentes sociais na política de saúde*, os quatro principais grupos de atribuições do profissional de Serviço Social nessa área são:
   a) atendimento direto aos usuários; marcação de consultas e exames; investigação, planejamento e gestão; assessoria, qualificação e formação profissional.
   b) atendimento direto aos usuários; mobilização, participação e controle social; investigação, planejamento e gestão; assessoria, qualificação e formação profissional.

c) atendimento direto aos usuários; mobilização, participação e controle social; investigação, planejamento e gestão; solicitação e regulação de ambulância para remoção e alta.
d) atendimento direto aos usuários; mobilização, participação e controle social; pesagem e medição de crianças e gestantes; assessoria, qualificação e formação profissional.
e) marcação de consultas e exames; investigação, planejamento e gestão; participação e controle social; solicitação e regulação de ambulância para remoção e alta.

3. De acordo com o documento *Parâmetros para a atuação dos assistentes sociais na política de saúde*, a atribuição referente ao atendimento direto aos usuários é compreendida em três grandes grupos de ações. Assinale a alternativa que apresenta corretamente esses três grupos:
a) Ações terapêuticas, ações de articulação com a equipe de saúde e ações socioeducativas.
b) Ações socioassistenciais, ações terapêuticas e ações socioeducativas.
c) Ações socioassistenciais, ações de articulação com a equipe de saúde e ações terapêuticas.
d) Ações socioassistenciais, ações de articulação com a equipe de saúde e ações socioeducativas.
e) Ações terapêuticas, ações políticas e ações de articulação com a equipe de saúde.

4. As bases do reconhecimento pelo CFESS do Serviço Social como profissional de saúde foram orientadas pelos princípios do projeto ético-político profissional do serviço social. Quais são esses princípios?

5. Qual é o posicionamento do CFESS acerca do assistente social na condição de profissional da saúde, de acordo com o art. 2º da Resolução n. 383/1999?

Questões para reflexão

1. Um dos aspectos que orienta o reconhecimento do Serviço Social como profissional da área da saúde é sua capacidade de atuação nas diferentes expressões da questão social. Quais expressões da questão social você identifica que se manifestam na área da saúde? E quais as possibilidades de intervenção do assistente social diante dessas expressões?

2. Há uma forte relação dos princípios do SUS com os princípios do Código de Ética do assistente social e com todo o seu projeto ético-político profissional. Qual o princípio comum entre o SUS e a profissão do Serviço Social que mais chama sua atenção? Por quê?

Para concluir...

Como afirmamos na apresentação deste livro, nossa intenção foi reunir aspectos fundamentais para a compreensão do tema e de suas expressões na realidade atual. Nesse sentido, o conteúdo aqui desenvolvido deixou um estímulo à continuidade do debate e da pesquisa. O tema é bastante abrangente e, felizmente, há vasta produção técnica e acadêmica a seu respeito. O olhar sobre a história da saúde brasileira esclarece muito algumas manifestações recorrentes no cotidiano dos usuários, trabalhadores e gestores. A falta de reconhecimento da saúde como um direito de todos é uma dessas expressões. Evidentemente, a história é apenas uma entre as diversas variáveis que implicam os conflitos cotidianos no âmbito do SUS e que se evidenciam como desafios à sua consolidação. Parte da história revela também a dimensão dos interesses políticos e econômicos que interferem na condução das ações em saúde pública, sendo negligenciada como direito e referendada como produto de livre exploração pelo mercado.

A gestão do SUS é técnica e politicamente um grande desafio, portanto, é indispensável que, principalmente, mas não só, os profissionais envolvidos conheçam as premissas que o orientam, bem como os direcionamentos para sua aplicação.

A contribuição do Serviço Social na área da saúde é indiscutível, fundamentalmente, em razão do olhar generalista do profissional do Serviço Social, que lhe permite contribuir tanto nessa área quanto em outras. Sua competência está relacionada à leitura e à intervenção sobre as diferentes expressões da questão social, presentes, cotidianamente, nas unidades de atendimento em saúde.

Assim, concluímos uma obra, mas esperamos ter iniciado um processo. Que este livro não seja apenas um conjunto de explicações, mas também uma fonte de inspiração e motivação para que você busque e aprofunde ainda mais os conhecimentos na área.

Referências

AGUIAR, A. G. de. **Serviço social e filosofia**: das origens a Araxá. 5. ed. São Paulo: Cortez, 1995.

AMARANTE, P. D. de C. Saúde mental, desinstitucionalização e novas estratégias de cuidado. In: GIOVANELLA, L. et al. (Org.). **Políticas e sistema de saúde no Brasil**. 2. ed. rev e ampl. Rio de Janeiro: Fiocruz, 2012. p. 635-655.

BAPTISTA, M. V. **Planejamento social**: intencionalidade e instrumentação. São Paulo: Veras, 2007.

BEVERIDGE, W. **Social Insurance and Allied Services**. London: His Majesty's Stationery Office, 1942. Disponível em: <http://news.bbc.co.uk/2/shared/bsp/hi/pdfs/19_07_05_beveridge.pdf>. Acesso em: 16 fev. 2019.

BRASIL. Câmara dos Deputados. Consultoria de Orçamento e Fiscalização Financeira. **Entenda o orçamento**. Disponível em: <http://www2.camara.leg.br/orcamento-da-uniao/leis-orcamentarias/entenda/cartilha/cartilha.pdf>. Acesso em: 14 fev. 2019a.

BRASIL. Câmara dos Deputados. Orçamento da União. **Instrumentos de planejamento e orçamento**. Disponível em: <http://www2.camara.leg.br/orcamento-da-uniao/cidadao/entenda/cursopo/planejamento.html>. Acesso em: 16 fev. 2019b.

BRASIL. Controladoria-Geral da União. Secretaria de Prevenção da Corrupção e Informações Estratégicas. **Controle social**: orientações aos cidadãos para participação na gestão pública e exercício do controle social. Brasília, 2012a. (Coleção Olho Vivo). Disponível em: <http://www.cgu.gov.br/Publicacoes/controle-social/arquivos/controlesocial2012.pdf>. Acesso em: 18 fev. 2019.

BRASIL. Constituição (1988). **Diário Oficial da União**, Brasília, 5 out. 1988. Disponível em: <http://www.planalto.gov.br/ccivil_03/Constituicao/Constituicao.htm>. Acesso em: 14 fev. 2019.

_____. Emenda Constitucional n. 29, de 13 de setembro de 2000. **Diário Oficial da União**, Poder Legislativo, Brasília, DF, 14 set. 2000. Disponível em: <http://www.planalto.gov.br/ccivil_03/constituicao/emendas/emc/emc29.htm>. Acesso em: 16 fev. 2019.

_____. Emenda Constitucional n. 86, de 17 de março de 2015. **Diário Oficial da União**, Poder Legislativo, Brasília, DF, 18 mar. 2015a. Disponível em: <http://www.planalto.gov.br/ccivil_03/constituicao/emendas/emc/emc86.htm>. Acesso em: 16 fev. 2019.

BRASIL. Decreto n. 2.283, de 24 de julho de 1997. **Diário Oficial da União**, Brasília, DF, 25 jul. 1997a. Disponível em: <http://www2.camara.leg.br/legin/fed/decret/1997/decreto-2283-24-julho-1997-437169-publicacaooriginal-1-pe.html>. Acesso em: 13 fev. 2019.

BRASIL. Decreto n. 3.156, de 27 de agosto de 1999. **Diário Oficial da União**, Poder Executivo, Brasília, DF, 28 ago. 1999a. Disponível em: <http://www.planalto.gov.br/ccivil_03/decreto/d3156.htm>. Acesso em: 16 fev. 2019.

_____. Decreto n. 7.508, de 28 de junho de 2011. **Diário Oficial da União**, Poder Executivo, Brasília, DF, 29 jun. 2011a. Disponível em: <http://www.planalto.gov.br/ccivil_03/_ato2011-2014/2011/decreto/D7508.htm>. Acesso em: 15 fev. 2019.

_____. Decreto n. 8.901, de 10 de novembro de 2016. **Diário Oficial da União**, Brasília, DF, 11 nov. 2016. Disponível em: <http://www2.camara.leg.br/legin/fed/decret/2016/decreto-8901-10-novembro-2016-783905-normaatualizada-pe.html>. Acesso em: 15 fev. 2019.

_____. Lei Complementar n. 109, de 29 de maio de 2001. **Diário Oficial da União**, Poder Executivo, Brasília, DF, 30 maio 2001a. Disponível em: <http://www.planalto.gov.br/ccivil_03/leis/lcp/lcp109.htm>. Acesso em: 16 fev. 2019.

_____. Lei Complementar n. 141, de 13 de janeiro de 2012. **Diário Oficial da União**, Poder Legislativo, Brasília, DF, 2012d. Disponível em: <http://www.planalto.gov.br/cciVil_03/LEIS/LCP/Lcp141.htm>. Acesso em: 15 fev. 2019.

_____. Lei n. 8.069, de 13 de julho de 1990. **Diário Oficial da União**, Poder Legislativo, Brasília, DF, 16 jul. 1990a. Disponível em: <http://www.planalto.gov.br/ccivil_03/LEIS/L8069.htm>. Acesso em: 15 fev. 2019.

_____. Lei n. 8.080, de 19 de setembro de 1990. **Diário Oficial da União**, Poder Legislativo, Brasília, DF, 20 set. 1990b. Disponível em: <http://www.planalto.gov.br/ccivil_03/leis/L8080.htm>. Acesso em: 14 fev. 2019.

_____. Lei n. 8.142, de 28 de dezembro de 1990. **Diário Oficial da União**, Poder Legislativo, Brasília, DF, 31 dez. 1990c. Disponível em: <http://www.planalto.gov.br/ccivil_03/leis/L8142.htm>. Acesso em: 14 fev. 2019.

_____. Lei n. 8.213, de 24 de julho de 1991. **Diário Oficial da União**, Poder Legislativo, Brasília, DF, 25 jul. 1991. Disponível em: <http://www.planalto.gov.br/ccivil_03/leis/L8213cons.htm>. Acesso em: 15 fev. 2019.

BRASIL. Lei n. 8.662, de 7 de junho de 1993. **Diário Oficial da União**, Poder Legislativo, Brasília, DF, 8 jul. 1993a. Disponível em: <http://www.planalto.gov.br/ccivil_03/leis/L8662.htm>. Acesso em: 15 fev. 2019.

_____. Lei n. 8.742, de 7 de dezembro de 1993. **Diário Oficial da União**, Poder Legislativo, Brasília, 8 dez. 1993b. Disponível em: <http://www.planalto.gov.br/ccivil_03/leis/l8742.htm>. Acesso em: 14 fev. 2019.

_____. Lei n. 9.263, de 12 de janeiro de 1996. **Diário Oficial da União**, Poder Legislativo, Brasília, DF, 15 jan. 1996a. Disponível em: <http://www.planalto.gov.br/ccivil_03/leis/L9263.htm>. Acesso em: 15 fev. 2019.

_____. Lei n. 9.782, de 26 de janeiro de 1999. **Diário Oficial da União**, Poder Legislativo, Brasília, DF, 27 jan. 1999b. Disponível em: <http://www.planalto.gov.br/ccivil_03/leis/L9782.htm>. Acesso em: 15 fev. 2019.

_____. Lei n. 9.836, de 23 de setembro de 1999. **Diário Oficial da União**, Poder Legislativo, Brasília, DF, 24 set. 1999c. Disponível em: <http://www.planalto.gov.br/CCivil_03/leis/L9836.htm>. Acesso em: 15 fev. 2019.

_____. Lei n. 10.216, de 6 de abril de 2001. **Diário Oficial da União**, Poder Legislativo, Brasília, DF, 9 abr. 2001b. Disponível em: <http://www.planalto.gov.br/ccivil_03/leis/leis_2001/l10216.htm>. Acesso em: 14 fev. 2019.

_____. Lei n. 10.741, de 1º de outubro de 2003. **Diário Oficial da União**, Poder Legislativo, Brasília, DF, 3 out. 2003a. Disponível em: <http://www.planalto.gov.br/ccivil_03/leis/2003/L10.741.htm>. Acesso em: 15 fev. 2019.

_____. Lei n. 10.778, de 24 de novembro de 2003. **Diário Oficial da União**, Poder Legislativo, Brasília, DF, 25 nov. 2003b. Disponível em: <http://www.planalto.gov.br/ccivil_03/leis/2003/l10.778.htm>. Acesso em: 18 fev. 2019.

_____. Lei n. 11.108, de 7 de abril de 2005. **Diário Oficial da União**, Poder Legislativo, Brasília, DF, 8 abr. 2005a. Disponível em: <http://www.planalto.gov.br/ccivil_03/_ato2004-2006/2005/lei/l11108.htm>. Acesso em: 15 fev. 2019.

BRASIL. Lei n. 11.340, de 7 de agosto de 2006. **Diário Oficial da União**, Poder Legislativo, Brasília, DF, 8 ago. 2006a. Disponível em: <http://www.planalto.gov.br/ccivil_03/_Ato2004-2006/2006/Lei/L11340.htm>. Acesso em: 15 fev. 2019.

_____. Lei n. 11.634, de 27 de dezembro de 2007. **Diário Oficial da União**, Poder Legislativo, Brasília, DF, 28 dez. 2007a. Disponível em: <http://www.planalto.gov.br/ccivil_03/_Ato2007-2010/2007/Lei/L11634.htm>. Acesso em: 18 fev. 2019.

_____. Lei n. 11.664, de 29 de abril de 2008. **Diário Oficial da União**, Poder Legislativo, Brasília, DF, 30 abr. 2008a. Disponível em: <http://www.planalto.gov.br/ccivil_03/_ato2007-2010/2008/lei/l11664.htm>. Acesso em: 16 fev. 2019.

BRASIL. Ministério da Economia. Secretaria de Previdência. **Período de 1888-1933**. Brasília, 1º maio 2013a. Disponível em: <http://www.previdencia.gov.br/acesso-a-informacao/institucional/historico/periodo-de-1888-1933/>. Acesso em: 15 fev. 2019.

BRASIL. Ministério da Educação e do Desporto. Secretaria de Educação Superior. Coordenação das Comissões de Especialistas de Ensino Superior. Comissão de Especialistas de Ensino em Serviço Social. **Diretrizes curriculares**: curso Serviço Social. Brasília, 1999d. Disponível em: <http://www.cfess.org.br/js/library/pdfjs/web/viewer.html?pdf=/arquivos/legislacao_diretrizes.pdf>. Acesso em: 18 fev. 2019.

BRASIL. Ministério da Saúde. Comissão Intergestores Tripartite. Resolução n. 4, de 19 de julho de 2012. **Diário Oficial da União**, Brasília, DF, 2012b. Disponível em: <http://bvsms.saude.gov.br/bvs/saudelegis/cit/2012/res0004_19_07_2012.html>. Acesso em: 15 fev. 2019.

BRASIL. Ministério da Saúde. Conselho Nacional de Secretários de Saúde. **A atenção primária e as redes de atenção à saúde**. Brasília, 2015b. Disponível em: <http://www.conass.org.br/biblioteca/pdf/A-Atencao-Primaria-e-as-Redes-de-Atencao-a-Saude.pdf>. Acesso em: 15 fev. 2019.

BRASIL. Ministério da Saúde. Conselho Nacional de Secretários de Saúde. **Atenção primária e promoção da saúde**. Brasília, 2011b. (Coleção Para Entender a Gestão do SUS, v. 3). Disponível em: <http://www.conass.org.br/bibliotecav3/pdfs/colecao2011/livro_3.pdf>. Acesso em: 17 fev. 2019.

_____. **Assistência de média e alta complexidade no SUS**. Brasília, 2007b. Disponível em: <http://bvsms.saude.gov.br/bvs/publicacoes/colec_progestores_livro9.pdf>. Acesso em: 16 fev. 2019.

_____. **Atenção primária e promoção da saúde**. Brasília, 2007c. (Coleção Para Entender a Gestão do SUS, v. 8). Disponível em: <http://bvsms.saude.gov.br/bvs/publicacoes/colec_progestores_livro8.pdf>. Acesso em: 14 fev. 2019.

_____. **Gestão do trabalho e educação na saúde**. Brasília, 2011c. (Coleção Para Entender a Gestão do SUS, v. 9). Disponível em: <http://bvsms.saude.gov.br/bvs/publicacoes/para_entender_gestao_sus_v.9.pdf>. Acesso em: 14 fev. 2019.

_____. **Gestão do trabalho e educação na saúde**. Brasília, 2015c. (Coleção Para Entender a Gestão do SUS, v. 9). Disponível em: <http://www.conass.org.br/biblioteca/pdf/atualizacao-2015/L09_Gestao-do-trabalho-e-educacao-na-Saude_jun2015.pdf>. Acesso em: 14 fev. 2019.

_____. **Legislação do SUS**. Brasília, 2003c. Disponível em: <http://bvsms.saude.gov.br/bvs/publicacoes/progestores/leg_sus.pdf>. Acesso em: 15 fev. 2019.

_____. **O SUS de A a Z**: garantindo saúde nos municípios. 3. ed. Parte 1. Brasília, 2009a. (Série F. Comunicação e Educação em Saúde). Disponível em: <http://bvsms.saude.gov.br/bvs/publicacoes/sus_az_garantindo_saude_municipios_3ed_p1.pdf>. Acesso em: 15 fev. 2019.

_____. **O SUS de A a Z**: garantindo saúde nos municípios. 3. ed. Parte 2. Brasília, 2009b. (Série F. Comunicação e Educação em Saúde). Disponível em: <http://bvsms.saude.gov.br/bvs/publicacoes/sus_az_garantindo_saude_municipios_3ed_p2.pdf>. Acesso em: 15 fev. 2019.

BRASIL. Ministério da Saúde. Conselho Nacional de Secretários de Saúde. **Para entender a gestão do SUS**. Brasília: 2003d. Disponível em: <http://bvsms.saude.gov.br/bvs/publicacoes/para_entender_gestao.pdf>. Acesso em: 13 fev. 2019.

BRASIL. Ministério da Saúde. Conselho Nacional de Saúde. **Para entender o controle social na saúde**. Brasília, 2013b. Disponível em: <http://conselho.saude.gov.br/biblioteca/livros/Manual_Para_Entender_Controle_Social.pdf>. Acesso em: 19 fev. 2019.

_____. **Princípios e diretrizes para a gestão do trabalho no SUS (NOB/RH-SUS)**. 3. ed. rev. e atual. Brasília, 2005b. (Série J. Cadernos). Disponível em: <http://conselho.saude.gov.br/biblioteca/livros/nob_rh_2005.pdf>. Acesso em: 15 fev. 2019.

_____. Resolução n. 218, de 6 de março de 1997. **Diário Oficial**, 5 maio 1997b. Disponível em: <conselho.saude.gov.br/resolucoes/1997/Reso218.doc>. Acesso em: 15 fev. 2019.

_____. Resolução n. 333, de 4 de novembro de 2003. **Diário Oficial da União**, Brasília, DF, 4 dez. 2003e. Disponível em: <http://conselho.saude.gov.br/biblioteca/livros/resolucao_333.pdf>. Acesso em: 18 fev. 2019.

BRASIL. Ministério da Saúde. DataSUS – Departamento de Informática do SUS. **Bloco 12**: serviços de apoio à diagnose e terapia. Brasília, 2017a. Disponível em: <http://tabnet.datasus.gov.br/cgi/ams/webhelp/bloco_12_sevi_os_de_apoio_diagnose_e_terapia.htm>. Acesso em: 15 fev. 2019.

_____. **Informações de saúde (TabNet)**. Disponível em: <http://datasus.saude.gov.br/informacoes-de-saude/tabnet>. Acesso em: 16 fev. 2019c.

_____. **Manual do Tab for Windows**. Versão 2. Disponível em: <ftp://ftp.datasus.gov.br/tabwin/tabwin/TabWin.pdf>. Acesso em: 14 fev. 2019d.

_____. **PDTI – Plano Diretor de Tecnologia da Informação 2017/2018**. Brasília, 2017b. Disponível em: <http://datasus.saude.gov.br/images/pdti/PDTI_MS_1718.pdf>. Acesso em: 18 fev. 2019.

_____. **Sistemas e aplicativos**. Disponível em: <http://datasus.saude.gov.br/sistemas-e-aplicativos>. Acesso em: 15 fev. 2019e.

BRASIL. Ministério da Saúde. DataSUS – Departamento de Informática do SUS. **TabNet 2.7**: aplicativo para realização de tabulações na intranet/internet. Disponível em: <ftp://ftp.datasus.gov.br/tabnet/doc/ManualTabnet.pdf>. Acesso em: 15 fev. 2019f.

BRASIL. Ministério da Saúde. Departamento de Atenção Básica. **PNSB – Política nacional de saúde bucal**. Disponível em: <http://dab.saude.gov.br/portaldab/pnsb.php>. Acesso em: 15 fev. 2019g.

BRASIL. Ministério da Saúde. Departamento de Vigilância, Prevenção e Controle das IST, do HIV/Aids e das Hepatites Virais. **Tratamento**. Disponível em: <http://www.aids.gov.br/pt-br/publico-geral/prevencao-combinada/tratamento>. Acesso em: 15 fev. 2019h.

_____. Ministério da Saúde. Fundação Nacional de Saúde. **Política nacional de atenção à saúde dos povos indígenas**. 2. ed. Brasília, 2002a. Disponível em: <http://bvsms.saude.gov.br/bvs/publicacoes/politica_saude_indigena.pdf>. Acesso em: 15 fev. 2019.

BRASIL. Ministério da Saúde. **Glossário temático**: gestão do trabalho e da educação na saúde. 2. ed. Brasília, 2012c. Disponível em: <http://bvsms.saude.gov.br/bvs/publicacoes/glossario_gestao_trabalho_2ed.pdf>. Acesso em: 14 fev. 2019.

_____. **Humaniza SUS**: caderno de textos – cartilhas da Política Nacional de Humanização. Brasília, 2011d. Disponível em: <http://bvsms.saude.gov.br/bvs/publicacoes/caderno_textos_cartilhas_politica_humanizacao.pdf>. Acesso em: 15 fev. 2019.

_____. **Linha de cuidado para a atenção integral à saúde de crianças, adolescentes e suas famílias em situação de violências**: orientação para gestores e profissionais de saúde. Brasília, 2014a. Disponível em: <http://bvsms.saude.gov.br/bvs/publicacoes/linha_cuidado_atencao_integral_saude.pdf>. Acesso em: 16 fev. 2019.

_____. **Método e dispositivos da PNH**. Brasília. Disponível em: <http://portalms.saude.gov.br/acoes-e-programas/humanizasus/metodo-e-dispositivos-da-pnh>. Acesso em: 20 set. 2019i.

_____. **PNH – Política nacional de humanização**. Brasília, 2015d. Disponível em: <http://bvsms.saude.gov.br/bvs/folder/politica_nacional_humanizacao_pnh_1ed.pdf>. Acesso em: 16 fev. 2019.

BRASIL. Ministério da Saúde. **Política federal de assistência farmacêutica**: 1990 a 2002. Brasília, 2002b. (Série B. Textos Básicos de Saúde). Disponível em: <http://bvsms.saude.gov.br/bvs/publicacoes/polit_fed_assist_farm.pdf>. Acesso em: 17 fev. 2019.

_____. Portaria n. 251, de 31 de janeiro de 2002. **Diário Oficial da União**, Brasília, DF, 2002c. Disponível em: <http://portalarquivos2.saude.gov.br/images/pdf/2015/marco/10/PORTARIA-251-31-JANEIRO-2002.pdf>. Acesso em: 15 fev. 2019.

_____. Portaria n. 336, de 19 de fevereiro de 2002. **Diário Oficial da União**, Brasília, DF, 2002d. Disponível em: <http://bvsms.saude.gov.br/bvs/saudelegis/gm/2002/prt0336_19_02_2002.html>. Acesso em: 18 fev. 2019.

_____. Portaria n. 373, de 27 de fevereiro de 2002. **Diário Oficial da União**, Brasília, DF, 2002e. Disponível em: <http://bvsms.saude.gov.br/bvs/saudelegis/gm/2002/prt0373_27_02_2002.html>. Acesso em: 15 fev. 2019.

_____. Portaria n. 399, de 22 de fevereiro de 2006. **Diário Oficial da União**, Brasília, DF, 2006b. Disponível em: <http://bvsms.saude.gov.br/bvs/saudelegis/gm/2006/prt0399_22_02_2006.html>. Acesso em: 15 fev. 2019.

_____. Portaria n. 1.130, de 5 de agosto de 2015. **Diário Oficial da União**, Brasília, DF, 2015e. Disponível em: <http://bvsms.saude.gov.br/bvs/saudelegis/gm/2015/prt1130_05_08_2015.html>. Acesso em: 15 fev. 2019.

_____. Portaria n. 1.554, de 30 de julho de 2013. **Diário Oficial da União**, Brasília, DF, 2013c. Disponível em: <http://bvsms.saude.gov.br/bvs/saudelegis/gm/2013/prt1554_30_07_2013.html>. Acesso em: 16 fev. 2019.

_____. Portaria n. 1.820, de 13 de agosto de 2009. **Diário Oficial da União**, Brasília, DF, 2009c. Disponível em: <http://bvsms.saude.gov.br/bvs/saudelegis/gm/2009/prt1820_13_08_2009.html>. Acesso em: 15 fev. 2019.

_____. Portaria n. 1.863, de 29 de setembro de 2003. **Diário Oficial da União**, Brasília, DF, 2003f. Disponível em: <http://bvsms.saude.gov.br/bvs/saudelegis/gm/2003/prt1863_26_09_2003.html>. Acesso em: 15 fev. 2019.

BRASIL. Ministério da Saúde. Portaria n. 1.944, de 27 de agosto de 2009. **Diário Oficial da União**, Brasília, DF, 2009d. Disponível em: <http://bvsms.saude.gov.br/bvs/saudelegis/gm/2009/prt1944_27_08_2009.html>. Acesso em: 15 fev. 2019.

_____. Portaria n. 1.968, de 25 de outubro de 2001. **Diário Oficial da União**, Brasília, DF, 2001c. Disponível em: <http://bvsms.saude.gov.br/bvs/saudelegis/gm/2001/prt1968_25_10_2001_rep.html>. Acesso em: 16 fev. 2019.

_____. Portaria n. 2.203, de 5 de novembro de 1996. **Diário Oficial da União**, Brasília, DF, 1996b. Disponível em: <http://bvsms.saude.gov.br/bvs/saudelegis/gm/1996/prt2203_05_11_1996.html>. Acesso em: 16 fev. 2019.

_____. Portaria n. 2.436, de 21 de setembro de 2017. **Diário Oficial da União**, Brasília, DF, 22 set. 2017c. Disponível em: <http://www.imprensanacional.gov.br/materia/-/asset_publisher/Kujrw0TZC2Mb/content/id/19308123/do1-2017-09-22-portaria-n-2-436-de-21-de-setembro-de-2017-19308031>. Acesso em: 16 fev. 2019.

_____. Portaria n. 2.528, de 19 de outubro de 2006. **Diário Oficial da União**, Brasília, DF, 2006c. Disponível em: <http://bvsms.saude.gov.br/bvs/saudelegis/gm/2006/prt2528_19_10_2006.html>. Acesso em: 16 fev. 2019.

_____. Portaria n. 2.669, de 3 de novembro de 2009. **Diário Oficial da União**, Brasília, DF, 2009e. Disponível em: <http://bvsms.saude.gov.br/bvs/saudelegis/gm/2009/prt2669_03_11_2009.html>. Acesso em: 15 fev. 2019.

_____. Portaria n. 3.088, de 23 de dezembro de 2011. **Diário Oficial da União**, Brasília, DF, 2011e. Disponível em: <http://bvsms.saude.gov.br/bvs/saudelegis/gm/2011/prt3088_23_12_2011_rep.html>. Acesso em: 15 fev. 2019.

_____. Portaria n. 3.916, de 30 de outubro de 1998. **Diário Oficial da União**, Brasília, DF, 1998. Disponível em: <http://bvsms.saude.gov.br/bvs/saudelegis/gm/1998/prt3916_30_10_1998.html>. Acesso em: 16 fev. 2019.

BRASIL. Ministério da Saúde. **Programa de volta para casa**: liberdade e cidadania para quem precisa de cuidados em saúde mental. Brasília, 2003g. Disponível em: <http://bvsms.saude.gov.br/bvs/publicacoes/prog_volta_para_casa.pdf>. Acesso em: 14 fev. 2019.

_____. Resolução n. 338, de 6 de maio de 2004. **Diário Oficial da União**, Brasília, DF, 2004a. Disponível em: <http://bvsms.saude.gov.br/bvs/saudelegis/cns/2004/res0338_06_05_2004.html>. Acesso em: 15 fev. 2019.

BRASIL. Ministério da Saúde. Secretaria de Atenção à Saúde. Departamento de Atenção Básica. Coordenação Nacional de Saúde Bucal. **Diretrizes da política nacional de saúde bucal**. Brasília, 2004b. Disponível em: <http://189.28.128.100/dab/docs/publicacoes/geral/diretrizes_da_politica_nacional_de_saude_bucal.pdf>. Acesso em: 15 fev. 2019.

BRASIL. Ministério da Saúde. Secretaria de Atenção à Saúde. Departamento de Ações Programáticas Estratégicas. **Política nacional de atenção integral à saúde da mulher**: princípios e diretrizes. Brasília, 2004c. Disponível em: <http://bvsms.saude.gov.br/bvs/publicacoes/politica_nac_atencao_mulher.pdf>. Acesso em: 15 fev. 2019.

_____. **Política nacional de atenção integral à saúde do homem**: princípios e diretrizes. Brasília, 2008b. Disponível em: <http://bvsms.saude.gov.br/bvs/publicacoes/politica_nacional_atencao_homem.pdf>. Acesso em: 16 fev. 2019.

BRASIL. Ministério da Saúde. Secretaria de Atenção à Saúde. **Implantação das redes de atenção à saúde e outras estratégias da SAS**. Brasília, 2014b. Disponível em: <http://bvsms.saude.gov.br/bvs/publicacoes/implantacao_redes_atencao_saude_sas.pdf>. Acesso em: 15 fev. 2019.

BRASIL. Ministério da Saúde. Secretaria de Ciência, Tecnologia e Insumos Estratégicos. Departamento de Assistência Farmacêutica e Insumos Estratégicos. **Relação Nacional de Medicamentos Essenciais**: Rename 2014. 9. ed. Brasília, 2015f. Disponível em: <http://www.saude.pr.gov.br/arquivos/File/0DAF/RENAME2014ed2015.pdf>. Acesso em: 15 fev. 2019.

BRASIL. Ministério da Saúde. Secretaria de Ciência, Tecnologia e Insumos Estratégicos. Departamento de Assistência Farmacêutica e Insumos Estratégicos. **Relação Nacional de Medicamentos Essenciais**: Rename 2017. Brasília, 2017d. Disponível em: <http://bvsms.saude.gov.br/bvs/publicacoes/relacao_nacional_medicamentos_rename_2017.pdf>. Acesso em: 14 fev. 2019.

BRASIL. Ministério da Saúde. Secretaria de Gestão Estratégica e Participativa. **A construção do SUS**: histórias da reforma sanitária e do processo participativo. Brasília, 2006d. Disponível em: <http://sms.sp.bvs.br/lildbi/docsonline/get.php?id=5444>. Acesso em: 15 fev. 2019.

BRASIL. Ministério da Saúde. Secretaria de Gestão Estratégica e Participativa. Departamento de Ouvidoria-Geral do SUS. **Manual das Ouvidorias do SUS**. Brasília, 2014c. Disponível em: <http://bvsms.saude.gov.br/bvs/publicacoes/manual_ouvidoria_sus.pdf>. Acesso em: 16 fev. 2019.

BRASIL. Ministério da Saúde. Secretaria Executiva. Área de Economia da Saúde e Desenvolvimento. **Avaliação de tecnologias em saúde**: ferramentas para a gestão do SUS. Brasília, 2009f. (Série A. Normas e Manuais Técnicos). Disponível em: <http://bvsms.saude.gov.br/bvs/publicacoes/avaliacao_tecnologias_saude_ferramentas_gestao.pdf>. Acesso em: 15 fev. 2019.

BRASIL. Ministério da Saúde. Secretaria Nacional de Assistência à Saúde. **ABC do SUS**: doutrinas e princípios. Brasília, 1990d. Disponível em: <http://www.pbh.gov.br/smsa/bibliografia/abc_do_sus_doutrinas_e_principios.pdf>. Acesso em: 15 fev. 2019.

BRAVO, M. I. S. **Serviço social e reforma sanitária**: lutas sociais e práticas profissionais. 4. ed. São Paulo: Cortez, 2011.

BRAVO, M. I. S.; MATOS, M. C. de. Reforma sanitária e projeto ético-político do serviço social: elementos para o debate. In: BRAVO, M. I. S. et al. (Org.). **Saúde e serviço social**. 5. ed. São Paulo: Cortez; Rio de Janeiro: Ed. da UERJ, 2012. p. 25-47.

CARDOSO, F. L. L. A influência do Relatório Beveridge nas origens do Welfare State (1942-1950). **Revista Todavia**, ano 1, n. 1, p. 39-53, jul. 2010. Disponível em: <http://www.ufrgs.br/revistatodavia/Artigo3%20-%20Revista%20Todavia.pdf>. Acesso em: 14 fev. 2019.

CARVALHO, G. A saúde pública no Brasil. **Estudos Avançados**, v. 27, n. 78, p. 7-26, 2013. Disponível em: <http://www.scielo.br/pdf/ea/v27n78/02.pdf>. Acesso em: 16 fev. 2019.

CFESS – Conselho Federal de Serviço Social. **Parâmetros para atuação de assistentes sociais na política de saúde**. Brasília, 2010. (Série Trabalho e Projeto Profissional nas Políticas Sociais, 2). Disponível em: <http://www.cfess.org.br/arquivos/Parametros_para_a_Atuacao_de_Assistentes_Sociais_na_Saude.pdf>. Acesso em: 15 fev. 2019.

_____. Resolução n. 383, de 29 de março de 1999. Brasília, 1999. Disponível em: <http://www.cfess.org.br/arquivos/resolucao_383_99.pdf>. Acesso em: 18 fev. 2019.

_____. Resolução n. 792, de 9 de fevereiro de 2017. Brasília, 2017. Disponível em: <http://www.cfess.org.br/arquivos/Res792-2017.pdf>. Acesso em: 18 fev. 2019.

CFM – Conselho Federal de Medicina. **Código de Ética Médica**. Brasília, 2010. Disponível em: <http://www.rcem.cfm.org.br/index.php/cem-atual>. Acesso em: 15 fev. 2019.

CMB – Confederação das Santas Casas de Misericórdia, Hospitais e Entidades Filantrópicas. **A história de misericórdia das Santas Casas**. Brasília. Disponível em: <https://www.cmb.org.br/cmb/index.php/institucional/quem-somos/historico>. Acesso em: 14 fev. 2019.

CNC – Confederação Nacional do Comércio. **Sesc, Senac**: natureza jurídica e a natureza jurídica das contribuições. Rio de Janeiro, 2005.

CNM – Confederação Nacional de Municípios. **Planejamento municipal**. Brasília, 2013. Disponível em: <http://www.cnm.org.br/cms/biblioteca/Planejamento%20Municipal%20(2013).pdf>. Acesso em: 15 fev. 2019.

CONASEMS – Conselho Nacional de Secretários Municipais de Saúde. **Participação da comunidade na saúde**: CONASEMS e a defesa do SUS nas conferências municipais de saúde. Brasília, 2015. Disponível em: <http://www.conasems.org.br/wp-content/uploads/2017/01/livreto_conasemscomunidade_AF01.pdf>. Acesso em: 16 fev. 2019.

CONFERÊNCIA NACIONAL DE SAÚDE, 3., 1963, Brasília. Relatório. Disponível em: <http://conselho.saude.gov.br/biblioteca/Relatorios/relatorio_3.pdf>. Acesso em: 14 fev. 2019.

CURI, L. M. **Defender os sãos e consolar os lázaros**: lepra e isolamento no Brasil 1935/1976. Dissertação (Mestrado em História) – Universidade Federal de Uberlândia, Uberlândia, 2002.

DECLARAÇÃO de Alma-Ata. Conferência Internacional sobre Cuidados Primários de Saúde. Alma-Ata, 1978. Disponível em: <http://cmdss2011.org/site/wp-content/uploads/2011/07/Declara%C3%A7%C3%A3o-Alma-Ata.pdf>. Acesso em: 14 fev. 2019.

DERANI, C. Política pública e a norma política. **Revista da Faculdade de Direito UFPR**, Curitiba, v. 41, n. 0. 2004. Disponível em: <http://revistas.ufpr.br/direito/article/view/38314>. Acesso em: 14 fev. 2019.

EIDT, L. M. Breve história da hanseníase: sua expansão do mundo para as Américas, o Brasil e o Rio Grande do Sul e sua trajetória na saúde pública brasileira. **Saúde e Sociedade**, São Paulo, v. 13, n. 2, p. 76-88, maio/ago. 2004. Disponível em: <http://www.scielo.br/pdf/sausoc/v13n2/08.pdf>. Acesso em: 14 fev. 2019.

ERDMANN, A. L. et al. A atenção secundária em saúde: melhores práticas na rede de serviços. **Revista Latino-Americana de Enfermagem**, jan./fev. 2013. Disponível em: <http://www.scielo.br/pdf/rlae/v21nspe/pt_17.pdf>. Acesso em: 16 fev. 2019.

ESCOREL, S.; TEIXEIRA, L. A. História das políticas de saúde no Brasil de 1822 a 1963: do Império ao desenvolvimentismo populista. In: GIOVANELLA, L. et al. (Org.). **Políticas e sistema de saúde no Brasil**. 2. ed. rev e ampl. Rio de Janeiro: Fiocruz, 2012. p. 279-322.

FIOCRUZ – Fundação Oswaldo Cruz. **A Revolta da Vacina**. Rio de Janeiro, 25 abr. 2005. Disponível em: <https://portal.fiocruz.br/pt-br/node/480>. Acesso em: 14 fev. 2019.

FIOCRUZ – Fundação Oswaldo Cruz. Reforma sanitária. **Biblioteca Virtual Sergio Arouca**, Rio de Janeiro. Disponível em: <https://bvsarouca.icict.fiocruz.br/sanitarista05.html>. Acesso em: 16 fev. 2019.

FLEURY, S.; CARVALHO, A. I. de. Instituto Nacional de Assistência Médica da Previdência Social (Inamps). **FGV – Centro de Pesquisa e Documentação de História Contemporânea do Brasil**, Rio de Janeiro. Disponível em: <http://www.fgv.br/cpdoc/acervo/dicionarios/verbete-tematico/instituto-nacional-de-assistencia-medica-da-previdencia-social-inamps>. Acesso em: 14 fev. 2019.

FLEURY-TEIXEIRA, P. et al. Autonomia como categoria central no conceito de promoção de saúde. **Ciência e Saúde Coletiva**, v. 13, supl. 2, p. 2.115-2.122, 2008. Disponível em: <http://www.scielo.br/pdf/csc/v13s2/v13s2a16.pdf>. Acesso em: 13 fev. 2019.

GARCIA, C. **Humanização para o acolhimento em saúde**. 15 maio 2014. Disponível em: <https://www.youtube.com/watch?v=njIUC3y7Z0I>. Acesso em: 13 fev. 2019.

GONÇALVES, A. M.; SENA, R. R. de. A reforma psiquiátrica no Brasil: contextualização e reflexos sobre o cuidado com o doente mental na família. **Revista Latino-Americana de Enfermagem**, São Paulo, v. 9, n. 2, p. 48-55, mar. 2001. Disponível em: <http://www.scielo.br/pdf/rlae/v9n2/11514.pdf>. Acesso em: 18 fev. 2019.

GUERRA, Y. **A instrumentalidade do serviço social**. 10. ed. São Paulo: Cortez, 2014.

INCA – Instituto Nacional de Câncer José Alencar Gomes da Silva. **Onde tratar pelo SUS**. 24 out. 2018. Disponível em: <https://www.inca.gov.br/onde-tratar-pelo-sus>. Acesso em: 15 fev. 2019.

KAUCHAKJE, S. **Gestão pública de serviços sociais**. Curitiba: InterSaberes, 2012.

KIEFER, S. Veja como foi o início do tratamento da tuberculose no Brasil. **Estado de Minas**, 9 ago. 2015. Disponível em: <https://www.em.com.br/app/noticia/gerais/2015/08/09/interna_gerais,676622/veja-como-foi-o-inicio-do-tratamento-da-tuberculose-no-brasil.shtml>. Acesso em: 14 fev. 2019.

LANCETTI, A.; AMARANTE, P. Saúde mental e saúde coletiva. In: CAMPOS, et al. **Tratado de saúde coletiva**. São Paulo: Hucitec, 2017. p. 615-634.

LEMLE, M. O primeiro hospício do Brasil e o controle social no fim do século XIX. **Perspectiva**: **Humanas**, 28 out. 2016. Disponível em: <http://humanas.blog.scielo.org/blog/2016/10/28/o-primeiro-hospicio-do-brasil-e-o-controle-social-no-fim-do-seculo-xix/>. Acesso em: 15 fev. 2019.

LIAROPOULOS, L. Do we need 'Care' in Technology Assessment in Health Care, Letter to the Editor. **International Journal of Technology Assessment in Health Care**, v. 13, n. 1, p. 125-127, 1997.

LIMA, C. M. de. O holocausto que provocou a morte de 60 mil pessoas no maior hospício do Brasil. **Jornal Opção**, n. 1990, 25 a 31 ago. 2013.

LOPES, C. V. **O cuidado no sistema informal de saúde**: um enfoque cultural no urbano e rural em Pelotas/RS. Tese (Doutorado em Enfermagem) – Universidade Federal de Pelotas, Pelotas, 2016. Disponível em: <http://studylibpt.com/doc/4785942/o-cuidado-no-sistema-informal-de-sa%C3%BAde>. Acesso em: 15 fev. 2019.

MACIEL, M. de S. et al. A história da tuberculose no Brasil: os muitos tons (de cinza) da miséria. **Revista da Sociedade Brasileira de Clínica Médica**, São Paulo, v. 10, n. 3, p. 226-230, maio/jun. 2012. Disponível em: <http://files.bvs.br/upload/S/1679-1010/2012/v10n3/a2886.pdf>. Acesso em: 14 fev. 2019.

MALMANN, L. J.; BALESTRIN, N. L.; SILVA, R. dos S. **Estado e políticas sociais no Brasil**: avanços e retrocessos. Curitiba: InterSaberes, 2017.

MARTINI, S. R.; CHAVES, A. S. Necessidade de confiança na jurisdição constitucional para efetivação do direito à saúde. **Interações**, Campo Grande, v. 19, n. 1, p. 77-91, jan./mar. 2018. Disponível em: <http://www.scielo.br/pdf/inter/v19n1/1518-7012-inter-19-01-0077.pdf>. Acesso em: 15 fev. 2019.

MATOS, I.; GRECO, R. M. Curandeirismo e saúde na família: conviver é possível? **Revista APS**, v. 8, n. 1, p. 4-14, jan./jun. 2005. Disponível em: <http://www.ufjf.br/nates/files/2009/12/Curandeirismo.pdf>. Acesso em: 15 fev. 2019.

MATOS, M. C. de. No rastro dos acontecimentos: a política de saúde no Brasil. In: DUARTE, M. J. de O. et al. (Org.). **Política de saúde hoje**: interfaces e desafios no trabalho de assistentes sociais. Campinas: Papel Social, 2014. p. 27-46.

MATTA, G. C.; MOROSINI, M. V. G. Atenção à saúde. In: PEREIRA, I. B; LIMA, J. C. F. (Org.). **Dicionário da educação profissional em saúde**. 2. ed. rev. ampl. Rio de Janeiro: EPSJV, 2008. p. 39-44. Disponível em: <http://www.epsjv.fiocruz.br/sites/default/files/l43.pdf>. Acesso em: 14 fev. 2019.

MELLO, G. A.; FONTANELLA, B. J. B.; DEMARZO, M. M. P. Atenção básica e atenção primária à saúde: origens e diferenças conceituais. **Revista APS**, v. 12, n. 2, p. 204-213, abr./jun. 2009. Disponível em: <https://aps.ufjf.emnuvens.com.br/aps/article/view/307>. Acesso em: 17 fev. 2019.

MENDES, E. V. **As redes de atenção à saúde**. 2. ed. Brasília: Organização Pan-Americana da Saúde, 2011.

MERCADANTE, O. A. (Coord.). Evolução das políticas e do sistema de saúde no Brasil. In: FINKELMAN, J. (Org.). **Caminhos da saúde no Brasil**. Rio de Janeiro: Fiocruz, 2002. p. 235-314. Disponível em: <https://static.scielo.org/scielobooks/sd/pdf/finkelman-9788575412848.pdf>. Acesso em: 14 fev. 2019.

MERHY, E. E. et al. Em busca de ferrramentas analisadoras das tecnologias em saúde: a informação e o dia a dia de um serviço, interrogando e gerindo trabalho em saúde. In: MERHY, E. E.; ONOCKO, R. (Org.). **Agir em saúde**: um desafio para o público. 2. ed. São Paulo: Hucitec, 2002. p. 113-150.

MERHY, E. E.; ONOCKO, R. (Org.). **Agir em saúde**: um desafio para o público. 2. ed. São Paulo: Hucitec, 2002.

MONNERAT, G. L.; SENNA, M. de C. M.; SOUZA, R. G. de. Entre a formulação e a implementação: uma análise do programa saúde da família. In: BRAVO, M. I. S. et al. (Org.). **Saúde e serviço social**. 5. ed. São Paulo: Cortez; Rio de Janeiro: Ed. da UERJ, 2012. p. 97-116.

MONTEIRO, Y. N. Violência e profilaxia: os preventórios paulistas para filhos de portadores de hanseníase. **Saúde e Sociedade**, São Paulo, v. 7, n. 1, p. 3-26, jan./jul. 1998. Disponível em: <http://www.scielo.br/pdf/sausoc/v7n1/02.pdf>. Acesso em: 14 fev. 2019.

MOURÃO, A. M. A. et al. A formação dos trabalhadores sociais no contexto neoliberal: o projeto das residências em saúde da Faculdade de Serviço Social da Universidade Federal de Juiz de Fora. In: MOTA, A. E. et al. (Org.) **Serviço Social e saúde**: formação e trabalho profissional. 4. ed. São Paulo: Cortez, 2009. p. 352-382.

NETTO, J. P. A construção do projeto ético-político do serviço social. In: MOTA, A. E. et al. (Org.) **Serviço Social e saúde**: formação e trabalho profissional. 4. ed. São Paulo: Cortez, 2009. p. 141-160.

OLIVEIRA, L. Atenção secundária ou média complexidade. **Direito e Saúde Pública**, 23 fev. 2012a. Disponível em: <http://direitoesaudepublica.blogspot.com.br/2012/02/atencao-secundaria-ou-media.html>. Acesso em: 16 fev. 2019.

_____. Atenção terciária. **Direito e Saúde Pública**, 26 fev. 2012b. Disponível em: <http://direitoesaudepublica.blogspot.com.br/2012/02/atencao-terciaria.html>. Acesso em: 16 fev. 2019.

ONU – Organização das Nações Unidas. **Plano de ação internacional para o envelhecimento**. Brasília: Secretaria Especial dos Direitos Humanos, 2003. (Série Institucional em Direitos Humanos, v. 1). Disponível em: <http://www.observatorionacionaldoidoso.fiocruz.br/biblioteca/_manual/5.pdf>. Acesso em: 15 fev. 2019.

PAIN, J. S.; ALMEIDA FILHO, N. de. Saúde coletiva: uma "nova saúde pública" ou campo aberto a novos paradigmas? **Revista de Saúde Pública**, v. 32, n. 4, p. 299-316, 1998.

PAIVA, C. H. A.; TEIXEIRA, L. A. Reforma sanitária e a criação do Sistema Único de Saúde: notas sobre contextos e autores. **História, Ciências, Saúde – Manguinhos**, Rio de Janeiro, v. 21, n. 1, p. 15-35, jan./mar. 2014.

PISQUILA. Fundação SESP: um resgate à história da saúde no Brasil. **Jornal GGN**, 7 ago. 2012. Disponível em: <https://jornalggn.com.br/blog/luisnassif/a-historia-da-sesp>. Acesso em: 15 fev. 2019.

POLIGNANO, M. V. História das políticas de saúde no Brasil: uma pequena revisão. **Cadernos do Internato Rural**, Faculdade de Medicina/UFMG, v. 25, 2001.

QUEIROZ, M. de S.; PUNTEL, M. A. **A endemia hansênica**: uma perspectiva multidisciplinar. Rio de Janeiro: Fiocruz, 1997. Disponível em: <http://books.scielo.org/id/6tfv6/pdf/queiroz-8585676337.pdf>. Acesso em: 16 fev. 2019.

RISI JUNIOR, J. B.; NOGUEIRA, R. P. (Coord.). As condições de saúde no Brasil. In: FINKELMAN, J. (Org.). **Caminhos da saúde no Brasil**. Rio de Janeiro: Fiocruz, 2002. p. 117-234. Disponível em: <http://books.scielo.org/id/sd/pdf/finkelman-9788575412848.pdf>. Acesso em: 16 fev. 2019.

SALLES, P. **História da medicina no Brasil**. Belo Horizonte: G. Holman, 1971.

SALVADOR, E. da S. O desmonte do financiamento da seguridade social em contexto de ajuste fiscal. **Serviço Social e Sociedade**, São Paulo, n. 130, p. 426-446, set./dez. 2017. Disponível em: <http://www.scielo.br/pdf/sssoc/n130/0101-6628-sssoc-130-0426.pdf>. Acesso em: 16 fev. 2019.

SANTOS, L. O modelo de atenção à saúde se fundamenta em três pilares: rede, regionalização e hierarquização. **Direito Sanitário: Saúde e Cidadania**, 15 set. 2011. Disponível em: <http://blogs.bvsalud.org/ds/2011/09/15/o-modelo-de-atencao-a-saude-se-fundamenta-em-tres-pilares-rede-regionalizacao-e-hierarquizacao/#1>. Acesso em: 16 fev. 2019.

SANTOS, M. L. Funções essenciais à justiça: Ministério Público, Advocacia e Defensoria Pública. **JusBrasil**, 3 dez. 2017. Disponível em: <https://senharamarques.jusbrasil.com.br/artigos/527501790/funcoes-essenciais-a-justica-ministerio-publico-advocacia-e-defensoria-publica>. Acesso em: 16 fev. 2019.

SANTOS, M. S. dos. Lazareto da Ilha Grande: isolamento, aprisionamento e vigilância nas áreas de saúde e política (1884-1942). **História, Ciências, Saúde – Manguinhos**, Rio de Janeiro, v. 14, n. 4, p. 1.173-1.196, out./dez. 2007. Disponível em: <http://www.scielo.br/pdf/hcsm/v14n4/04.pdf>. Acesso em: 15 fev. 2019.

SILVA, L. K. Avaliação tecnológica e análise custo-efetividade em saúde: a incorporação de tecnologias e a produção de diretrizes clínicas para o SUS. **Ciência & Saúde Coletiva**, Rio de Janeiro, v. 8, n. 2, p. 501-520, 2003. Disponível em: <http://www.scielo.br/pdf/csc/v8n2/a14v08n2.pdf>. Acesso em: 18 fev. 2019.

SOLLA, J.; CHIORO, A. Atenção ambulatorial especializada. In: GIOVANELLA, L. et al. (Org.). **Políticas e sistema de saúde no Brasil**. 2. ed. rev e ampl. Rio de Janeiro: Fiocruz, 2012. p. 547-576.

VASCONCELOS, A. M. **A prática do serviço social**: cotidiano, formação e alternativas na área da saúde. São Paulo: Cortez, 2002.

_____. Serviço social e práticas democráticas na saúde. In: MOTA, A. E. et al. (Org.). **Serviço social e saúde**: formação e trabalho profissional. 4. ed. São Paulo: Cortez, 2009. p. 242-272.

VASCONCELOS, E. M. Serviço social e interdisciplinaridade: o exemplo da saúde mental. In: _____. **Saúde mental e serviço social**: o desafio da subjetividade e da interdisciplinaridade. 5. ed. São Paulo: Cortez, 2010.

VEJA a lista das cidades mais populosas do Brasil. **R7**, São Paulo, 30 ago. 2017. Disponível em: <https://noticias.r7.com/brasil/veja-a-lista-das-cidades-mais-populosas-do-brasil-30082017>. Acesso em: 16 fev. 2019.

WHO – World Health Organization. **Constitution of the World Health Organization**. New York, 22 July 1946. Disponível em: <http://apps.who.int/gb/bd/PDF/bd47/EN/constitution-en.pdf>. Acesso em: 15 fev. 2019.

Respostas

Capítulo 1

1. a
2. b
3. c
4. Trata-se de um modelo voltado para o combate à doença. A intervenção inicia-se com o diagnóstico e segue com o tratamento da doença existente. Tem como profissional de referência o médico e, como principal unidade de atendimento, o hospital.
5. Os princípios centrais defendidos na luta pela Reforma Sanitária foram:

    - direito universal à saúde;
    - caráter intersetorial dos determinantes de saúde;
    - papel regulador do Estado com relação ao mercado da saúde;

- descentralização, regionalização e hierarquização do sistema;
- participação popular e controle democrático;
- integração entre saúde previdenciária e saúde pública.

Capítulo 2

1. d
2. d
3. a
4. "A saúde é um estado de completo bem-estar físico, mental e social, e não consiste apenas na ausência de doença ou enfermidade." (WHO, 1946, p. 1, tradução nossa)
5. Significa que a saúde é um direito de todos, ou seja, para todos os seres humanos.

Capítulo 3

1. c
2. d
3. a
4. A lógica da equidade pressupõe que maiores esforços e investimentos sejam realizados à medida que forem sendo identificadas mais dificuldades de acesso pelos cidadãos. Está relacionada ao reconhecimento das diferenças e atenção para que estas sejam respeitadas, a fim de não se tornarem empecilhos para o atendimento.
5. O SUS é o sistema que organiza a política pública de saúde no Brasil, todos os seus serviços, seus benefícios e suas unidades. É a forma reconhecida por lei para viabilizar o exercício de todos os direitos relacionados à saúde, seja na esfera da promoção, seja na da prevenção ou da recuperação. Esse sistema estabelece padrões para o atendimento em todo o território nacional.

Capítulo 4

1. b
2. b
3. a
4. "Espaço geográfico contínuo, constituído por agrupamentos de Municípios limítrofes, delimitado a partir de identidades culturais, econômicas e sociais e de redes de comunicação e infraestrutura de transportes compartilhados, com a finalidade de integrar a organização, o planejamento e a execução de ações e serviços de saúde". (Brasil, 2011a)
5. Municípios e estados devem dispor de:
   - fundo de saúde;
   - conselho de saúde, com composição paritária;
   - plano de saúde;
   - relatórios de gestão que permitam o controle e a fiscalização do uso dos recursos pelo Ministério da Saúde;
   - contrapartida de recursos para a saúde no respectivo orçamento;
   - comissão de elaboração do plano de carreira, cargos e salários – PCCS, com previsão do prazo de dois anos para a respectiva implantação.

Capítulo 5

1. b
2. c
3. a
4. Programas e projetos diferenciam-se dos serviços por terem prazo determinado para execução. Têm início, meio e fim e visam atender a uma realidade específica em período e espaço predeterminados. Os projetos são constituídos por conjunto de ações organizadas a partir de uma metodologia desenvolvida e escolhida previamente. Os programas são mais abrangentes, pois, em um único programa

podem estar compreendidos diferentes projetos, serviços e benefícios. Os programas e projetos devem ser desenvolvidos de modo a contribuir com a qualidade e a efetividade dos resultados dos serviços.

5. Trata-se de uma estratégia de articulação e integração dos serviços dos três níveis de atenção/complexidade. Para coordenar essa articulação, são estabelecidas temáticas centrais, com base nas quais todas ações serão dispostas e organizadas. Os temas estão relacionados às condições e às demandas de saúde de grupos populacionais específicos.

Capítulo 6

1. c
2. c
3. d
4. "Envelhecer, portanto, deve ser com saúde, de forma ativa, livre de qualquer tipo de dependência funcional, o que exige promoção da saúde em todas as idades. Importante acrescentar que muitos idosos brasileiros envelheceram e envelhecem apesar da falta de recursos e da falta de cuidados específicos de promoção e de prevenção em saúde. Entre eles, estão os idosos que vivem abaixo da linha de pobreza, analfabetos, os sequelados de acidentes de trabalho, os amputados por arteriopatias, os hemiplégicos, os idosos com síndromes demenciais, e para eles também é preciso achar respostas e ter ações específicas." (Brasil, 2006c)
5. Rename – Relação Nacional de Medicamentos Essenciais – é a lista oficial dos medicamentos disponibilizados pela saúde pública.

Capítulo 7

1. d
2. c
3. b
4. Articular e coordenar as comissões intersetoriais, que têm o objetivo de consolidar ações integradas entre as diferentes políticas setoriais, principalmente no que se refere às temáticas de alimentação e nutrição; saneamento e meio ambiente; vigilância sanitária e farmacoepidemiologia; recursos humanos; ciência e tecnologia; e saúde do trabalhador.
5.
   - Explicita as diretrizes para a reorganização do SUS que, efetivamente, representem a construção de um novo arcabouço institucional;
   - garantia de participação da sociedade na formulação da política e no planejamento, gestão, execução e avaliação das ações de saúde;
   - reformulação das ações integradas de saúde, para possibilitar amplo e eficaz controle da sociedade organizada;
   - constituição de um novo Conselho Nacional de Saúde, composto por representantes dos ministérios da área social; governos estaduais e municipais; entidades civis de caráter nacional, com atribuição principal de orientar o desenvolvimento e avaliar o SUS, incluindo definição de políticas, orçamento e ações;
   - formação de conselhos de saúde nas esferas municipal, regional e estadual, compostos por representantes eleitos pela comunidade, com função de planejar a execução e fiscalizar os programas de saúde; e
   - unificação do sistema de saúde, até então fortemente segmentado em dois componentes: o Previdenciário (MPAS-INAMPS) e a Saúde Pública (Ministério da Saúde).

Capítulo 8

1. a
2. b
3. a
4. Tecnologias em saúde podem ser definidas como os medicamentos, equipamentos, procedimentos e os sistemas organizacionais e de suporte por meio dos quais os cuidados com a saúde são oferecidos (Brasil, 2009f).
5. Trata-se de um tabulador de informações que permite gerar gráficos e tabelas com base em dados disponíveis no TabNet. É um programa disponibilizado pelo DataSUS para qualificar a organização e a análise de dados pelos usuários finais. Esse programa permite a correlação de dados de diferentes fontes e a interação dos dados com mapas, possibilitando a construção de processos de georreferenciamento das informações.

Capítulo 9

1. b
2. b
3. d
4. Reconhecimento da saúde como direito; conceito ampliado de saúde; consolidação do SUS em seus princípios e objetivos; atenção em saúde na perspectiva interdisciplinar; intervenção do assistente social diante de fenômenos socioculturais e econômicos que afetam as condições de saúde; atendimento direto, informativo e educativo do Serviço Social junto aos usuários; colaboração na efetividade do controle social; atuação do assistente social nas diferentes expressões da questão social.
5. "Art. 2º O assistente social atua no âmbito das políticas sociais e, nesta medida, não é um profissional exclusivamente da área da saúde, podendo estar inserido em outras áreas, dependendo do local onde atua e da natureza de suas funções." (CFESS, 1999)

Sobre a autora

Neiva Silvana Hack é assistente social, mestre em Tecnologia em Saúde pela Pontifícia Universidade Católica do Paraná – PUCPR; especialista em Gestão Social pela Faculdade Padre João Bagozzi e graduada em Serviço Social pela PUCPR. Professora do curso de Bacharelado em Serviço Social do Centro Universitário Internacional Uninter, compõe também a equipe técnica da Associação Educacional de Desenvolvimento Humano e Social – Addes, além de atuar na área da seguridade social há 14 anos. Desde 2001, desenvolve ações com projetos sociais, relativas a elaboração, implementação e avaliação. Atua, ainda, com coordenação e desenvolvimento de projetos de pesquisa e extensão. É palestrante e presta assessoria em entidades sociais e municípios, nas temáticas de assistência social, saúde pública, gestão social e defesa de direitos da criança e do adolescente, da mulher e da pessoa idosa.

Os papéis utilizados neste livro, certificados por instituições ambientais competentes, são recicláveis, provenientes de fontes renováveis e, portanto, um meio **respons**ável e natural de informação e conhecimento.

FSC
www.fsc.org
MISTO
Papel produzido a partir de fontes responsáveis
FSC® C103535

Impressão: Reproset
Agosto/2022